U0574306

本书的出版受到厦门大学王亚南经济研究院的资助

SHIJIE JINGJI YU
LIANG'AN JINGJI GUANXI
YANJIU XILIE CONGSHU

两岸经贸关系
回顾与展望

黄梅波　著

人民出版社

策划编辑:郑海燕

装帧设计:曹　春

图书在版编目(CIP)数据

两岸经贸关系回顾与展望/黄梅波 著. -北京:人民出版社,
2007.11
(世界经济与两岸经济关系研究系列丛书)
ISBN 978－7－01－006635－6

Ⅰ.两… Ⅱ.黄… Ⅲ.一国两制-经济关系-研究-中国 Ⅳ.F124

中国版本图书馆 CIP 数据核字(2007)第 173836 号

两岸经贸关系回顾与展望

LIANG'AN JINGMAO GUANXI HUIGU YU ZHANWANG

黄梅波　著

人民出版社 出版发行
(100706　北京朝阳门内大街 166 号)

北京瑞古冠中印刷厂印刷　新华书店经销

2007 年 11 月第 1 版　2007 年 11 月北京第 1 次印刷
开本:710 毫米×1000 毫米 1/16　印张:19.25
字数:270 千字　印数:0,001－3,000 册

ISBN 978－7－01－006635－6　定价:38.00 元

邮购地址 100706　北京朝阳门内大街 166 号
人民东方图书销售中心　电话 (010)65250042　65289539

丛 书 序

　　近几年来,我国改革开放迈出了具有重大意义的几个步伐:一是加入世界多边贸易体系,二是积极参与机制化的区域和次区域经济合作,三是以更紧密经贸关系安排的方式,进一步加强和巩固了内陆和港澳地区的经济合作关系。同时,海峡两岸经济合作得到进一步发展,建立两岸经济合作机制受到两岸政治、经济和学术界的高度关注。这既顺应了经济全球化和区域经济一体化的发展趋势,也符合我国加快改革开放、进一步完善社会主义市场经济体制,实现国民经济持续健康发展的要求,标志着我国改革开放、经济发展和机制建设都进入了一个新的历史阶段。

　　当前,如何进一步增强海峡两岸的经济合作,从机制上保证两岸经济合作的持续、稳定和健康发展,使两岸经济合作逐步走向经济融合,为祖国的和平统一创造条件,这是摆在两岸人民面前的一个十分重要的课题。因此,加强对两岸经济合作问题的研究具有重要的现实意义和历史意义。

　　两岸经济合作问题,涉及国内、国际,政治、经济、文化、历史诸多方面,但是,当前对这一课题的研究首先必须注意以下几点:

　　第一,必须有战略性研究。这要把握两个全局:一是经济全球化和区域一体化的全局,二是中华民族和谐振兴的全局。第一个全局是为了保证对两岸经济合作的研究更具有宏观思维。对两岸经济关系的研究应该走出两岸的圈子,将两岸经济关系放在世界经济的大视野中来考察分析;第二个全局是为了保证对未来经济发展的总体设计,使两岸经济真正实现高水平的融合,实现"一加一"大于二的愿景,为两岸人民创造更多更好的福祉。

第二,必须有前瞻性研究。对两岸经济合作问题的研究,不仅要立足于当前,而且要着眼于长远,这个长远是两岸人民的共同未来。当前,建立有效的两岸经济合作机制已逐渐成为两岸人民的共识,共识要变为行动需要有个过程,行动要达到目标也需要有个过程。因此,一方面要研究建立两岸经贸合作机制的步骤和前景,同时也必须对合作过程进行分析,特别是要对两岸产业合作进行风险收益分析,以利于未雨绸缪,保证两岸经济合作的顺利进行。

第三,必须有技术性研究。两岸经济的融合是两岸人民的共同未来;这既是理想的,也是现实的和具体的,研究成果所提出的建议和措施应该是可以操作的,可以在工作中落实的。因此,必须有技术性研究。技术性研究应包括几个方面的内容:一是加强对两岸产业的研究,找出优先领域,对准合作对象,保证合作取得良好效果;二是加强对两岸市场的研究,在商品、服务、生产等领域寻找交汇点和融合点;三是加强对两岸经济合作平台和支点的研究,我们不仅要有像长江三角洲和珠江三角洲那样台商聚集区的大平台,还要创建新的平台,如海峡西岸经济区、台商投资区和两岸自由贸易港区等。同时,要对作为两岸经济合作支点的龙头企业和高科技企业创造有利的发展条件。

由于两岸的经济都具有较高的开放度,都与世界经济有着越来越密切的联系,两岸经济发展与世界经济发展具有越来越大的相关性。因此,当前对两岸经济关系的研究必须纳入世界经济研究的总体框架,才可能准确把握两岸经济发展和两岸经济合作的内在联系和发展趋势。厦门大学在两岸经济关系和世界经济的研究方面都具有较强的学科优势。本丛书是厦门大学经济学院和台湾研究院的部分学者以世界经济的大视野进行两岸经济关系研究的阶段性成果。相信这套丛书的出版,对于拓展两岸经济关系研究的视野,使对两岸经济关系的研究更加密切地与当前经济全球化的发展趋势相联系,将起到非常积极的推动作用。

王 洛 林

2007 年 10 月 25 日

目　录

图表索引

第一章　两岸经贸合作的发展进程

海峡两岸经济合作关系有着悠久的历史。从其发展进程看，大致可分为两个时期：第一时期是从古代到 20 世纪 70 年代末；第二个时期是从 1979 年两岸局势缓和之后开始的。

第一节　历史上的两岸经贸关系

祖国大陆与台湾的经济交往源远流长，早在无文字记载的史前时期，海峡两岸就有着密不可分的内在经济联系。从历史文献记载与反映的情况看，其发展轨迹大致可分为以下四个阶段：[1]

一、清统一台湾以前海峡两岸经济关系的萌芽与兴起（230~1683 年）

从历史文献记载看，海峡两岸经济关系的源头一般可追溯至三国时代。据《三国志·吴志》记载，东吴国主孙权为"求国家的利益，开拓疆土"，"寻觅海外之发展，谋求贸易之利"，"远规夷州（即台湾）"，于永安二年（230 年）春，"遣将军卫温、诸葛直将甲士万人浮海求夷州……得夷州数千人而还"，这次远征夷州之举，打破了沉

---

① 李非：《海峡两岸经济合作问题研究》，北京九州出版社 2000 年版，第 82 页。

寂已久的两岸交往的隔绝状态，揭开了祖国大陆与台湾经贸的序幕。

隋代台湾被称做"流求"。公元 610 年，隋军至流求时，"流求人初见船，以为商旅，往往诣军中贸易"。由此推知，当时台湾与大陆已存在一定的通商关系。

到了宋代，两岸通商关系得以进一步发展。"当宋之时，华人已至北港贸易"，大陆商船"以北港为互市之口"。元朝至台湾的商船日渐增多，"贸易至者，岁常数十艘"。据汪大渊《岛夷略至》记载，当时两岸"贸易之货，用土珠、玛瑙、粗碗、处州瓷器之属"。

明朝初年，因倭寇骚扰海峡两岸，台地汉民西迁漳泉，两岸通商暂时中断。至嘉靖时，复有商旅往台湾西海岸与当地土著居民贸易。天启年间，以颜思齐、郑芝龙为首的海上私人武装集团进入台湾笨港，从事拓殖与贸易，并掌握台湾海峡的控制权，对从祖国大陆去台湾的贸易船舶进行课税。可见，当时的两岸通商已有一定的市场。

1624 年荷兰殖民者据台后，台湾成为其对中国大陆贸易的中转地。经荷兰商人之手，台湾输至大陆的主要商品有米、糖、鹿肉、鹿角、藤等；大陆输往台湾的主要有生丝、药材、绸缎、陶器、瓷器、黄金等。这些货物经台湾转贩至日本或运至荷兰。

1662 年郑成功收复台湾后，郑氏政权与清政府形成对峙局面。清政府实行海禁，进行经济封锁。但仍有许多商人冲破禁令，输货于两岸之间。例如，"郑经之时，有江胜其人，据厦门，率众数百人，转以输台湾与大陆的货运为事"。另一方面，因清政府海禁政策的影响，台湾成为走私的渠道，外国商人欲与中国贸易者，反而集中于台湾，使台湾成为中国大陆对外通商的唯一集中地。"凡中国诸货，海外之人皆仰给焉，于是通洋之利，唯郑氏独操，财用皆饶。"当时，以民间走私形式出现的两岸通商，是两岸经济关系的主流，从而促进了双边经贸交往的进一步扩展。

二、清代海峡两岸经济关系的兴盛（1683～1895 年）

清政府治理台湾的 212 年间，海峡两岸经济关系，无论是贸易范围、贸易种类，还是贸易组织、贸易规模，都有明显的扩大，从而形成两岸通商的高潮。两岸贸易不仅加强了两地之间的经济联系，使台湾成为祖国大陆市场的一个重要组成部分，而且促进了台湾的开发，推动了台湾社会经济的发展。

1683 年，清政府统一台湾，翌年海禁解除，两岸经济交往由暗转明。1685 年，清政府规定两岸通商口岸为厦门与安平商地之间的单口对渡，往来商船必须盘查检验，限制颇严。然而，随着两岸通商交往的扩大，单口对渡远远不能满足形势发展的需要。1774 年清政府又开放泉州与漳化的对口通商，1790 年增辟福州与台北的对渡。于是，以南、中、北三条通商航线为主渠道的两岸贸易盛极一时。

清代两岸经济关系之所以发展迅速，主要是由于两地区区域分工的需要。18 世纪初，汉族移民大量东渡台湾从事开垦，其生活所需的用品，如棉布、丝织品、针线、锅碗、砖瓦等，需从大陆进口；而台湾盛产的米谷、砂糖等又为大陆各地所需。据估计，自雍正至道光一百多年间，台湾每年输往祖国大陆的台米近百万石，台糖近亿斤。大陆输往台湾的商品有绸缎、棉布、纱线、纸料、木材、砖瓦、烟叶、铁器等。两岸贸易的范围从闽台两省扩大到广东、浙江、上海、江苏、山东、河北以至辽宁等地。

随着两岸贸易的兴盛，一种行会性质的商业组织——"郊"应运而生。它是由各个经营同一贸易业务或同一贸易区域的商行组成的民间商业团体，是一种由官府控制的合法的贸易组织。初期有台南三郊，即北郊（经营浙江以北交易）、南郊（经营闽粤两省交易）和港郊（经营台湾省内交易），分别经营不同区域或不同行当的贸易。这种"郊"的贸易组织是两岸贸易发展到一定程度的产物。它的存在与运作，使台湾与大陆市场融为一体，对两岸货物的扩张具有较大的促进作用。

1860 年第二次鸦片战争以后，台湾的安平、淡水、鸡笼、打狗相继开港，外商势力蜂拥而至，行郊组织受到严重冲击。英美商人一方面向台湾输入大量鸦片以及工业品，另一方面输出茶叶、樟脑、砂糖等土特产，掠夺台湾资源，从而破坏了传统的贸易形式。由于洋货大量倾销，逐渐取代大陆货物，台湾土特产也被掠往海外，两岸通商日趋衰退。这一局面是由当时中国半殖民地半封建社会的性质所决定的。

三、日据时期海峡两岸经济关系的衰微（1895～1945年）

1895年日本占领台湾后，随着台湾经济沦为日本经济的附庸，日本市场即逐渐取代大陆市场，成为台湾对外贸易的主体。在日本殖民政策之下，两岸贸易的性质发生变化，实际上成为日本对中国贸易的一部分，两岸经济关系因而走向衰微。从两岸贸易数额看，其与整个台湾外贸相比，大有零落之感。19世纪末，两岸贸易仍维持一定规模，但在1902年关税法修改后，即呈急速下降的趋势，其后30年间基本上陷于停顿状态。1937年抗日战争爆发以后，由于日本占领厦门，两岸贸易有所回升，但这是由于日本运送侵华物资和转移掠夺财物所致。从两岸贸易在台湾外贸中的地位看，1896年两岸贸易货值尚高，占台湾外贸总值的64%，但至1910年就跌至9%，其后一直在10%线上摆动。30年代末，随着两岸货物贸易的增加，其比重开始回升，至1944年达到26%。这种起伏现象与台湾对日贸易正好相反。

从两岸贸易的商品结构看，台湾输往大陆的货物初期主要是米谷、茶叶等，后期以工业制成品为最大宗，大约占总值的25%；其次是海产品，约占15%；再次是农产品，大约占10%，其他还有棉、煤油、酒精、火柴等，代替了传统的出口产品。台湾从大陆输入的货物以农工原料为最大宗，约占70%以上，主要有木材、纸、烟草、大豆、人参以及棉、麻、毛、丝织品。这一变化主要是日本对台湾外贸进行统治的结果。

因此，虽然日据时期海峡两岸的经贸关系发生了明显的变化，台湾对外贸易由依赖大陆市场转为依赖日本市场，但两岸的经贸关系并未完全切断，尤其是在台湾成为日本对大陆贸易的中转站以后，这种联系反而有所加强，只是贸易形式与性质出现变化。

四、战后海峡两岸经济关系的恢复与中断（1945～1978年）

因台湾生产事业在战争期间遭到严重破坏，与大陆的交通运输联

第一章

系受到限制，战后初期两岸经济关系基本上处于恢复与转型阶段，当时中国的社会经济地位以及大陆"国统区"动荡不安的政治局势，决定了两岸经济合作的发展规模与前途。

1945 年台湾光复以后，随着台湾经济重新成为中国经济的一部分，祖国大陆取代日本成为台湾最主要的供需市场。台湾光复初期两岸贸易多以易货方式进行。从商品结构看，大陆输往台湾的货物主要是生产与生活急需的物资。物资多来源于上海、天津、青岛等地，以交换物资占多数，购进内销次之。台湾输往大陆的货物，主要是岛内特产与资源，其中煤炭为最大宗，大都销往上海、广州两地，也有少量运往福州、厦门；其次是糖，绝大多数销往上海，也有部分销往天津、广州等地；最后是包种菜，多销往东北、华北诸省。上述物资以销售最多，交换物资次之，少数为委托代销。

自 1949 年台湾与大陆因政治、军事对峙而处于人为隔离状态后，海峡两岸的经贸关系经历了一个不平坦的发展道路。此后 30 年间两岸经贸关系基本上中断，只是由于台湾岛内对大陆中药材的民生消费需求而存在着局部性的、极为有限的单向间接贸易。

综上所述，大陆与台湾的经贸关系发端于三国时代，宋元时期出现萌芽，至明代则悄然兴起，并已初具规模；清统一台湾后又继续发展，至清代中叶达到高潮；只是到了日据时期由于台湾贸易关系的转变才呈衰微现象，直到战前又得以复兴；台湾光复以后在新的历史条件下再得以进一步恢复与发展。不幸的是，由于政治因素，两岸局势在 1949 年以后出现人为的隔离状态，双边的经贸关系随之进入了长达 30 年之久的断层带。这就是历史上海峡两岸经贸关系纵向发展的基本脉络。

第二节　1979 年后的海峡两岸经贸关系

从 1979 年起，海峡两岸经贸关系的发展进入了一个新的历史时期。随着"改革开放"和"和平统一、一国两制"政策的实行，双边交往进入了一个新的发展时期，台湾与大陆的经济联系不仅得以恢复，而且不断加强，再度走向分工与合作的发展道路。回顾二十余年来两岸经济关系的发展历程，大体经历了以下几个发展阶段。①

一、缓和时期两岸经贸关系的复苏（1979～1987年）

两岸经贸关系的恢复，始于20世纪70年代末。1979年1月1日，全国人大常委会发表《告台湾同胞书》，提出"和平统一"的对台政策，并发出"三通四流"（通邮、通航、通商和探亲旅游、学术交流、文化交流、体育交流）的倡议，其后1983年6月26日邓小平进一步阐述了"一国两制"的伟大构想，在祖国大陆"和平统一"政策的作用下，两岸对立的气氛开始有所缓和，两岸局势从对峙时期进入和平共存与相互竞争的时期，同时，大陆加快改革开放并逐步参与经济全球化进程，也使两岸经贸活动增加了新的市场诱因，双边的经济关系随之出现复苏迹象，逐步从中断阶段走向恢复阶段。

这一时期两岸经贸关系以贸易主导为特征，其表现形式主要是两岸通过香港的转口贸易逐步走向复苏，从而引发或带动其他尚在萌芽阶段的经济交流，两岸经香港的转口贸易额由1979年的0.77亿美元增长至1987年的15.16亿美元，增长近20倍；其中大陆自台湾进口额由0.21亿美元增至12.27亿美元，台湾自大陆进口额由0.56亿美元增加到2.89亿美元②。而且，这时的两岸贸易基本处于互通有无阶段，与后来两岸间的投资推动型贸易特征有着很大不同。随着大陆沿海地区的改革开放，在20世纪80年代初期已开始有部分台商通过在中国香港、新加坡、泰国等第三地设立子公司方式，试探性地赴大陆投资，这些投资形式隐蔽、规模很小，均为加工出口型的劳动密集型产业，主要散布在广东与福建沿海地区，从1981年第一家台资企业的出现，至1987年年底累计只有80余项，1亿多美元③。

---

① 张冠华："两岸经济关系的演变、影响与展望"，http://www.future-china.org/csipf/activity/2004PF_Vol/ME－03.pdf。
② 数据来源：中国海关总署，国台办网站 http://www.gwytb.gov.cn/。
③ 数据来源：中国对外经济贸易年鉴（1989）。

二、开放时期两岸经贸关系的复兴（1987～1992 年）

1987 年后，两岸经贸关系的政治经济环境得到了极大的改善，两岸经贸关系随之得以复兴。

从台湾方面看，首先，台湾大陆政策有所放松。1987 年 7 月 15 日，台湾方面解除"戒严"和开放民众赴大陆探亲；台湾民众赴大陆人数迅速增多，由 1988 年的 44.6 万人次迅速增加至 1992 年的 131.8 万人次，五年间约增长 3 倍（见表 1－1），其中许多民众借探亲名义赴大陆进行经商和投资活动，两岸经贸交流活动开始活跃起来。

表 1－1　1987～2004 年两岸人员往来与交流一览表

年　份	台胞来大陆（人次）	增长率（％）	大陆居民赴台（人次）	增长率（％）	赴台交流项目（个数）	增长率（％）	赴台交流人数（人次）	增长率（％）
1987	46679	N. A.	N. A.	N. A.	N. A.	N. A.	N. A.	N. A.
1988	446000	863.8	8545	N. A.	13	N. A.	13	N. A.
1989	551800	20.4	N. A.	N. A.	N. A.	N. A.	N. A.	N. A.
1990	890500	66.8	N. A.	N. A.	N. A.	N. A.	N. A.	N. A.
1991	946632	4.8	9005	N. A.	18	N. A.	27	N. A.
1992	1317770	39.2	10904	21.1	155	761.1	920	3307.4
1993	1526969	15.9	14615	34.0	507	227.1	3309	259.7
1994	1390215	-9.0	17583	20.3	548	8.1	3190	-3.6
1995	1532309	10.2	42180	139.9	773	41.1	5139	61.1
1996	1733897	13.2	65205	54.6	968	25.2	5645	9.8
1997	2117576	22.1	56570	-13.2	1262	30.4	8430	49.3
1998	2174602	3.7	78423	38.6	1717	36.1	11628	37.9
1999	2584648	18.9	103977	32.6	1821	6.1	13474	15.9
2000	3108643	20.3	102933	-1.0	1787	-1.9	13623	1.1
2001	3440306	10.7	122198	18.7	2915	63.1	24719	81.5
2002	3660565	6.4	138981	13.7	4384	50.4	38259	54.8
2003	2730891	-25.4	124616	-10.3	2847	-35.1	24480	-36.0
2004	3685250	34.9	144526	14.2	4475	57.2	30728	25.5
累计	33885252	N. A.	1040261	N. A.	24241	N. A.	183999	N. A.

资料来源：国台办，由国台办网站 http：//www.gwytb.gov.cn/资料编制。

其次，台湾也出现了有利于向大陆投资的经济环境。20 世纪 80 年代中后期台湾也步入新一轮经济转型期。多年累积的巨额贸易顺差使台湾资本大量过剩，在当时台湾仍保持外汇管制和投资机会减少情况下，大量资金涌向房市、股市，造成严重的泡沫经济。同时，新台币大幅升值、土地与劳动力价格迅速上扬，加上 1987 年台湾方面"解除戒严"后环保、劳工等社会运动激发，使传统以加工出口为导向的劳动密集型产业的生存环境急剧恶化。为解决泡沫经济问题，台湾于 1987 年大幅度放宽外汇管制，允许每人每年汇出外汇金额 500 万美元。1990 年台湾当局公布《对大陆地区从事间接投资或技术合作管理办法》，有条件地开放台湾对大陆的间接投资。于是台湾劳动密集型产业大量向大陆转移，赴大陆投资迅速增多。

大陆方面，针对这一经济形势，制定和采取了一系列新的法规与措施，加强鼓励台商对大陆投资与开展两岸贸易活动。1988 年，国务院发布《关于鼓励台湾同胞投资的规定》（即"二十二条"），对鼓励台商到大陆投资首次提出了系统的规定，予以台商以较大的优惠与便利，对台商在大陆投资的权益提供保障。此后，国务院批准在福建省马尾、杏林、集美、海沧等设立台商投资区，有关部门专门为台商投资设立专业配套资金，有力地促进了台商到祖国大陆的投资。在两岸经贸政策互动下，两岸经济关系转趋活跃，迅速从复苏阶段走向复兴阶段（见图 1－1）。

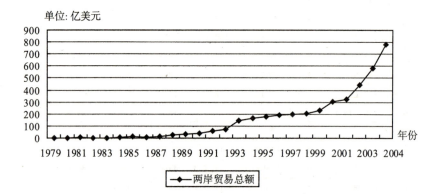

图 1－1　1979～2004 年两岸贸易总额增长趋势

资料来源：中国海关总署。

第一章

这一时期两岸经贸关系以贸易主导向投资主导的过渡为特征，贸易与投资相辅相成的作用日益明显[①]。80 年代后期，贸易主导的迹象依然存在；90 年代初期，投资主导的趋势日益明显。贸易与投资并重发展，多种形式的交流不断出现。

从台商赴大陆投资情况看，投资件数由 1988 年的 435 件增加到 1991 年 1735 件，增长 4 倍多；协议投资金额同期由 5.1 亿美元增加到 13.9 亿美元。这时赴大陆投资的企业，其大部分生产设备由台湾搬迁而来，生产原料也多由台湾进口，拉动了台湾对大陆出口的快速增长。据估算，从 1988 年到 1992 年，台湾经香港转出口大陆金额由 24.8 亿美元增长至 105.5 亿美元；经香港转进口大陆货物金额也相应由 1.1 亿美元增加到 23.4 亿美元。[②] 两岸经济关系由此步入快速发展期。

三、互动时期两岸经贸关系的兴盛（1992 年至今）

1992 年以后，由于两岸经贸政策的发展，两岸经贸关系步入深化发展的阶段。

从大陆方面看，1992 年春，祖国大陆在邓小平南方谈话，尤其是中共"十四大"之后，正式确立社会主义市场经济的发展方向，进一步加速改革开放进程，从而引发了新一波的台商赴大陆投资热潮。1994 年 3 月祖国大陆颁布了《中华人民共和国台湾同胞投资保护法》，4 月又提出对台商投资的领域、项目、方式采取"同等优先、适当放宽"的原则。1996 年 8 月，大陆交通部和外经贸部又分别发布《台湾海峡两岸间航运管理办法》和《关于台湾海峡两岸间货物运输代理业管理办法》，规范两岸航运市场，促进两岸海上通航的发展。2000 年 12 月，为应对两岸即将加入世界贸易组织的新形势，外经贸部颁布《对台湾地区贸易管理办法》，就对台贸易的指导原则、管理

[①] 数据来源：《中国对外经济贸易年鉴》（1989 年）。
[②] 高长、宋恩荣：《台海两岸三地间接贸易之实证分析》，台北："中华经济研究院"，1994 年。

方式、纠纷解决等进行了规范，使开展对台贸易有了公开的指导依据。尽管这一时期两岸关系不时出现某种政治上的逆流，但是，由于大陆政府在促进两岸经济交流与合作方面采取了许多实际步骤与具体措施，两岸经济关系仍然在调整中不断向前发展。

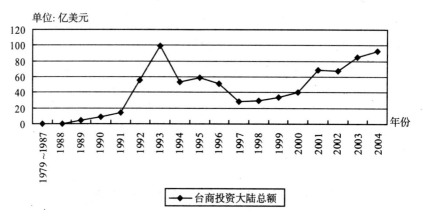

单位: 亿美元

图 1 - 2　1979 ~ 2004 年台商对大陆投资趋势

资料来源: 中国商务部。

从台湾方面看，该时期台湾经济结构调整速度进一步加快，传统劳动密集型产业加速向海外特别是大陆地区转移，并进而带动了中上游重化工业的大陆投资步伐。台湾的大陆经贸政策也进行了一定幅度的调整，1992 年后在《两岸人民关系条例》的基础上出台了一系列有关对大陆投资、贸易等领域的许可管理办法，从而步入"法制化"轨道，并逐步开放大陆产品进口与台商赴大陆投资的规模与范围。在两岸间接"三通"上也有所松动，比如放宽经贸人员的往来，在金融往来方面，也采取了逐步放宽台湾银行第三地子公司可赴大陆设立办事处等措施。

在上述背景下，两岸经济关系自 1992 年以后进入快速扩张阶段。这一时期两岸经贸关系的主要特征为:

首先，两岸经贸关系以投资主导为特征。其表现形式主要是台商赴大陆投资逐渐进入高潮，并在深度与广度上都表现出新的变化，从而促进贸易及其他形式的经济交流持续发展。一是台商赴大陆投资维持快速增长、不断掀起投资高潮，其中1992年一年的台商赴大陆投资额就超过过去历年累计总额，台商协议投资在1992年即达6430项，55.43亿美元，分别是过去11年总和的1.8倍和1.6倍。1993年投资额又超过1992年前的累计总额，进而创纪录地达到10948项，99.65亿美元。按照大陆统计，截止到2004年年底，台商赴大陆投资项目为64703项，协议金额799.35亿美元，实际投资金额396.23亿美元，大陆成为台商赴海外投资的最主要地区。同时，赴大陆投资的厂商由过去的中小企业为主转为大中型企业为主，投资行业也由传统劳动密集型产业转变为资本与技术密集型产业为主。二是两岸贸易在投资带动下呈现高速增长态势（见图1-3），两岸贸易总额由1992年的74.1亿美元增长到2004年的783.3亿美元，增长10倍多；其中台湾对大陆出口额由62.9亿美元增加到647.8亿美元，大陆对台出口由11.2亿美元增加到135.5亿美元。大陆成为台湾最大的出口地区和最大的贸易顺差来源地。三是两岸经济关系呈现多元化发展，除贸易、投资关系外，两岸在农业、科技、金融、能源等领域的交流全面展开，两岸间接"三通"也取得一定进展。两岸经贸关系发展使两岸的资金、资源、市场、劳动力、产业、科技等多方面逐步建立起一种互惠互利的经济关系。正是这种日益密切的两岸经贸关系将祖国大陆与台湾紧密结合在一起，使两岸经济成为亚太地区最活跃的经济发展带。

其次，台商大陆投资对贸易的拉动效果十分明显（见图1-3），这种拉动一是体现在台商向岛内回购中间产品形成的拉动台湾对大陆出口效果；二是体现在台商产品回购对大陆出口台湾的拉动效果。从实证分析看，20世纪90年代以来台商赴大陆投资与两岸贸易增长趋势呈现高度的一致性（见图1-4）。

一方面，大陆台商在中间产品等领域向台湾的回购，是该时期拉动两岸贸易特别是台湾对大陆出口的重要因素之一。根据估计，在1993年时，台商共向岛内回购1466亿元新台币的机器设备与中间原料，约占当年台湾出口额的 6.5%，占台湾对大陆出口额的 43.6%。[①]
表 1－2 是根据 1993 年和 1997 年大陆台商回购系数推估的台商投资带动两岸贸易效应，大体可以肯定，在 90 年代后半期，台商对大陆投资带动的台湾对大陆出口金额，约占台湾对大陆总体出口金额的 50% 左右。

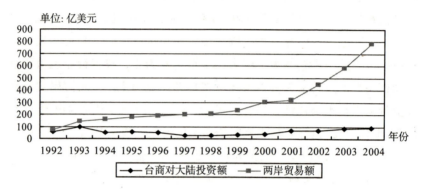

图 1－3　1992～2004 年两岸投资带动贸易趋势

资料来源：中国海关总署，中国商务部。

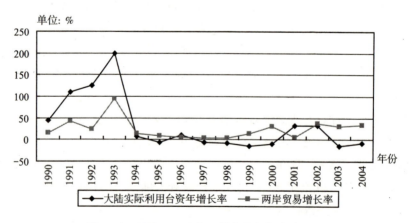

图 1－4　1990～2004 年两岸贸易与投资增长率

资料来源：中国海关总署，中国商务部。

---

① 邱秀锦："两岸经济依存关系之分析"，《自由中国之工业》1996 年 8 月。

表 1 – 2 1993～2000 年台商赴大陆投资对台湾出口的影响

单位：亿美元

年 份	实际利用台资金额	台商大陆投资带动对大陆出口额			台商大陆投资带动出口占台湾对大陆出口比重	台商大陆投资带动的出口占台湾总出口比重
		原料及中间制品	机械设备	合计		
1993	54.5	21.2	14.6	35.7	28.0	4.2
1994	82.9	32.1	15.7	47.8	32.6	5.1
1995	114.2	44.1	17.3	61.4	34.3	5.5
1996	150.7	51.2	18.6	69.8	36.4	6.0
1997	181.9	62.4	15.9	78.3	38.2	6.4
1998	212.8	72.9	15.8	88.7	48.3	8.0
1999	231.1	79.2	9.3	88.5	41.7	7.3
2000	261.6	89.6	13.4	103.0	39.4	6.9

资料来源：邱秀锦："台湾经济对大陆经济依赖程度与可能影响"，《台湾经济金融月刊》2001 年 9 月 20 日。

　　另一方面，从台商产品回购对两岸贸易的拉动效果看，在 20 世纪 90 年代中期以前由于台湾严格限制大陆产品的进口，使台商产品的回购遇到极大障碍，所占大陆对台湾出口比重并不大。90 年代中期以后，随着台湾逐步扩大允许大陆产品进口的幅度，大陆台商产品回销的比重有所增加。尤其进入 21 世纪后，台湾 IT 厂商出于两岸分工布局的需要，开始增加产品回购的比重，促使两岸产业内贸易比重不断增加。但总体来看，由于台湾市场规模要小于大陆的市场规模，因此总体上大陆台商回购的比例要大大小于美、日等在大陆投资厂商的回购比例。研究指出，1994 年在大陆的日资、港资、美资、台资企业所生产产品，回购投资母国或地区的加权平均回购比例分别为25.6%、19.5%、9.6% 和 7.6%，台商回购台湾的比例最低。[①] 据估计，直到 1998 年，大陆对台湾的出口中，也只有约 10%～13% 是因

---

　　① 陈丽瑛：《大陆东南沿海地区产业发展与两岸合作潜力之研究》，台北："中华经济研究院"1996 年版，第 333 页。

台商产品回销岛内而产生的。①

投资与贸易是两岸经济关系发展的两大主轴。而台商投资对两岸贸易的强力拉动作用,更使其成为影响两岸经济关系的主导角色。台商赴大陆投资扮演的主导角色,对两岸经济关系的整体格局与发展形态产生了重要影响,而其中最明显的就是两岸贸易产生的严重不平衡。据大陆海关总署统计,从1979年到2004年年底,大陆累计对台贸易逆差为2742.19亿美元,占同期大陆自台湾进口的80%以上。大陆对台贸易逆差主要由三部分组成,即加工贸易项下的逆差、台资企业进口设备用做投资的逆差和一般贸易项下的逆差。其中加工贸易项下的逆差占主要部分,据大陆海关总署的统计,2003年大陆加工贸易项下的对台进、出口额分别为325.36亿美元和52.86亿美元,分别占同期大陆对台进、出口额的65.8%和58.7%;该项逆差额为272.5亿美元,占大陆对台贸易逆差的比重为67.4%。② 这种加工贸易形态表现在台湾对大陆出口的产品结构上,就是中间产品占对大陆出口产品比重的不断上升,据分析,1990年台湾对大陆产品按研发密集度分类,最终产品所占比重为29.7%,一般中间产品为68.24%,高阶中间产品为2.06%;而到2002年,三者比重分别变化为17.31%、59.05%和23.64%。③ 同时数据也显示了三资企业(尤其是台资企业)占大陆自台进口的主导地位,2004年三资企业(尤其是台资企业)自台湾的进口总值为493.87亿美元,占同期大陆自台进口总额的76.24%;三资企业(尤其是台资企业)对台出口额为84.31亿美元,占同期大陆对台出口的62.22%;逆差额为409.56亿美元。因此总体来看,两岸贸易存在巨额贸易顺差,其中约三分之二左右是台商赴大陆投资形成的,逆差主要发生在台湾企业与大陆以台资为主的三

---

① 童振源:《全球化下的两岸经济关系》,台北:生智文化事业有限公司2003年版,第40~41页。

② 中国海关统计资料;张世宏:"两岸贸易严重失衡原因分析及应对策略之探讨",《台湾研究》2004年第4期。

③ 林昱君:"台湾对大陆贸易出超的本质与发展趋势",《经济前瞻》2004年1月5日。

资企业之间。

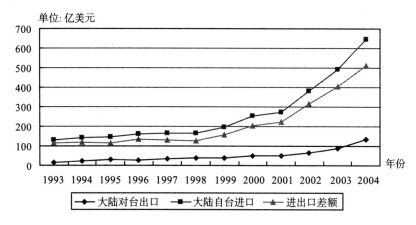

图 1 - 5　1993 ~ 2004 年大陆对台进出口趋势

资料来源：中国海关总署。

综上所述，两岸经贸的发展，经历了一个从贸易主导到贸易与投资并重、再到投资主导的逐步演进的过程，具有明显的阶段性特征。

第三节　两岸经济关系的影响

两岸经济关系取得的巨大成就，对促进两岸经济的日趋密切和共同繁荣发挥了重要作用。

一、两岸经济的相互依存度上升

两岸经贸关系的快速发展，使海峡两岸相互依存关系不断加强。

在贸易方面。依台湾方面统计（见表 1 - 3），台湾对大陆贸易总额、出口额和进口额占其总额的比重，在 1990 年分别为 4.23%、6.54% 和 1.40%，到 2000 年已分别达到 10.84%、16.87% 和 4.44%，2004 年三者比重又迅速增加到 18.03%、25.83% 和 9.93%。2004 年，大陆已成为台湾的第三大贸易伙伴、第一大出口地区和第五大进口地区。

　　同时，大陆对台贸易依存度也相应增加，大陆对台贸易和出口依存度分别由 1990 年的 4.47% 和 1.23% 增加至 2004 年的 6.78% 和 2.28%（见表 1-3）。2004 年，台湾是大陆的第五大贸易伙伴、第二大进口地区和第六大出口地区。

表 1-3　1981~2004 年海峡两岸贸易相互依存度

单位：%

年　份	台湾对大陆依存度			大陆对台湾依存度		
	出口依存度	进口依存度	贸易依存度	出口依存度	进口依存度	贸易依存度
1981	1.70	0.35	1.05	0.34	1.75	1.04
1984	1.40	0.58	1.06	0.49	1.55	1.03
1987	2.28	0.83	1.71	0.73	2.84	2.06
1990	6.54	1.40	4.23	1.23	8.24	4.47
1991	9.84	1.79	6.20	1.57	11.75	6.35
1992	12.95	1.55	7.60	1.32	13.09	7.05
1993	16.47	1.43	9.32	1.20	13.46	7.71
1994	17.22	2.18	10.02	1.54	13.85	7.55
1995	17.40	2.98	10.46	2.08	14.71	8.02
1996	17.87	3.02	10.95	2.03	14.93	8.21
1997	18.39	3.42	11.15	2.14	15.77	8.11
1998	17.94	3.93	11.13	2.24	14.16	7.39
1999	17.52	4.09	11.12	2.32	12.86	7.16
2000	16.87	4.44	10.84	2.49	11.18	6.60
2001	17.86	5.50	12.10	2.22	9.01	5.46
2002	22.56	7.06	15.39	2.44	9.98	6.03
2003	24.52	8.61	17.07	2.50	8.57	5.44
2004	25.83	9.93	18.03	2.28	11.54	6.78

　　注：1. 依存度分别指两岸间贸易额、进出口额占两岸对外贸易总额、进出口额的比重。

　　　　2. 表中两岸贸易有关统计为台湾"陆委会"估计值。

　　资料来源：根据"两岸经贸统计表"，《两岸经贸》2005 年 3 月号；《"中华民国"统计年鉴》2003 年；《"中华民国"统计月报》2005 年 3 月资料计算编制。

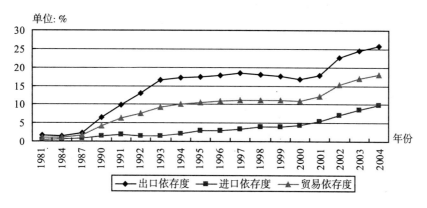

图 1 - 6 1981 ~ 2004 年台湾对大陆贸易依存度

资料来源：经中国海关总署数据计算得出。

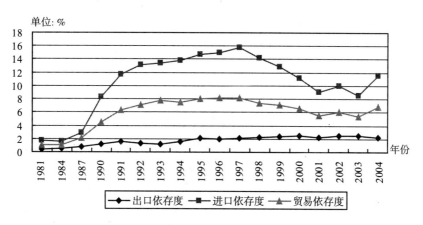

图 1 - 7 1981 ~ 2004 年大陆对台湾贸易依存度

资料来源：经中国海关总署数据计算得出。

在投资方面。台湾官方部门从 2000 年到 2002 年连续三年进行的《制造业对外投资实况调查》结果显示，台湾制造业对外投资有七成以上集中于大陆。① 截至 2004 年，台商赴大陆投资共 64703 件，投资金额 799.35 亿美元，占台湾对外投资总额的 47.0%，居台湾对岛外

_____

① 台湾"经济部"，http：//www.moea.gov.tw/meco/stat/。

投资的第一位。① 实际上，如果加计台商经由中美洲等地间接赴大陆的投资额，台商赴大陆投资数额还要更高。而从大陆统计看，台资也已成为大陆吸引境外资金的主要来源之一，2004 年台商对大陆的协议投资与实际投资金额分别占大陆吸引境外总投资额的 6.1% 和5.14%，仅次于中国香港、威尔京群岛、韩国、日本和美国之后居第六位②，而实际上来自威尔京群岛的境外资金中有相当部分属于台商赴大陆的间接投资（见图 1 – 8）。

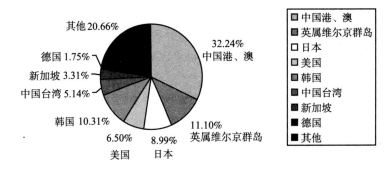

图 1 – 8   2004 年大陆吸引境外投资来源国/地区

资料来源：《中国对外经济贸易统计年鉴》2005 年。

二、两岸产业分工关系由垂直分工向功能性分工转变

在 20 世纪 90 年代前半期，两岸间产业分工主要体现在台湾中上游产业与移至大陆的中下游产业间的垂直分工关系。而 90 年代后半期随着台商电子信息产业加快向大陆转移，两岸间的产业分工日趋密切与复杂，并逐渐由生产阶段的分工向功能性分工发展。在电子信息产业领域，由于跨国公司成为主导两岸产业转移的主导力量，两岸间的产业分工已成为国际产业分工体系的一个重要组成部分。在这一态势下，两岸经济关系已成为两岸经济参与全球化进程的重要平台，对各自经济发展与转型产生着越来越重要的影响。

---

① 台湾"陆委会"：《两岸经济统计月报》2004 年 5 月。
② 《中国对外经济贸易统计年鉴》2005 年。

（一）垂直性分工

从 20 世纪 80 年代中后期开始，在台湾失去竞争力的大量传统劳动力密集型产业转移至大陆，并与台湾中上游资本与技术密集型产业形成垂直分工关系。

以电子信息产业为例，台湾中下游的信息硬件产业已基本移至大陆生产，台湾本地则承担新兴起的关键零组件、芯片设计制造以及产品接单、资金与研发技术的供给等角色；两岸形成密切的产业分工关系。据统计，台湾 IT 产业最大的部门——个人计算机及周边产业移往海外部分，1995 年占其总生产值的比重为 25%，1998 年为 43%，2002 年又上升到 75.1%。其中移往大陆的部分在 2002 年达到 58.9%，2004 年又达到 63.3%。包括笔记本电脑、液晶显示器等在内的大部分计算机硬件产品在大陆生产部分已超过台湾①。

表 1－4　2000～2002 年台湾主要 IT 商品大陆生产产值占台湾产值比例

单位：%

商品类型	2000	2001	2002	台湾全球市场占有率
笔记本电脑	0.0	5.2	40.0	61.0
桌上型电脑	45.0	48.0	55.0	23.4
主板	45.0	52.8	61.6	65.0
LCD 监视器	1.0	28.4	60.5	51.0
CDT 监视器	58.0	66.3	71.2	61.0
光碟机（ODD）	78.0	91.2	94.2	45.0
数码相机（DSC）	44.0	54.0	68.7	38.6

资料来源：周维忠："'我国'资讯硬体产业之全球竞争分析与发展策略建议"，（台湾）"资策会"，科学成果报告，2003 年。

（二）功能性分工/水平分工

随着两岸经济关系的进一步深化，两岸产业分工呈现动态性发展

---

① 台湾"资策会市场情报中心"（MIC）。

格局，台湾原材料或半成品的供应厂商因产业网络的关系，开始主动或被动地随着下游加工制造业前往大陆投资，使两岸产业在制造方面的分工缩小，使投资初期所形成的产业分工格局不断被打破并重建。一些公司在生产线移往大陆后，台湾母公司发展成为营运基地，注重在经营管理、研发、市场营销、财务调度及人才和技术的支持，从而形成两岸企业间经营的功能性分工格局。① 而且，这种功能性的分工也在不断处于变动之中。台商在大陆除生产外，业务经营及研发设计也在相应跟进。由于大陆台商正逐渐建立其自身营销渠道，未来有可能取代台湾母公司，由"台湾接单、大陆出货"发展成为"大陆接单、大陆出货"的模式。2002 年台北市计算机工会调查显示，有56.3% 的电子信息厂商在大陆的制造与生产部门将取代台湾事业，32.4% 的厂商表示大陆研发与设计部门将取代台湾，另有近 30% 厂商的大陆事业研发经费将在短期内超过台湾，34.8% 的厂商业务部门将取代台湾公司。这种趋势，与两岸至今未能"三通"、台湾方面严格限制大陆产品进口密切相关。因为在"间接、单向"的格局下，两岸产品与生产要素流动受到极大制约，使两岸产业分工难以合理地通过正常贸易与资金、技术与人员的往来加以体现，从而促使台湾企业进行连动性投资，将经营业务越来越多地向大陆转移。

一般而言，功能性/水平分工体现为竞争性，垂直分工体现于互补性。但海峡两岸产业由垂直分工形态向功能性/水平分工演变的趋势，并不必然意味着两岸间竞争或彼此取代关系的强化。这是因为高科技台商在大陆生产的产品，与岛内同类产品在许多方面仍有所差异，而且在市场上是相互区隔的。台商赴大陆投资后，在台湾扩大经营规模或维持现状的投资仍占 76.04%，只有 20.90% 的投资表示岛内公司已缩小经营规模。② 而台北市计算机公会的调查也显示未来在大陆的投资将在营运总部、投资和财务部门取代台湾母公司的只占

---

① 高长："两岸电子产业分工现况与合作展望"，昆山"海峡两岸产业合作发展论坛"，2001 年 12 月。
② 台湾"投审会"："大陆投资事业营运状况调查摘要（1999 年）"，2001 年 1 月。

10.6%和8.9%。因此总体上这种分工关系的互补性仍大于竞争性。

三、推动了两岸经济的共同发展

（一）两岸经贸关系的迅速发展，推动了两岸的经济增长

对大陆而言，台商赴大陆投资设厂，增加了当地的就业机会，有助于大陆出口的增长，在一些地区，台资企业产品已成为当地出口的主力。台商所带来的较为先进的生产管理与经营方式，也对当地厂商发挥了示范效应。

表 1-5 1990~2003 年两岸贸易对台湾 GDP 贡献度

单位：%

年 份	台湾 GDP 实际增长率（a）	与大陆贸易对台湾 GDP 增长率贡献百分点（b）	与大陆和香港贸易对台湾 GDP 增长率贡献百分点（c）	与大陆贸易对台湾 GDP 增长率贡献百分比 d=b/a	与大陆和香港贸易对台湾 GDP 增长率贡献百分比 e=c/a
1990	5.39	0.73	1.46	13.54	27.08
1991	7.55	2.65	2.45	35.10	32.46
1992	7.49	2.03	1.59	27.09	21.26
1993	7.01	2.04	1.53	29.17	21.78
1994	7.11	0.43	1.06	6.06	14.91
1995	6.42	0.79	1.53	12.30	23.90
1996	6.10	0.50	0.40	8.27	6.59
1997	6.68	0.27	0.22	4.01	3.30
1998	4.57	-0.94	-1.27	-20.60	-27.70
1999	5.42	0.39	0.91	7.23	16.84
2000	5.86	0.65	2.08	11.02	35.55
2001	-2.18	-0.85	-1.01	38.90	46.19
2002	3.59	2.60	3.30	72.33	91.83
2003	3.24	1.03	2.46	31.71	75.84

资料来源：林祖嘉："台湾经济发展与两岸依存度之研究"，"大选后两岸经贸事务研究会"，2004 年。

对台湾而言，两岸经济关系所带来的巨大利益更为明显。据估计，正是由于对大陆出口扩大了台湾的外部净需求，20 世纪 90 年代使台湾经济增长率平均每年提高 0.5 个百分点，对大陆出口在台湾创造了 60 万人以上的就业机会，否则台湾失业率将超过 10%。表 1－5 显示，早在 90 年代初，两岸贸易对台湾 GDP 增长率的贡献就已达 1/4 左右。其后几年稍有下降，但到 2001 年以来，两岸贸易对台湾 GDP 增长率的贡献又大为提高。

进入 21 世纪以来，台湾经济不景气，在内需扩张乏力以及对欧、美、日出口持续衰退的情况下，正是依靠对大陆出口的快速增长带动了经济的逐步复苏。2000～2003 年台湾经济增长率平均为 2.6%，其中来自外需扩张的贡献率高达 97.6%，提供了 2.5 个百分点的经济增长，而外需扩大几乎全靠对大陆顺差的扩增。2003 年，台湾与大陆和香港贸易对台湾 GDP 增长贡献百分比高达 75.84%，2002 年更高达 91.83%。换言之，近来台湾 GDP 增长率几乎都是依赖两岸贸易成长而来。截至 2005 年第一季度，上市、上柜公司赴大陆投资家数共计有 785 家（上市公司 484 家、上柜公司 301 家），累计至 2005 年第一季度共汇出金额新台币 4341 亿元。台湾上市、上柜公司在大陆投资的报酬率有不俗表现，绝大多数台湾股市的类股整体都获利，大陆概念股已成为支撑台股的重要力量。如果再把香港市场也放进来，则对台湾 GDP 的贡献更为可观。

（二）两岸经济关系的发展加快了两岸经济结构调整与产业升级

对大陆而言，台资与港资及其他境外资金一起，已成为推动大陆改革开放、加快产业结构调整和升级的重要力量。一方面，以加工出口为主导的台资企业，对于大陆出口产品结构升级发挥了重要作用，加快了大陆融入全球产业分工体系的步伐；另一方面，随着台资企业经营活动的逐渐本地化，与大陆当地企业的合作迅速扩大，向当地企业的采购以及接受当地企业的订单都在迅速增加，既带动了当地企业的产业升级，也强化了台资企业的竞争力，并使台资企业获得了新的市场空间。

对台湾而言，两岸经济关系的发展大大促进了台湾经济的转型与产业升级。1980年中期前后，在台湾失去生存空间的传统劳动密集型产业在大陆找到了第二春，从而使台湾产业资源得到合理配置，传统的中上游产业通过在大陆盘活的下游产业得以继续发展。同时，通过释出资源，台湾将有效资源更集中于建立新兴的信息电子产业，并很快使其成为台湾新兴的主导产业，较为顺利地完成了工业的阶段性升级，台湾因此由过去的传统劳动密集型加工出口基地转变为国际重要的技术密集产品加工出口基地。

当前，台湾经济又步入一个新的转型时期，未来转型更将与两岸经济关系密不可分。从制造业角度看，台湾制造业只有向高附加价值的上游研发、创新和下游的增值型服务方向升级，才能创造新的竞争优势，这种转型显然离不开大陆生产基地的强力支持。从服务业角度看，未来台湾服务业转型升级应加强知识型服务业的发展，同时通过拓展新的外部市场扩展服务业的发展空间。无论从经济地缘关系还是两岸经贸关系的密切程度，未来台湾服务业欲拓展外部市场，都无法离开大陆的庞大市场支撑。同样，台湾欲在亚太区域整合速度加快形势下摆脱边缘化的危机，也需要加强与大陆的经济联系。

第四节　两岸经贸关系的未来发展趋势

纵观二十余年来两岸经济关系的发展，两岸经济关系以台商赴大陆投资并拉动两岸贸易为基本主轴，投资的主要领域发生在制造业，两岸贸易也以有形的制造业产品为主。台湾产业不断向大陆转移，其动机以利用大陆廉价的制造资源为主，其最终市场则主要为美欧市场。对于大陆而言，两岸经济关系推动和加强了其成为"世界工厂"的地位与角色；对于台湾而言，两岸经济关系促使其由加工出口基地转向中间产品的供应者，并由工业化社会向服务业化社会转变。

随着两岸经济的进一步转型以及大陆市场的持续扩大，两岸经济关系的发展形态将会逐渐发生新的变化。

首先，从产业分工看，随着台湾逐渐由生产领域不断向产业研发、创新方向转变，以及大陆制造业的进一步技术升级及自我创新能力的强化，两岸产业分工将更多地由产品生产阶段的分工走向研发与创新、营运、制造、营销等功能性的分工。

其次，从两岸经济关系发展的领域看，在台湾不断加强服务业的外向型发展，以及大陆加快服务业发展的形势下，两岸在服务业领域的交流与合作将成为今后两岸经济关系发展的又一重要领域，尤其在金融、保险、物流、研发等领域的交流将成为今后的重头戏。

再次，台湾对大陆的投资策略由成本导向向市场导向转变。未来大陆在国际经济中不仅扮演"世界工厂"角色，也将成为全球重要的新兴市场，这使得台湾对大陆的直接投资也由过去以利用大陆廉价生产因素建立生产基地为主，逐渐向以投资拓展大陆市场的策略转变。现有的日本进口—台湾接单—大陆生产—出口欧美的分工模式将发生变化，大陆对于台湾而言不仅仅是加工再出口的生产基地，也更多的是产品的最终市场。

今后追逐市场的动机将超越追逐成本的动机而成为台商赴大陆投资的主流。这种态势，一方面将促使两岸贸易形态发生转变，若两岸贸易逆差逐步扩大，大陆将成为巨额贸易逆差的重要承担者，从而使两岸贸易摩擦的几率升高；另一方面，台商在大陆投资也将由以生产基地扩张为主，逐步向拓展大陆市场的内销渠道、提供售后服务等服务业领域延伸，与跨国公司、大陆内地企业的竞争程度也将不断加深。

参考文献

陈凤英："两岸经贸关系现状与前景"，http：//www. future-china. org/csipf/activity/2004PF_Vol/ME－01. pdf。

李宏硕：《海峡两岸经贸关系》，南开大学出版社 1993 年版。

李非：《海峡两岸经济合作问题研究》，北京九州出版社 2000 年版。

李非：《海峡两岸经贸关系》，对外贸易教育出版社 1994 年版。

张冠华："两岸经济关系的演变、影响与展望"，http：//www. future-china. org/csipf/activity/2004PF_Vol/ME－03. pdf。

第二章 两岸贸易关系发展

第一节 两岸发展进出口贸易的必要性与可行性

一、台湾对外贸易的发展与两岸贸易

（一）台湾对外贸易发展

1. 贸易规模

战后初期，由于工农业生产受到战争的严重破坏，经济混乱，物价上涨，台湾的进出口贸易处于停滞状态。当时，国民党忙于内战，将台湾重要物资运到大陆，更加剧了岛内物资的缺乏，可供出口的产品甚少，更无力从海外进口。20 世纪 40 年代末与 50 年代初，为配合生产的恢复，满足民众生活必需品的需要，抑制物价上涨，台湾当局一度限制出口，适当增加小麦、棉花及日常生活用品的进口。但总体上，这一时期贸易量很小，且进口大于出口。到 1952 年，工农业生产得到恢复时，对外贸易总额仅为 3.1 亿美元，其中进口 1.9 亿美元，出口 1.2 亿美元，贸易逆差达 7000 万美元，战前台湾对外贸易长期维持顺差的局面被打破。

1953 年，台湾开始有计划地发展经济，订立了第一个"四年经济建设计划"。当时，经济基础还很脆弱，通货膨胀还没有得到有效控制，台湾当局采取了"进口替代"发展战略，依靠大米、糖及其他农副加工产品出口，换取"进口替代"工业所需的机器设备、生产原

料和生活必需品的进口。因整体经济规模尚小，对外贸易量不大，增长缓慢。特别是岛内需求颇大，生产供给相对不足，难以有更多的物品出口，而岛内对纺织、肥料、日用品等需求尚大，进口增加，形成对外贸易的逆差局面，并一直持续到60年代初。据统计，1953～1962年，台湾贸易总额从3.2亿美元在波动中增至5.2亿美元，年平均增长率为5.9%，其中出口平均增长6.2%，进口平均增长5.4%。由于进口额基数大，进口总量仍大于出口量，贸易继续维持逆差局面。这一时期，台湾仍是一个内需主导型的经济，外贸在台湾经济中的地位并不重要，贸易总额占GNP的比例平均在30%以下，其中出口额占GNP的比例在10%以下。

由于台湾是一个市场较小的海岛型经济，随着"进口替代"战略的实施，民生工业有了一定发展，到50年代末，台湾岛内就出现了工业品市场趋于饱和的迹象。1958年，台湾进行了外汇、外贸改革，开始推动出口导向的外向型经济发展战略，相继出台了许多鼓励出口的优惠政策措施，促进了出口与整体对外贸易的发展。20世纪60年代初开始，台湾对外贸易进入一个约十年时间的高速增长时期。直到70年代初第一次石油危机发生之前，台湾外贸保持了约十年时间的高增长时期。由表2-1我们可以看出从1968年到1974年，台湾对外贸易总额从18.68亿美元增长到111.08亿美元，1974年的对外贸易额增长率更是高达71.92%。

19世纪70年代中期以后，直到21世纪初，台湾对外贸易总体上虽呈持续发展状态，但增长很不稳定，起伏相当大（见图2-1和图2-2）。受世界经济危机的影响，1975年台湾对外贸易出现了50年代末期以来第一次负增长。此后，台湾对外贸易发展与经济周期性变化密切相关，增长波动较大，但贸易总额仍不断扩张。1988年，台湾对外贸易总额超过1000亿美元；1995年，出口与进口额均超过1000亿美元，贸易总额超过2000亿美元。1998年，受亚洲金融危机的影响，台湾对外贸易出现重大衰退，贸易额较上年下降8.93%。其中出口衰退9.36%，是1982年以来的第二次衰退，也是50年代初以来的最大一次衰退；进口衰退8.47%。随后，台湾对外贸易在国际大

表 2 - 1　1968～2004 年台湾地区对外贸易统计表

单位：亿美元，%

年份	贸易总额	增长率	出口贸易额	增长率	进口贸易额	增长率	贸易差额	增长率
1968	18.68	N. A.	8.42	N. A.	10.26	N. A.	-1.84	N. A.
1969	23.16	23.98	11.11	31.95	12.05	17.45	-0.94	-48.91
1970	30.90	33.42	15.62	40.59	15.28	26.80	0.34	-136.17
1971	36.01	16.54	18.44	18.05	17.57	14.99	0.87	155.88
1972	46.50	29.13	24.04	30.37	22.46	27.83	1.58	81.61
1973	64.61	38.95	35.54	47.84	29.07	29.43	6.47	309.49
1974	111.08	71.92	55.20	55.32	55.88	92.23	-0.68	-110.51
1975	115.22	3.73	52.20	-5.43	63.02	12.78	-10.82	1491.18
1976	129.78	12.64	65.85	26.15	63.93	1.44	1.92	-117.74
1977	168.33	29.70	86.98	32.09	81.35	27.25	5.63	193.23
1978	201.91	19.95	107.92	24.07	93.99	15.54	13.93	147.42
1979	271.60	34.52	143.32	32.80	128.28	36.48	15.04	7.97
1980	358.16	31.87	182.12	27.07	176.04	37.23	6.08	-59.57
1981	426.92	19.20	212.56	16.71	214.36	21.77	-1.80	-129.61
1982	422.96	-0.93	226.58	6.60	196.38	-8.39	30.20	-1777.78
1983	411.21	-2.78	228.12	0.68	183.09	-6.77	45.03	49.11
1984	503.78	22.51	285.53	25.17	218.25	19.20	67.28	49.41
1985	520.98	3.41	306.13	7.21	214.85	-1.56	91.28	35.67
1986	547.51	5.09	336.69	9.98	210.82	-1.88	125.87	37.89
1987	756.84	38.23	467.86	38.96	288.98	37.07	178.88	42.11
1988	1010.45	33.51	577.54	23.44	432.91	49.81	144.63	-19.15
1989	1143.76	13.19	634.73	9.90	509.03	17.58	125.70	-13.09
1990	1192.11	4.23	659.56	3.91	532.55	4.62	127.01	1.04
1991	1364.98	14.50	751.34	13.92	613.64	15.23	137.70	8.42
1992	1466.58	7.44	799.41	6.40	667.17	8.72	132.24	-3.97
1993	1593.70	8.67	834.61	4.40	759.09	13.78	75.52	-42.89
1994	1783.98	11.94	930.49	11.49	853.49	12.44	77.00	1.96
1995	2152.60	20.66	1116.88	20.03	1035.72	21.35	81.16	5.40
1996	2183.10	1.42	1159.40	3.81	1023.70	-1.16	135.70	67.20
1997	2365.00	8.33	1220.70	5.29	1144.30	11.78	76.40	-43.70
1998	2153.80	-8.93	1106.40	-9.36	1047.40	-8.47	59.00	-22.77
1999	2323.40	7.87	1216.40	9.94	1107.00	5.69	109.40	85.42
2000	2884.50	24.15	1483.80	21.98	1400.70	26.53	83.10	-24.04
2001	2301.40	-20.21	1229.00	-17.17	1072.40	-23.44	156.60	88.45
2002	2431.27	5.64	1305.97	6.26	1125.30	4.93	180.67	15.37
2003	2714.29	11.64	1441.80	10.40	1272.49	13.08	169.31	-6.29
2004	3419.04	25.96	1740.14	20.69	1678.90	31.94	61.24	-63.83

资料来源：台湾"经济部主计处"统计。

环境的带动下出现较大恢复增长，2000 年，外贸进出口分别突破 1400 亿美元，贸易总额达到 2884.5 亿美元，创历史最高纪录。然而，随着国际经济形势的逆转及台湾总体经济形势不佳，2001 年，台湾对外贸易再次衰退，2002 年才略有恢复增长，贸易总额为 2431.27 亿美元。到了 2004 年，台湾进出口总额分别达到 1740.14 亿美元和 1678.90 亿美元，增长率为 20.69% 和 31.94%（见表 2－1）。

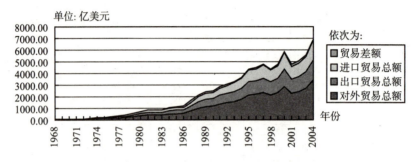

图 2－1　1968～2004 年台湾对外贸易情况

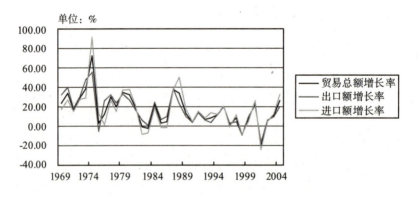

图 2－2　1969～2004 年台湾对外贸易增长率情况

资料来源：根据台湾"经济部主计处"统计资料编制。

2. 贸易差额

台湾对外贸易自 1976 年起基本维持顺差，1987 年顺差达到 178.88 亿美元，创历史最高峰。随后，由于台湾市场的逐渐开放，进口增长速度加快，贸易顺差开始减少。90 年代，除 1991 年、1992 年与 1996 年外贸顺差超过 130 亿美元外，一般在 90 亿美元以下。1998 年，由于受亚洲金融危机的影响，贸易顺差降至 59 亿美元，创历史新低。此后，由于岛内投资与消费的下降，进口减少，外贸顺差增加，2002 年达到 180.67 亿美元，创 80 年代中期以来的新纪录（见表 2 - 1）。

3. 进出口商品结构

从贸易商品结构来看，按照《"中华民国"年鉴》中对出口贸易商品结构的划分标准，出口贸易商品主要分为工业品、农业品和农产加工品三种。20 世纪 70 ~ 90 年代台湾出口贸易的商品中工业品的比重不断上升，农产品和农产加工品的比重相对下降（见图 2 - 3）。进入 21 世纪出口的主要商品有电子产品、资讯及通信产品、基本金属及其制品等。

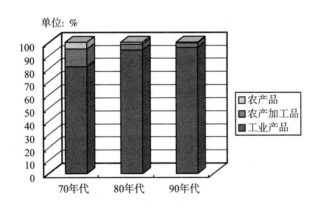

图 2 - 3　20 世纪 70 ~ 90 年代台湾出口贸易商品结构

相对而言，按照《"中华民国"年鉴》中对进口贸易商品结构的划分标准，进口贸易商品主要分为消费品、农工原料和资本设备三种。20 世纪 70 ~ 90 年代进口贸易的商品中农工原料和消费品的比重不断上升，资本设备进口的比重相对下降了（见图 2 - 4）。进入 21 世纪进口的主要商品有电子产品、化学品、基本金属及其制品等。

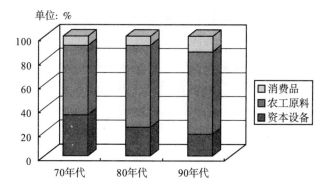

图 2 - 4　20 世纪 70 ~ 90 年代台湾进口贸易商品结构

资料来源：根据《"中华民国"统计年鉴》绘制。

4. 贸易伙伴

从主要贸易伙伴来看，台湾的主要贸易伙伴都分布在美洲、亚洲与欧洲。60 年代以来台湾在美洲的主要贸易伙伴为美国，在亚洲的主要贸易伙伴为日本和中国香港，其欧洲的主要贸易伙伴较为广泛，包括德国、法国、英国、荷兰与意大利等。1978 年中国大陆改革开放之后也逐渐成为台湾重要的贸易伙伴。2004 年台湾最重要的贸易伙伴主要是美国、日本、中国香港和祖国大陆（见图 2 - 5）。

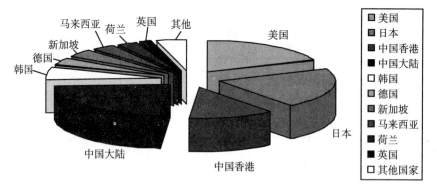

图 2 - 5　2004 年台湾主要贸易伙伴

资料来源：根据台湾"经济部主计处"统计数据绘制。

（二）两岸贸易在台湾对外贸易中的地位

两岸贸易在台湾对外贸易中的地位主要体现在两岸的贸易依存度上。近年来随着两岸经贸联系日益紧密，两岸贸易依存度不断上升（见图2-6至图2-9），特别是台湾对大陆的贸易依存度有大幅度的上升。

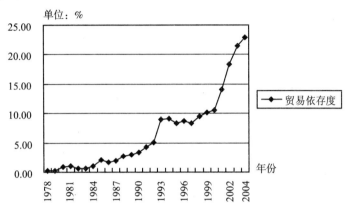

图2-6 1978～2004年台湾对外贸易对两岸贸易的依存度

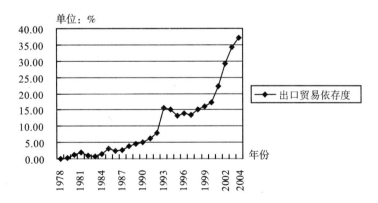

图2-7 1978～2004年台湾出口贸易对对大陆出口的贸易依存度

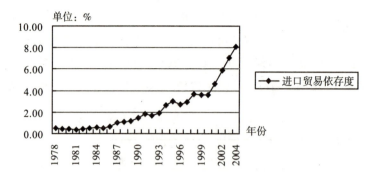

单位：%

图2－8　1978～2004年台湾进口贸易对自大陆进口的贸易依存度

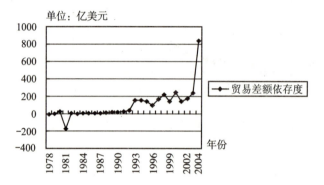

单位：亿美元

图2－9　1978～2004年台湾外贸差额对大陆贸易差额依存度

资料来源：根据"两岸经贸统计表"，《两岸经贸》2005年3月号；《"中华民国"统计年鉴》2003年；《"中华民国"统计月报》2005年3月资料绘制。

1982年台湾对大陆的进口依存度只有0.43%、出口依存度也只是0.86%、进出口贸易依存度仅为0.66%、贸易顺差依存度为3.64%①（见表2－2）。随着两岸经贸的发展，台湾对大陆的贸易依存度也随之不断上升。特别是两岸加入WTO以后，台湾对大陆的贸易依存度以更快的比例增长。经过20几年的发展，2004年台湾对中国大陆的进口依存度上升到8.07%、出口依存度达到37.23%、进出口贸易依存度上升至22.91%，贸易顺差依存度高达836.54%（见表2－2）。

① 台湾：《"中华民国"经济年鉴》2003年。

表 2 – 2　1978～2004 年台湾贸易对两岸贸易的依存度

单位：%

年　份	贸易总额依存度	出口贸易依存度	进口贸易依存度	贸易差额依存度
1978	0. 23	0. 00	0. 49	– 3. 30
1979	0. 28	0. 15	0. 44	– 2. 33
1980	0. 87	1. 29	0. 43	26. 15
1981	1. 08	1. 81	0. 35	– 171. 67
1982	0. 66	0. 86	0. 43	3. 64
1983	0. 60	0. 69	0. 49	1. 51
1984	1. 10	1. 49	0. 59	4. 41
1985	2. 11	3. 22	0. 54	9. 52
1986	1. 74	2. 41	0. 68	5. 30
1987	2. 00	2. 62	1. 00	5. 24
1988	2. 69	3. 88	1. 11	12. 19
1989	3. 05	4. 56	1. 15	18. 38
1990	3. 39	4. 97	1. 44	19. 79
1991	4. 24	6. 21	1. 83	25. 72
1992	5. 05	7. 87	1. 68	39. 10
1993	9. 03	15. 50	1. 93	151. 89
1994	9. 15	15. 14	2. 62	153. 90
1995	8. 31	13. 23	2. 99	143. 91
1996	8. 69	13. 96	2. 74	98. 60
1997	8. 39	13. 47	2. 97	170. 76
1998	9. 52	15. 03	3. 69	216. 29
1999	10. 11	16. 05	3. 57	142. 40
2000	10. 59	17. 18	3. 60	246. 13
2001	14. 05	22. 25	4. 66	142. 66
2002	18. 37	29. 15	5. 86	174. 24
2003	21. 50	34. 24	7. 07	238. 44
2004	22. 91	37. 23	8. 07	836. 55

　　资料来源：根据"两岸经贸统计表"，《两岸经贸》2005 年 3 月号；《"中华民国"统计年鉴》2003 年；《"中华民国"统计月报》2005 年 3 月计算编制。

（三）两岸贸易对台湾对外贸易发展的影响

　　1978 年以来，随着两岸贸易的逐渐发展，两岸贸易在台湾对外贸易中的比重日渐上升，两岸贸易逐渐成为台湾对外贸易的重要组成部分。特别是 2002 年以来，两岸贸易带动了台湾对外贸易的恢复性增长，进而成为支撑经济增长的主要来源。2002 年台湾对其主要贸易伙伴美国、日本及欧洲的出口均呈衰退局面，对美国、日本及欧盟的出口分别衰退3.2%、6.0%及7.9%。与此形成鲜明对比的是，两岸贸易则迅速增长。一方面，两岸贸易占台湾外贸总额的比重持续上升至18.36%，台湾对大陆出口占台湾出口总额的比重上升至29.15%，而同期美国市场所占比重则下降至20.5%，大陆首次取代美国成为台湾最大的出口市场。另一方面，2003年和2004年台湾对外贸易对两岸贸易的依存度进一步上升，保持在20%以上。2004年台湾对大陆贸易顺差高达512.3亿美元，而同期台湾总体外贸顺差金额仅为61.24亿美元。两岸贸易拉动台湾对外贸易增长的作用进一步呈现。

二、大陆对外贸易的发展与两岸贸易

（一）大陆对外贸易发展

中国大陆对外贸易的发展伴随中国经济发展的不同时期而呈现出不同的阶段性。新中国成立后的30年，由于受国内外各种条件的限制，对外贸易作为社会主义条件下扩大再生产的补充手段，其发展受到很大制约。1978年党的十一届三中全会以来，中国经济发生了翻天覆地的变化，对外贸易无论从量上还是质上都实现了前所未有的巨大飞跃，成为国民经济增长的重要推动力。

1. 贸易规模

建国以来，中国大陆出口贸易发展大体经历了四个阶段：

第一阶段是50年代。由于中国经济基础薄弱，又受到西方国家的封锁，中国出口额很小，每年只有数亿美元。后来，在发展对苏联和东欧等社会主义国家贸易的基础上，出口额逐年增长，到1959年达到22.6亿美元，9年间每年平均增长17%。

第二阶段是60年代到70年代初期。这期间，中苏关系破裂，中国对苏联、东欧国家贸易急剧缩减，与欧美和亚洲、非洲、拉丁美洲等第三世界国家的贸易渠道尚未开通，中国对外贸易进入了徘徊的局面，1971年出口额只有26.4亿美元，12年间每年平均仅增长1.3%。

第三阶段是1972～1978年。这期间，中国石油工业的崛起，打开了与西方发达国家及与第三世界国家发展贸易的大门，出口额有了较大的增长。1978 年达 97.5 亿美元，7 年间每年平均增长 20.5%。

第四阶段为 1979 年中国实行改革开放政策以来。这期间，中国出口规模迅速扩大，1979 年出口额突破 100 亿美元，1989 年突破 500 亿美元，1994 年突破 1000 亿美元。到了 2004 年中国大陆出口额达到 5933.3 亿美元，比上年同期增长了 35.3%（见表 2－3）。

表 2－3 1950～2004 年中国大陆对外贸易统计表

单位：亿美元，%

年　份	出口额	出口增长率	进口额	进口增长率	贸易总额	贸易总额增长率	贸易差额	贸易差额增长率
1950	5.5	n. a.	5.8	n. a.	11.3	n. a.	-0.3	n. a.
1951	7.6	38.2	12.0	106.9	19.6	73.5	-4.4	1366.7
1952	8.2	7.9	11.2	-6.7	19.4	-1.0	-3.0	-31.8
1953	10.2	24.4	13.5	20.5	23.7	22.2	-3.3	10.0
1954	11.5	12.7	12.9	-4.4	24.4	3.0	-1.4	-57.6
1955	14.1	22.6	17.3	34.1	31.4	28.7	-3.2	128.6
1956	16.5	17.0	15.6	-9.8	32.1	2.2	0.9	-128.1
1957	16.0	-3.0	15.1	-3.2	31.1	-3.1	0.9	0.0
1958	19.8	23.8	19.0	25.8	38.8	24.8	0.8	-11.1
1959	22.6	14.1	21.2	11.6	43.8	12.9	1.4	75.0
1960	18.6	-17.7	19.5	-8.0	38.1	-13.0	-0.9	-164.3
1961	14.9	-19.9	14.5	-25.6	29.4	-22.8	0.4	-144.4
1962	15.0	0.7	11.7	-19.3	26.7	-9.2	3.3	725.0
1963	16.5	10.0	12.7	8.5	29.2	9.4	3.8	15.2
1964	19.2	16.4	15.5	22.0	34.7	18.8	3.7	-2.6
1965	22.3	16.1	20.2	30.3	42.5	22.5	2.1	-43.2
1966	23.7	6.3	22.5	11.4	46.2	8.7	1.2	-42.9
1967	21.4	-9.7	20.2	-10.2	41.6	-10.0	1.2	0.0
1968	21.0	-1.9	19.5	-3.5	40.5	-2.6	1.5	25.0
1969	22.0	4.8	18.3	-6.2	40.3	-0.5	3.7	146.7
1970	22.6	2.7	23.3	27.3	45.9	13.9	-0.7	-118.9
1971	26.4	16.8	22.1	-5.2	48.5	5.7	4.3	-714.3
1972	34.4	30.3	28.6	29.4	63.0	29.9	5.8	34.9
1973	58.2	69.2	51.6	80.4	109.8	74.3	6.6	13.8
1974	69.5	19.4	76.2	47.7	145.7	32.7	-6.7	-201.5

续表

年 份	出口额	出口增长率	进口额	进口增长率	贸易总额	贸易总额增长率	贸易差额	贸易差额增长率
1975	72.6	4.5	74.9	−1.7	147.5	1.2	−2.3	−65.7
1976	68.6	−5.5	65.8	−12.1	134.4	−8.9	2.8	−221.7
1977	76.0	10.8	72.1	9.6	148.1	10.2	3.9	39.3
1978	97.5	28.3	108.9	51.0	206.4	39.4	−11.4	−392.3
1979	136.6	40.1	156.8	44.0	293.4	42.2	−20.2	77.2
1980	182.7	33.7	195.5	24.7	378.2	28.9	−12.8	−36.6
1981	208.9	14.3	194.8	−0.4	403.7	6.7	14.1	−210.2
1982	218.2	4.5	174.8	−10.3	393.0	−2.7	43.4	207.8
1983	222.0	1.7	185.3	6.0	407.3	3.6	36.7	−15.4
1984	244.2	10.0	253.6	36.9	497.8	22.2	−9.4	−125.6
1985	273.5	12.0	422.5	66.6	696.0	39.8	−149.0	1485.1
1986	309.4	13.1	429.0	1.5	738.4	6.1	−119.6	−19.7
1987	394.4	27.5	432.2	0.7	826.6	11.9	−37.8	−68.4
1988	475.2	20.5	552.7	27.9	1027.9	24.4	−77.5	105.0
1989	525.4	10.6	591.4	7.0	1116.8	8.6	−66.0	−14.8
1990	620.9	18.2	533.5	−9.8	1154.4	3.4	87.4	−232.4
1991	719.1	15.8	637.9	19.6	1357.0	17.6	81.2	−7.1
1992	849.4	18.1	805.9	26.3	1655.3	22.0	43.5	−46.4
1993	917.4	8.0	1039.6	29.0	1957.0	18.2	−122.2	−380.9
1994	1210.1	31.9	1156.2	11.2	2366.3	20.9	53.9	−144.1
1995	1487.8	22.9	1320.8	14.2	2808.6	18.7	167.0	209.8
1996	1510.5	1.5	1388.3	5.1	2898.8	3.2	122.2	−26.8
1997	1827.9	21.0	1423.7	2.5	3251.6	12.2	404.2	230.8
1998	1837.1	0.5	1402.4	−1.5	3239.5	−0.4	434.7	7.5
1999	1949.3	6.1	1657.0	18.2	3606.3	11.3	292.3	−32.8
2000	2492.1	27.8	2251.0	35.8	4743.1	31.5	241.1	−17.5
2001	2661.5	6.8	2436.1	8.2	5097.6	7.5	225.4	−6.5
2002	3255.7	22.3	2952.0	21.2	6207.7	21.8	303.7	34.7
2003	4385.2	34.7	4130.2	39.9	8515.4	37.2	255.0	−16.0
2004	5933.3	35.3	5612.3	35.9	11545.6	35.6	321.0	25.9

资料来源：根据中国海关数据统计。

新中国成立以来，中国大陆进口贸易大体上与出口贸易一致平衡发展。50 年代进口高速增长。1950 年中国进口额只有 5.8 亿美元，1959 年达到 21.2 亿美元，9 年间年平均递增 15.8%。60 年代至 70 年代初，进口额徘徊在 20 亿美元上下。1960 ~ 1971 年间进口额年均增长 0.3%。1972 年到 1978 年，进口高速增长。1978 年进口额达 108.9 亿美元，7 年间年平均递增 25.6%。改革开放以来，进口规模越来越大，1984 年突破 200 亿美元，1988 年突破 500 亿美元，1993 年突破 1000 亿美元。到了 2004 年，中国大陆进口总额达到 5612.3 亿美元，比上年同期增长了 35.9%（见表 2 - 3）。

随着在中国对外贸易的发展，中国在世界贸易中的地位不断提高，进出口额占世界贸易的比重日益增大，1978 年中国在世界贸易排名中居第 27 位，到 1995 年上升到第 12 位，其中出口在世界出口贸易排名中居第 12 位；进口也在世界进口贸易中的排名居第 12 位。到了 2004 年，我国货物进出口总额、出口额和进口额世界排名均为第三，其中进出口和出口分别比 2003 年上升 1 位，进口继续保持世界第三的水平（见表 2 - 4）。

表 2 - 4 1978 ~ 2004 年中国大陆进出口贸易量的世界排名

年　份	进出口贸易总额排名	出口贸易排名	进口贸易排名
1978	27	28	27
1980	25	28	22
1990	16	14	17
1995	12	12	12
2000	8	7	9
2002	5	5	6
2003	4	4	3
2004	3	3	3

资料来源：《国际统计年鉴》2004 年。

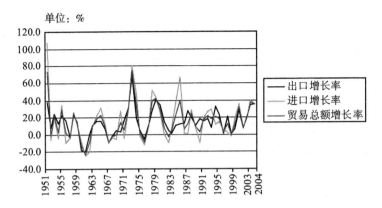

图 2－10 1951～2004 年中国大陆对外贸易增长率的情况

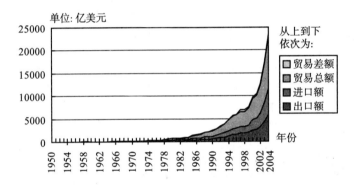

图 2－11 1950～2004 年中国大陆对外贸易情况

资料来源：根据中国海关数据统计资料绘制。

2. 贸易差额

1950 年到 1955 年，中国大陆对外贸易存在小额逆差。自此以后一直到改革开放前，除了个别年份波动较大以外，对外贸易处于小额顺差的状态中。改革开放后到 1989 年，对外贸易逆差的数额较大，且波动也较大。1989 年之后至今，除了 1993 年以外，对外贸易呈现顺差的状态，而且差额基本保持着不断扩大的趋势，1998 年创历史最高纪录，达到了 434.7 亿美元。

3. 进出口商品结构

（1）出口商品结构

随着中国工业化程度的提高，出口商品结构不断改善，工业制成品出口所占比重逐渐超过初级产品，高附加值产品出口比重上升。20世纪50年代，中国出口商品以农副产品为主，其占出口总额的比重平均为42.2%；60年代，轻纺工业发展较快，其产品占出口总额的比重平均为45%；70年代重工业的发展使其产品出口额占出口总额的比重由60年代末的21.4%上升到70年代的31.9%；80年代，中国在巩固发展轻纺产品出口的同时，大力发展机电产品出口，出口商

表2－5　1980～2003年大陆出口商品结构

单位：%

年　份	初级产品	工业制成品	工业制成品中的机械及运输设备
1980	50.30	49.70	4.65
1985	50.56	49.44	2.82
1989	28.70	71.30	7.37
1990	25.59	74.41	9.00
1991	22.47	77.53	9.95
1992	20.02	79.98	15.56
1993	18.17	81.83	16.66
1994	16.29	83.71	18.09
1995	14.44	85.56	21.11
1996	14.52	85.48	23.38
1997	13.10	86.90	23.91
1998	11.15	88.85	27.34
1999	10.23	89.77	30.18
2000	10.22	89.78	33.15
2001	9.90	90.10	35.66
2002	8.77	91.23	39.00
2003	7.94	92.06	42.85

资料来源：根据《中国对外经济统计年鉴》2004年统计。

品结构进一步改善，工业制成品出口比重达到 70%，其中机电产品和纺织品及服装占出口总额的比重分别上升到 15.8% 和 25%；90 年代，出口产品高附加值和多元化取得重大进展，1998 年工业制成品比重上升到 88.85%，出口额达 1631.6 亿美元，比 1978 年增长 35.7 倍，其中机电产品出口达 665.4 亿美元，占出口总额的比重达 36.2%，连续 4 年超过纺织品，成为中国第一大类出口商品。尤其是技术含量高、加工程度深、附加值较大的机械及运输设备出口所占比重由 1980 年的 4.65% 上升到 27.34%；进入 21 世纪，从 2000 年到 2003 年出口商品的结构继续优化，工业制成品比重从 89.78% 上升到 92.06%，机械及运输设备出口所占比重也随之上升到了 42.85%（见表 2-5 和图 2-12）。

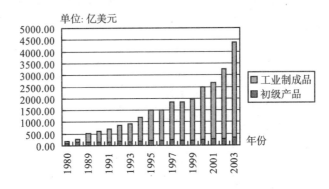

图 2-12 1980~2003 年大陆出口商品结构

资料来源：根据《中国对外经济统计年鉴》2004 年数据绘制。

（2）进口商品结构

中国进口商品的结构一直以工业制成品为主，但其结构也发生了变化。20 世纪 50 年代，中国主要进口生产资料，包括设备和原材料，其占进口总额的比重高达 92%，这对推动工农业生产起了重大作用；60 年代，受自然灾害影响，农业歉收，中国开始大量进口粮食、棉花和食糖等生活资料。前期，生活资料进口约占进口总额的 40% 左右，对保障供给、解决人民生活需要起了重要补充作用；60 年代后期及 70 年代，生活资料进口比重基本上维持在 20% 左右；改革开放使中国经济迅速发展，对原材料和机械设备的需求不断扩大，进口相应增长，工业制成品进口增长尤快。1980 年工业制成品进口比重为 65.23%，1984 年后，一直保持在 80% 以上；1998 年工业制成品进口达 1172.1 亿美元，占进口总额的比重为 83.64%，其中机电产品进口 638.7 亿美元，比 1980 年增长近 10 倍，占进口总额的 45.6%，其中机械及运输设备发展最快，占进口总额的 40.53%。大量机电产品的进口加快了中国企业技术改造的步伐，促进了中国产业结构的升级；21 世纪以来，从 2000 年到 2003 年进口商品结构进一步升级，工业制成品比重由 2000 年的 79.24% 上升到 2003 年的 82.37%，其中机械及运输设备进口比重由 2000 年的 40.84% 上升为 2003 年的 46.72%（见表 2 - 6 和图 2 - 13）。

表 2 - 6　1980～2003 年大陆进口商品结构

单位：%

年　份	初级产品	工业制成品	工业制成品中的机械及运输设备
1980	34.77	65.23	25.57
1985	12.52	87.48	38.43
1989	19.87	80.13	30.79
1990	18.47	81.53	31.58
1991	16.98	83.02	30.73
1992	16.45	83.55	38.86
1993	13.67	86.33	43.31
1994	14.26	85.74	44.52
1995	18.49	81.51	39.85
1996	18.32	81.68	39.45
1997	20.10	79.90	37.07
1998	16.36	83.64	40.53
1999	16.20	83.80	41.92
2000	20.76	79.24	40.84
2001	18.78	81.22	43.94
2002	16.69	83.31	46.42
2003	17.63	82.37	46.72

资料来源：根据《中国对外经济统计年鉴》2004 年统计。

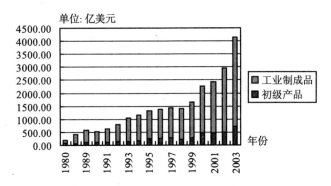

图 2 – 13   1980～2003 年大陆进口商品结构

资料来源：根据《中国对外经济统计年鉴》2004 年数据绘制。

4. 国际贸易伙伴

新中国成立初期，由于帝国主义对新中国的经济封锁，中国对外贸易主要是与社会主义国家进行，50 年代初与中国开展贸易往来的国家和地区有 60 多个，随着中国对外经济关系的改善，中国对外贸易伙伴不断增加，到 1980 年与中国开展贸易往来的国家和地区上升到 180 个左右，到 1998 年，中国已与世界 227 个国家（地区）建立了贸易关系，逐步形成了以日本、中国香港、欧盟、美国为主，周边国家和地区为辅的贸易市场格局。2003 年，与中国外贸交易额在 1 亿美元以上的国家有 124 个；10 亿美元以上的国家有 60 个；100 亿美元以上的国家有 17 个；1000 亿美元以上的国家有 2 个。2003 年，中国的对外贸易伙伴中排名前十位的国家和地区分别是日本、美国、中国香港、韩国、中国台湾、德国、马来西亚、新加坡、俄罗斯和荷兰。

（二）两岸贸易在大陆对外贸易中的地位

这方面同样从贸易依存度来体现。1978 年以来大陆对台湾出口依存度、进口依存度、进出口贸易依存度和贸易差额依存度都呈现一个上升的趋势（见图 2 – 14 至图 2 – 17）。加入 WTO 后大陆对台湾出口贸易依存度进一步上升，从 2001 年的 2.01% 上升到 2004 年的 3.09%；大陆对台湾进口贸易依存度自 2002 年达到 12.9% 之后连续两年下降，2003 和 2004 年分别下降了 0.95% 和 0.41%（见

表 2 - 7）。这表明大陆对台湾商品进口的依赖程度降低了，这主要是由于大陆进口总额的增长使得台湾所占比例相对减小了，从总量上来看对台湾商品的需求仍然很大，而且有所增长。

表 2 - 7　1978～2004 年中国大陆对外贸易对两岸贸易的依存度

单位：%

年　份	贸易总额依存度	出口贸易依存度	进口贸易依存度	贸易差额依存度
1978	0.22	0.47	0.00	-4.04
1979	0.26	0.57	0.13	-1.73
1980	0.82	0.56	1.20	12.42
1981	1.14	0.41	1.97	-21.91
1982	0.71	0.40	1.11	-2.53
1983	0.61	0.41	0.85	-1.85
1984	1.11	0.58	1.68	31.60
1985	1.58	0.48	2.33	5.83
1986	1.29	0.53	1.89	5.58
1987	1.83	0.93	2.84	24.81
1988	2.65	1.21	4.06	22.75
1989	3.12	1.24	4.90	35.00
1990	3.50	1.46	6.14	-28.75
1991	4.27	1.81	7.32	-43.61
1992	4.48	1.56	7.80	-118.85
1993	7.36	1.72	12.44	93.87
1994	6.90	2.44	12.19	-219.85
1995	6.37	2.56	11.19	-69.94
1996	6.55	1.88	11.65	-109.49
1997	6.10	2.25	11.55	-32.28
1998	6.33	2.12	11.86	-29.36
1999	6.51	2.15	11.79	-53.30
2000	6.44	2.59	11.33	-84.83
2001	6.34	2.01	11.22	-99.11
2002	7.19	2.48	12.90	-103.65
2003	6.85	2.76	11.95	-158.31
2004	6.78	3.09	11.54	-159.60

资料来源：根据《中国对外经济贸易统计年鉴》和《"中华民国"统计年鉴》编制。

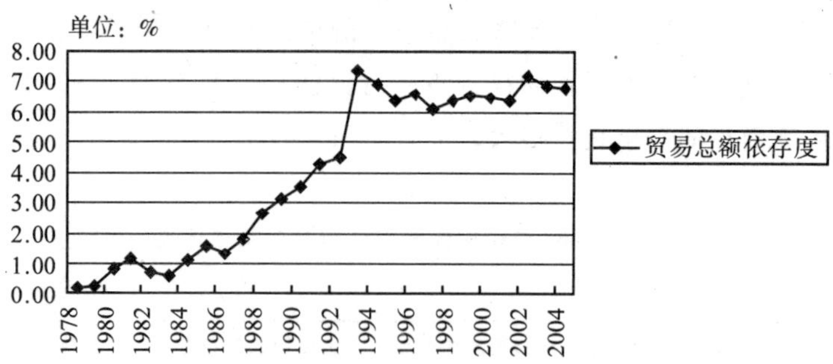

单位：%

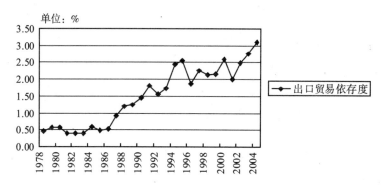

图 2－14　1978～2004 年大陆贸易总额对两岸贸易总额的依存度

单位：%

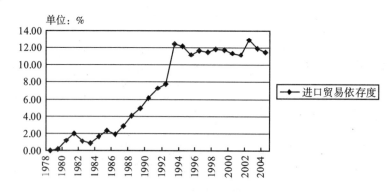

图 2－15　1978～2004 年大陆出口对对台贸易出口的依存度

单位：%

图 2－16　1978～2004 年大陆进口对自台进口的贸易依存度

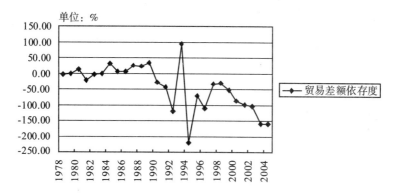

图 2 − 17   1978 ~ 2004 年大陆贸易差额对台湾贸易差额的依存度

资料来源：根据《中国对外经济贸易统计年鉴》和《"中华民国"统计年鉴》绘制。

（三）两岸贸易对大陆对外贸易发展的影响。

从图 2 − 14 来看，随着大陆对台湾贸易依存度的上升，一方面，两岸贸易的发展在一定程度上也带动了大陆对外贸易的发展。但是另一方面，长期以来由于两岸贸易的单向性，祖国大陆对台湾贸易存在高额逆差，已成为两岸贸易发展中最显著的特征。截止到 2004 年年底，大陆对台贸易逆差累计已达 2742.19 亿美元，显示出海峡两岸贸易往来严重失衡。从政策层面上看，大陆单方面对台湾积极开放市场，增加台湾产品进口以及对自台湾进口产品实施税收优惠等经贸政策推动了两岸贸易的发展，促使台湾对大陆贸易顺差不断增加。在这一前提下，台湾当局对大陆产品进口的种种限制性政策，则加剧了两岸贸易的严重失衡，这种严重失衡的现象必然对中国大陆的对外贸易发展带来一定的不利影响：

1. 大陆与其他国家和地区的贸易摩擦增多

随着经济全球化的发展，国际贸易保护主义日益盛行，为应对贸易保护主义，台湾也在调整其出口市场结构。美国曾一直是台湾最大的出口市场，由于生产成本和汇率的优势，长期以来台湾对美贸易有着较大的贸易顺差，台湾对美国有着较大的贸易依存度，80 年代中期，台湾对美国的出口依存度曾经高达 40% 以上。随着"新保护主义"在美国兴起，台湾与美国间的贸易摩擦日趋白热化。美方不断要求台湾降低关税、开放市场和提升台币币值，以缩减美国对台贸易逆差。在美国的重重压力下，台湾为了经济和政治的双重目的，不得不采取开放市场的措施，缓解与美国的贸易矛盾。同时通过调整产业结构使劳动密集型产业向大陆转移，进而使台湾原本对美国的直接贸易，变为将输往美国的商品在大陆加工后，转由大陆对美欧等国际市场的出口，台湾将对美国的部分贸易顺差也转移到大陆，因而减少了台湾与美国的贸易摩擦。

与此相对应，近年来，大陆与美国等其他国家和地区的贸易摩擦逐渐增多。从1993年至2004年，大陆对美国的贸易顺差扩大了4.8倍，除2001年略有下降外，其余每年皆在增长且增长幅度较大。其中固然有大陆出口水平提高的缘故，但与大陆台资企业出口增多也不无联系。由于大陆台资企业利用了台湾与大陆的双重优势，生产成本大大降低，产品竞争力增强，进而导致大陆与美国等其他国家和地区的贸易摩擦逐渐增多。例如，大陆对台贸易逆差增长最快的1993年及次年，美国对大陆的反倾销调查分别是7起和11起，占同年美国反倾销调查总数的18.9%及21.6%；截至2004年年底，中国大陆被提起反倾销和保障措施调查高达645起，中国大陆已成为世界上出口产品受反倾销调查最多的国家。

2. 两岸产品在国际国内市场的竞争加剧

大陆自台贸易进口的快速发展，导致了对台贸易逆差，同时也借助台湾技术密集度较高的产品，促进了大陆出口产品结构的不断优化。但随着大陆出口产品结构的调整及优化，两地出口产品的主要类别与结构及商品技术水准也在逐渐接近，两岸出口产品在国际市场的重叠度越来越高。美国是两岸最主要的出口地，从2000年两岸各自对美国出口的前20大商品来看，发生重叠的项目就达12项之多，占60%，而且大多属电子轻工产品。而这些产品大多与台商从台湾进口的半成品结构一致，通常台商将此类半成品再加工成产品出口，但在产品类别上并未有多大变化，可见，两岸产品在国际市场重叠度的增高，有很大一部分是由于台商从台湾进口后再在大陆加工出口所致。与此同时，两岸产品在国内市场的竞争也相应加大。目前，台商在大陆的投资及大陆对台贸易逆差主要集中于沿海地区，从而使该地区某些产业形成了与岛内生产结构相类似的生产格局。由于国际贸易保护主义盛行，加上看好大陆市场，许多台商将产品销往大陆市场，这在一定程度上也导致了两岸产品在大陆市场的竞争。

第二节　两岸贸易发展现状

一、两岸贸易规模不断扩大，增速加快

随着两岸经贸关系的发展，两岸贸易规模不断扩大（见图 2 – 18）。自 1978 年以来两岸贸易有了长足的发展，特别是加入 WTO 后贸易总额每年都以超过 30% 的比例增长。其中无论是对台出口还是自台进口都以很高的比例稳定增长。2004 年大陆从台进口和对台出口分别占当年大陆全部进口和出口的 11.5% 和 2.3%，台湾成为大陆的第三大进口市场和第七大出口市场。截至 2004 年，两岸间接贸易总额累计达 4045.75 亿美元，其中大陆对台湾出口 651.78 亿美元，台湾对大陆出口 3393.97 亿美元，台湾对大陆实现贸易顺差累计达 2742.65 亿美元（见表 2 – 8）。

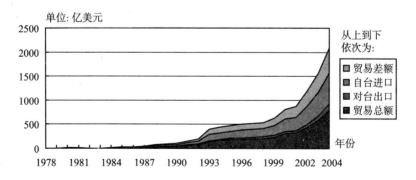

图 2 – 18　1978 ~ 2004 年两岸贸易情况

资料来源：根据中国海关总署，由国台办网站 http：//www.gwytb.gov.cn/资料绘制。

表 2 - 8　1978～2004 年两岸贸易统计表

单位：亿美元，%

年　份	贸易总额	增长率	对台出口	增长率	自台进口	增长率	贸易差额	增长率
1978	0.46	N. A.	0.46	N. A.	0.00	N. A.	N. A.	N. A.
1979	0.77	67.40	0.56	21.70	0.21	N. A.	-0.35	N. A.
1980	3.11	303.90	0.76	35.70	2.35	1019.10	1.59	-554.29
1981	4.59	47.60	0.75	-1.30	3.84	63.40	3.09	94.34
1982	2.78	-39.40	0.84	12.00	1.94	-49.50	1.10	-64.40
1983	2.48	-10.80	0.90	7.10	1.58	-18.60	0.68	-38.18
1984	5.53	123.00	1.28	42.20	4.25	169.00	2.97	336.76
1985	11.01	99.10	1.16	-9.40	9.85	131.80	8.69	192.59
1986	9.55	-13.30	1.44	24.10	8.11	-17.70	6.67	-23.25
1987	15.16	58.70	2.89	100.70	12.27	51.30	9.38	40.63
1988	27.21	79.50	4.79	65.70	22.42	82.70	17.63	87.95
1989	34.84	28.00	5.87	22.50	28.97	29.20	23.10	31.03
1990	40.43	16.08	7.65	30.41	32.78	13.18	25.13	8.79
1991	57.93	43.26	11.26	47.11	46.67	42.36	35.41	40.91
1992	74.10	23.90	11.20	-0.60	62.90	34.70	51.70	46.00
1993	143.95	94.26	14.62	30.54	129.33	105.60	114.71	121.88
1994	163.30	13.44	22.40	53.21	140.80	8.87	118.40	3.22
1995	178.80	9.49	31.00	38.39	147.80	4.97	116.80	-1.35
1996	189.80	6.10	28.00	-9.60	161.80	9.50	133.80	14.55
1997	198.38	4.50	33.96	21.20	164.42	1.60	130.46	-2.50
1998	204.99	3.30	38.69	13.90	166.29	1.10	127.60	-2.19
1999	234.79	14.50	39.50	2.10	195.29	17.40	155.79	22.09
2000	305.33	31.00	50.40	27.60	254.90	30.60	204.50	31.27
2001	323.40	5.90	50.00	-0.80	273.40	7.20	223.40	9.24
2002	446.60	38.10	65.90	31.70	380.30	39.30	314.40	40.73
2003	583.70	30.70	90.00	36.70	493.70	29.70	403.70	28.40
2004	783.30	34.20	135.50	50.40	647.80	31.28	512.30	26.90
累计	4045.75	—	651.78	—	3393.97	—	2742.65	—

资料来源：中国海关总署，由国台办网站 http：//www.gwytb.gov.cn/资料编制。

二、两岸贸易商品结构从消费型逐渐转向产业分工型

1. 大陆对台出口商品结构

20世纪80年代末到90年代初，大陆对台出口产品结构变化不大，均以土特产、原料与初级产品为主。1989年，台湾从大陆进口中草药就占了进口总额的90.4%。到90年代初，大陆对台出口前五大产品仍是中草药、香烟、羽毛、生鲜海鱼、混纺梭布等。到90年代末，大陆对台出口产品结构发生重要变化，机电产品、服装及纺织品、煤炭、钢材及集装箱等产品所占的比重大幅度上升。2002年，大陆对台出口的前四大商品依次为机电产品（214.8亿美元），初级形态的塑料（32亿美元），钢材（30亿美元），未锻造的铜及铜材（8.1亿美元）[①]。而到了2004年，大陆对台出口的产品位居前十位的分别是电机设备及其零件，机械用具及其零件，钢铁，矿物燃料，矿油及其蒸馏产品，光学、照相等仪器及其零附件，有机化学产品，铝及其制品，塑料及其制品，石料石灰及水泥，车辆及其零件与附件（详见表2-9和图2-19）。

表2-9　2004年台湾从大陆进口最多的前十项产品

单位：百万美元，%

商品名称	金额	增长率	占台湾此类商品全球出口比重
电机设备及其零件	4745.8	39.1	11.3
机械用具及其零件	3332.9	32.5	13.8
钢铁	1459.2	328.8	15.1
矿物燃料、矿油及其蒸馏产品	1034.6	57.8	4.8
光学、照相等仪器及其零附件	999.4	115.9	8.2
有机化学产品	367.7	44.7	4.8
铝及其制品	328.6	121.5	16.5
塑料及其制品	303.4	58.3	6.7
石料、石灰及水泥	268.0	32.6	40.8
车辆及其零件与附件	230.3	58.9	6.6

资料来源：台湾"行政院主计处"。

---

① 《中国对外经济贸易年鉴》，中国对外经济贸易出版社2003年版，第288页。

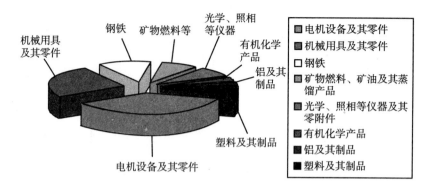

图2-19 2004年台湾从大陆进口最多的前十项产品

资料来源：根据台湾"行政院主计处"资料绘制。

2. 台湾对大陆出口商品结构

二十多年来，台湾对大陆出口商品结构变化较大。70年代末到80年代初期，台湾对大陆出口商品以日用消费品为主，尤其是纺织品占了50%左右。随着台商对大陆投资的增加，带动对大陆出口工业原料与机器设备的大幅增加。到80年代末，台湾对大陆出口的石化原料及半成品、电子电机零部件等生产原料或半成品，占了台湾出口大陆产品总额的70%左右。1989年，台湾出口大陆前五位的产品为胶合板、合成针织或钩针布、其他纺织小件、家用与装饰用木制品，占对大陆出口总额的比例达93.8%。90年代初，台湾对大陆出口商品则以各种合成纤维布、人造塑胶材料涂布、针织及钩针布、PVC、塑胶原料等为主。到90年代末，台对大陆出口产品结构发生重要变化，资本设备及其零部件成为主力。1998年，台湾对大陆出口产品居前五位的依次为电机设备及其零件、机械用具及其零件、塑胶及其制品、人造纤维丝及钢铁等，合计104亿美元，占对大陆出口金额的56.8%。2001年，台湾出口大陆前10大产品分别为电机设备及其零件、机械用具及其零件、塑胶及其制品、钢铁、人造纤维丝、工业用纺织物、有机化学产品、光学及照相等仪器及其零件、铜及其制品、人造纤维棉，合计对大陆出口金额为189亿美元，占对大陆出口总额的78.5%。2004年台湾对大陆出口前10项商品为电机设备及其零件、光学和照相等仪器及其零附件、机械用具及其零件、塑料及其制品、钢铁、有机化学产品、人造纤维丝、铜及其制品、工业用纺织物及人造纤维棉。其中，除钢铁负增长外，其余均维持正增长（详见表 2 – 10 和图 2 – 20）。

总体观察，台湾向大陆出口的产品中，电机设备、机械及仪器、化学制品等技术含量较高的产品所占比例持续上升，而纺织品等传统产品趋于下降。这种趋势将随大陆产业结构不断升级而日趋明显。这主要是受到台商到大陆投资的影响，两岸贸易和台商投资互动增长，一方面随着台商大陆投资的产业层次不断升高和结构的变化，另一方面大陆本身的产业发展态势也越来越接近台湾，台商在大陆投资的群聚效应所形成的两岸产品供应链的情况也有所改变，促使两岸商品贸易结构不断升级。

表 2 – 10 2004 年台湾出口到大陆最多的前十项产品

单位：百万美元，%

商品名称	金额	增长率	占台湾此类商品全球出口比重
电机设备及其零件	14043.0	25.7	25.1
光学、照相等仪器及其零附件	5737.8	80.7	21.3
机械用具及其零件	5646.3	11.0	17.7
塑料及其制品	4518.4	29.9	41.1
钢铁	2539.5	– 0.2	35.6
有机化学产品	1813.8	63.7	44.2
人造纤维丝	1274.7	8.7	35.9
铜及其制品	1075.6	52.0	51.2
工业用纺织物	701.6	0.7	44.3
人造纤维棉	599.8	7.0	33.8

资料来源：台湾"行政院主计处"。

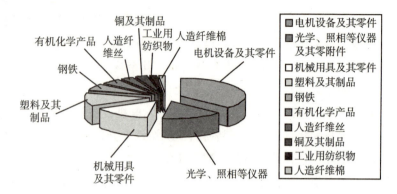

图 2 – 20 2004 年台湾对大陆出口最多的前十项产品

资料来源：根据台湾"行政院主计处"数据绘制。

三、贸易地区分布

从两岸贸易的地区分布来看，主要集中在东部沿海，广东、江苏、福建及上海等省市是两岸贸易的集中地，贸易以三资企业（主要是台资企业）为载体，以加工贸易为主要形式。2002 年，东部沿海省市对台贸易额合计 434.6 亿美元，占全国的比重为 97.3%，其中排名前 5 位的省市依次是：广东（220.2 亿美元）、江苏（71.0 亿美元）、上海（48.5 亿美元）、福建（33.5 亿美元）、浙江（18.6 亿美元）；而中西部内陆省市合计为 12.1 亿美元，占全国的 2.7%[①]（见图 2 – 21）。

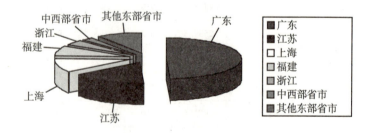

图 2 – 21 2002 年两岸贸易地区分布

资料来源：根据台湾"行政院主计处"数据绘制。

[①] 《中国对外经济贸易年鉴 2003》，第 20 页。

第三节 两岸贸易发展对两岸
经济增长的影响

一、对外贸易对两岸经济增长的影响

（一）台湾对外贸易对台湾经济增长的影响

随着全球化的发展，对外贸易对台湾经济增长的影响日益增强（见图 2 - 22）。从表 2 - 11 中可以看到，1999 年以来，台湾对外贸易对台湾经济增长的贡献率是非常大的，特别是 2002 年和 2003 年贡献率①分别达到了 619.02% 和 633.15%。而拉动率②虽然长期以来呈现出较大波动（见图 2 - 23），但在 2001 年之后也存在着一个总体的上升趋势，在 2003 年达到了 10.05%。

表 2 - 11 1977 ~ 2003 年台湾对外贸易对经济增长的贡献率和拉动率

单位：亿美元，%

年 份	GDP	GDP 增加值	增长速度	贸易总额	贸易额增加值	贡献率	拉动率
1977	218.16	N. A.	N. A.	168.33	N. A.	N. A.	N. A.
1978	268.36	50.20	23.01	201.91	33.58	66.89	15.39
1979	332.18	63.82	23.78	271.60	69.69	109.20	25.97
1980	414.18	82.00	24.69	358.16	86.56	105.56	26.06
1981	482.18	68.00	16.42	426.92	68.76	101.12	16.60
1982	485.68	3.50	0.73	422.96	- 3.96	- 113.14	- 0.82
1983	524.21	38.53	7.93	411.21	- 11.75	- 30.50	- 2.42
1984	591.39	67.18	12.82	503.78	92.57	137.79	17.66
1985	620.62	29.23	4.94	520.98	17.20	58.84	2.91
1986	754.34	133.72	21.55	547.51	26.53	19.84	4.27

---

① 贡献率 = 进出口贸易增加值/GDP 增加值 ×100。

② 拉动率 = GDP 增长速度 × 贡献率。

续表

年 份	GDP	GDP 增加值	增长速度	贸易总额	贸易额增加值	贡献率	拉动率
1987	1015.70	261.36	34.65	756.84	209.33	80.09	27.75
1988	1231.46	215.76	21.24	1010.45	253.61	117.54	24.97
1989	1491.41	259.95	21.11	1143.76	133.31	51.28	10.83
1990	1601.73	110.32	7.40	1192.11	48.35	43.83	3.24
1991	1793.70	191.97	11.99	1364.98	172.87	90.05	10.79
1992	2122.00	328.30	18.30	1466.58	101.60	30.95	5.66
1993	2242.66	120.66	5.69	1593.70	127.12	105.35	5.99
1994	2442.78	200.12	8.92	1783.98	190.28	95.08	8.48
1995	2649.28	206.50	8.45	2152.60	368.62	178.51	15.09
1996	2796.11	146.83	5.54	2183.10	30.50	20.77	1.15
1997	2893.82	97.71	3.49	2365.00	181.90	186.16	6.51
1998	2659.68	-234.14	-8.09	2153.80	-211.20	90.20	-7.30
1999	2864.72	205.04	7.71	2323.40	169.60	82.72	6.38
2000	3077.97	213.25	7.44	2884.50	561.10	263.12	19.59
2001	2794.34	-283.63	-9.21	2301.40	-583.10	205.58	-18.94
2002	2815.32	20.98	0.75	2431.27	129.87	619.02	4.65
2003	2860.02	44.70	1.59	2714.29	283.02	633.15	10.05

资料来源：根据《中国统计年鉴》2004 年数据计算编制。

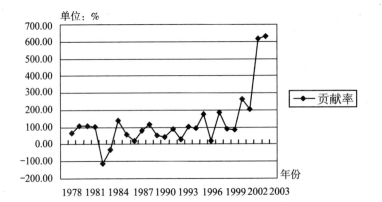

图 2-22　1978～2003 年台湾对外贸易对经济增长的贡献率

单位：%

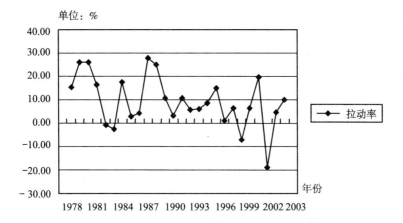

图 2 - 23 1978～2003 年台湾对外贸易对经济增长的拉动率

资料来源：根据《中国统计年鉴》2004 年数据计算绘制。

（二）大陆对外贸易对大陆经济增长的影响

对外贸易作为中国经济与世界经济联通的桥梁，国民经济发展对外贸的依赖程度不断加强。2004 年，我国外贸进出口总额突破 10000 亿美元，在世界贸易排名中居第 3 位，我国对外贸易大国的地位已经确立。我国对外贸易在国民经济中的地位和作用也发生了很大变化，对外贸易成为国民经济持续发展的重要推动力。从表 2 - 12 当中我们可以看到 2000 年后，除了 2001 年的特别年份，对外贸易对经济增长的贡献率①都达到了 110% 以上，拉动率②在 2001 年以后也得到了恢复，从 2002 年的 9.4% 增加到 2004 年的 21.6%，创造了 2000 年以来的最高纪录。

① 贡献率 = 进出口贸易增加值/GDP 增加值 × 100。

② 拉动率 = GDP 增长速度 × 贡献率。

表 2-12 1979~2004 年大陆对外贸易对经济增长的贡献率和拉动率

单位：亿美元，%

年 份	GDP	GDP增加值	增长速度	贸易总额	贸易增加值	贡献率	拉动率
1979	487.9	50.0	11.4	293.4	87.0	173.9	19.9
1980	545.8	57.9	11.9	378.2	84.8	146.3	17.4
1981	587.5	41.6	7.6	403.7	25.5	61.2	4.7
1982	639.7	52.2	8.9	393.0	-10.7	-20.5	-1.8
1983	717.0	77.3	12.1	407.3	14.3	18.5	2.2
1984	866.4	149.4	20.8	497.8	90.5	60.6	12.6
1985	1083.0	216.7	25.0	696.0	198.2	91.5	22.9
1986	1232.6	149.5	13.8	738.4	42.4	28.4	3.9
1987	1445.3	212.7	17.3	826.2	87.8	41.3	7.1
1988	1803.6	358.3	24.8	1027.9	201.7	56.3	14.0
1989	2042.9	239.3	13.3	1116.8	88.9	37.1	4.9
1990	2240.9	198.0	9.7	1154.4	37.6	19.0	1.8
1991	2611.8	370.9	16.6	1357.0	202.6	54.6	9.0
1992	3218.3	606.5	23.2	1655.3	298.3	49.2	11.4
1993	4184.4	966.1	30.0	1957.0	301.7	31.2	9.4
1994	5649.3	1464.9	35.0	2366.3	409.3	27.9	9.8
1995	7065.1	1415.8	25.1	2808.6	442.3	31.2	7.8
1996	8201.5	1136.4	16.1	2898.8	90.2	7.9	1.3
1997	8996.3	794.8	9.7	3251.6	352.8	44.4	4.3
1998	9465.4	469.1	5.2	3239.5	-12.1	-2.6	-0.1
1999	9915.1	449.7	4.8	3603.3	363.8	80.9	3.8
2000	10809.2	894.1	9.0	4743.1	1139.8	127.5	11.5
2001	11757.3	948.0	8.8	5097.6	354.5	37.4	3.3
2002	12371.4	614.1	5.2	6207.7	1110.1	180.8	9.4
2003	14024.9	1653.5	13.4	8515.4	2307.7	139.6	18.7
2004	16419.9	2395.0	17.1	11545.6	3030.2	126.5	21.6

资料来源：根据《中国统计年鉴》数据计算编制。

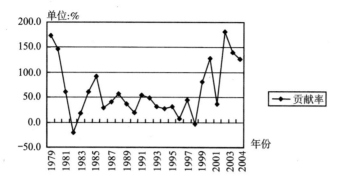

图 2 – 24　1979～2004 年大陆对外贸易对经济增长的贡献率

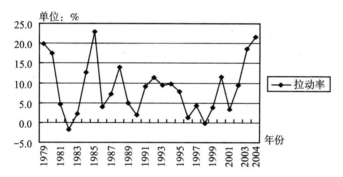

图 2 – 25　1979～2004 年大陆对外贸易对经济增长的拉动率

资料来源：根据《中国统计年鉴》绘制。

二、两岸贸易对台湾经济增长的影响

1. 台湾经济增长与两岸贸易的关系

为了说明台湾的经济增长与两岸贸易的关系，这里采用简单的一元线性模型 $Y = a + bX$ 进行 OLS 回归。取 1979 年至 2004 年共 26 年的一个时间序列，以 Y（台湾当年 GDP）为因变量，X（台湾与大陆进出口贸易总额）、X_1（台湾对大陆出口金额）为自变量，回归结果如下（括号内为 t 统计量）：

$$Y = 1015.63 + 5.43X$$

$$(8.37)$$

$$R\text{-squared} = 0.7447, \quad F = 69.9906, \quad R = 0.8629$$

$$Y = 941.53 + 7.33X_1$$

$$(9.81)$$

$$R\text{-squared} = 0.8005,\ F = 96.2935,\ R = 0.8947$$

X、X_1 均通过 t - 检验和 F - 检验，其相关系数（R）值分别为 0.8629 和 0.8947，说明两岸贸易及台湾对大陆出口对台湾 GDP 影响显著；且 X 系数为 5.43 > 0，X_1 系数为 7.33 > 0，说明两岸贸易总额及台湾对大陆出口贸易额与台湾 GNP 都呈正相关关系，可以促进台湾 GNP 的增长。

2. 两岸贸易对台湾经济增长的贡献率和拉动率

台湾经济增长对两岸贸易依赖性很强，两岸贸易对台湾 GDP 贡献率和拉动率都呈上升趋势（见图 2 - 26 与图 2 - 27）。1979 年，两岸贸易对台湾 GDP 贡献率仅为 0.49%，到 2002 年高达 587.23%，2003 年为 306.71%。两岸贸易对台湾 GDP 的拉动率也从 1979 年的 0.12% 上升到 2003 年的 4.87%。（见表 2 - 13）。

表 2 - 13　1978 ~ 2003 年台湾与大陆进出口
贸易对台湾 GDP 的贡献率和拉动率

单位：亿美元，%

年　份	两岸贸易总额	贸易增加值	贡献率	拉动率
1978	0.46	N. A.	N. A.	N. A.
1979	0.77	0.31	0.49	0.12
1980	3.11	2.34	2.85	0.70
1981	4.59	1.48	2.18	0.36
1982	2.78	- 1.81	- 51.71	- 0.38
1983	2.48	- 0.30	- 0.78	- 0.06
1984	5.53	3.05	4.54	0.58
1985	11.01	5.48	18.75	0.93
1986	9.55	- 1.46	- 1.09	- 0.24
1987	15.16	5.61	2.15	0.74

续表

年　份	两岸贸易总额	贸易增加值	贡献率	拉动率
1988	27.21	12.05	5.58	1.19
1989	34.84	7.63	2.94	0.62
1990	40.43	5.59	5.07	0.37
1991	57.93	17.50	9.12	1.09
1992	74.10	16.17	4.93	0.90
1993	143.95	69.85	57.89	3.29
1994	163.30	19.35	9.67	0.86
1995	178.80	15.50	7.51	0.63
1996	189.80	11.00	7.49	0.42
1997	198.38	8.58	8.78	0.31
1998	204.99	6.61	-2.82	0.23
1999	234.79	29.80	14.53	1.12
2000	305.33	70.54	33.08	2.46
2001	323.40	18.07	-6.37	0.59
2002	446.60	123.20	587.23	4.41
2003	583.70	137.10	306.71	4.87

资料来源：根据《"中华民国"统计月报》2005年3月，《两岸经贸》2005年3月号数据计算编制。

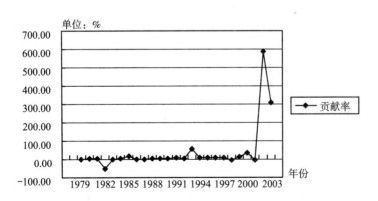

图 2-26　1979~2003 年两岸贸易对台湾经济增长的贡献率

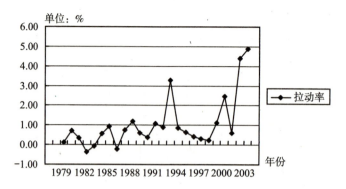

图 2 – 27　1979～2003 年两岸贸易对台湾经济增长的拉动率

资料来源：根据《"中华民国"统计月报》数据绘制。

三、两岸贸易对大陆经济增长的影响

虽然，大陆经济增长对两岸贸易的依赖性并不强，但是两岸贸易确实促进了大陆经济的经济增长。从表 2 – 14 中可以看到除了 2001 年等个别年份以外，两岸贸易对大陆经济增长的贡献率处在上升趋势（见图 2 – 28），其中 2002 年更是达到了 20.1%，到了 2004 年贡献率也达到 8.3% 的水平。两岸贸易对大陆经济增长的拉动率 2002 年后也同样呈现上升的总趋势（见图 2 – 29），2004 年达到 1993 年以后的最高水平，为 1.4%（见表 2 – 14）。

表 2 – 14　1979～2004 年两岸贸易对大陆经济增长的贡献率和拉动率

单位：亿美元，%

年　份	两岸贸易总额	贸易增加值	贡献率	拉动率
1979	0.77	0.31	0.6	0.1
1980	3.11	2.34	4.0	0.5
1981	4.59	1.48	3.6	0.3
1982	2.78	– 1.81	– 3.5	– 0.3
1983	2.48	– 0.30	– 0.4	0.0
1984	5.53	3.05	2.0	0.4
1985	11.01	5.48	2.5	0.6

续表

年 份	两岸贸易总额	贸易增加值	贡献率	拉动率
1986	9.55	-1.46	-1.0	-0.1
1987	15.16	5.61	2.6	0.5
1988	27.21	12.05	3.4	0.8
1989	34.84	7.63	3.2	0.4
1990	40.43	5.59	2.8	0.3
1991	57.93	17.50	4.7	0.8
1992	74.10	16.17	2.7	0.6
1993	143.95	69.85	7.2	2.2
1994	163.30	19.35	1.3	0.5
1995	178.80	15.50	1.1	0.3
1996	189.80	11.00	1.0	0.2
1997	198.38	8.58	1.1	0.1
1998	204.99	6.61	1.4	0.1
1999	234.79	29.80	6.6	0.3
2000	305.33	70.54	7.9	0.7
2001	323.40	18.07	1.9	0.2
2002	446.60	123.20	20.1	1.0
2003	583.70	137.10	8.3	1.1
2004	783.30	199.60	8.3	1.4

资料来源：根据《中国统计年鉴》2004 年和中国海关总署的数据计算编制。

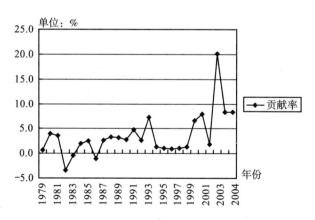

图 2-28 1979~2004 年两岸贸易对大陆经济增长的贡献率

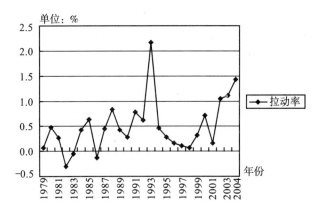

图 2 – 29　1979 ～ 2004 年两岸贸易对大陆经济增长的拉动率

资料来源：根据《中国统计年鉴》2004 年和中国海关总署的数据绘制。

四、结论

1979 年两岸恢复经贸关系以来，两岸贸易在曲折中求发展，经过二十几年的发展，由暗到明，由小到大，由单纯到多元，开始形成互补互益、互惠互益、日益紧密的格局，两岸贸易对于带动台湾经增长所做的贡献也不断增大。特别是 2001 年两岸相继加入 WTO 以后，随着台商到大陆的投资规模不断扩大和 WTO 相关条款的逐步实行，两岸贸易发展出现新的转机，已经打开了前所未有的新局面。

参考文献

陈凤英："两岸经贸关系现状与前景"，财团法人两岸交流远景基金会，http://www.future-china.org/csipf/activity/2004PF_Vol/ME－01.pdf。

李非：《海峡两岸经贸关系》，对外贸易教育出版社 1994 年版，第 239 页。

李非：《台湾经济发展通论》，九州出版社 2004 年版，第 224 页。

李宏硕：《海峡两岸经贸关系》，南开大学出版社 1993 年版，第 125 页。

周济、陈坤铭、郭乃锋："全球区域化经济整合对台湾经济的影响——递回动态 CGE 模型之应用"，台湾《财税研究》2005 年第 3 期。

赵红梅："两岸建机制赚全球钱"，《经济导报》2005 年第 5 期。

第二章

第三章　两岸投资关系发展

两岸恢复经贸关系以来，特别是 1987 年台湾当局解除戒严令、放宽外汇管制并开放台湾民众赴大陆探亲和 1990 年台湾当局公布《对大陆地区从事间接投资或技术合作管理办法》并有条件开放台商对大陆间接投资以来，台商赴大陆投资迅猛发展。台湾统计截至 2005 年上半年累计核准赴大陆投资项目 33806 项，金额 438.79 亿美元；大陆统计截至 2005 年上半年合同项目 66466 项，合同金额 847.10 亿美元，实际金额 408.01 亿美元，资金到位率 48.17%。

而对于大陆企业赴台湾投资，虽然加入 WTO 以后有一些大陆企业诸如青岛啤酒、海尔集团等通过与台湾岛内企业合作的形式开始了"陆资"在台湾的投资，但是由于台湾当局的一些政策的限制以及开放"陆资"具体措施不到位，大陆企业赴台湾投资一直没有实质性的进展，两岸投资和资本流动极不对称。①

第一节　台商投资大陆发展历程及现状

据大陆方面统计，台商赴大陆投资始于 1983 年，真正大批投资则是在 1987 年台湾当局开放台湾民众赴大陆探亲之后。但直到 1990 年台湾当局公布《对大陆地区从事间接投资或技术合作管理办法》之

---

① 王建民："海峡两岸经贸关系发展的不对称性分析及思考"，www.china.org.cn，2004 年 9 月 14 日。

前，当局都是明文禁止台商赴大陆投资的。1992年邓小平南方谈话和中共"十四大"确立的社会主义市场经济方向给台商大举投资创造了机遇，台商在大陆投资"遍地开花"，但是1997年受亚洲金融风暴的影响，台商对大陆投资开始下降，进入调整期；进入21世纪，台商在大陆的投资无论是从地域分布还是从产业分布上都有所扩大，台商对大陆投资开始全方位、多元化。因此，台商在大陆的投资历程大致可以分为试探性投资（1979～1987年）、扩张性投资（1988～1991年）、调整性投资（1992～1999年）和全面性投资（2000年至今）四个发展阶段。[①]

一、台商对大陆投资的发展阶段

（一）试探性投资阶段（1979～1987年）

1979年两岸恢复经贸关系初期，两岸关系还没有完全脱离对峙的状态，在"不接触、不谈判、不妥协"原则下，台湾方面对两岸经贸往来限制严格。1985年台湾宣布对大陆转口贸易采取"不接触、不鼓励、不干涉"的原则，对台商向大陆间接出口采取默许态度，但并没有开放台商赴大陆投资。台商对大陆投资始于1983年，但在1987年以前，由于台湾当局对台商在大陆投资持禁止态度，所以这一时期赴大陆投资的台资企业及投资金额都很有限，并且绝大部分集中在福建和广东两省，台商投资大陆处于试探性投资阶段。

在投资项目和金额上，1979～1987年，在大陆投资的台商累计不过80家左右，投资金额约1亿美元[②]（见表3-1），投资金额十分有限。由于台湾当局的限制性政策，这一时期台商对大陆的投资一般通过在中国香港、新加坡、泰国等第三地设立子公司，以子公司的名义对大陆进行间接投资。

---

① 李非：《海峡两岸经贸关系》，对外贸易教育出版社1994年版，第155～170页，将20世纪80年代初至90年代初的台商在大陆投资划分为试探性投资（1981～1987年）、扩张性投资阶段（1988～1991年）和全面性投资阶段（1992年起）。
② 李宏硕：《海峡两岸经贸关系》，南开大学出版社1993年版，第70页。

表 3 – 1   1979～2005 年 (1～6 月) 台湾对大陆投资情况一览表

单位：件，百万美元，%

年 份	项目个数			合同外资金额			实际外资金额		
	台湾	全国	比重	台湾	全国	比重	台湾	全国	比重
1979～1987	80	N. A.	N. A.	100.00	N. A.	N. A.	N. A.	N. A.	N. A.
1988	435	5945	7.32	519.00	5297.06	9.80	199.70*	3193.68	6.25
1989	539	5779	9.33	431.69	5599.76	7.71	154.79	3392.57	4.56
1990	1103	7273	15.17	889.97	6596.11	13.49	222.40	3487.11	6.38
1991	1735	12978	13.37	1388.52	11976.82	11.59	466.41	4366.34	10.68
1988～1991	3812	31975	11.92	3229.18	29469.75	10.96	1043.30	14439.70	7.23
1992	6430	48764	13.19	5543.35	58123.51	9.54	1050.50	11007.51	9.54
1993	10948	83437	13.12	9964.87	111435.66	8.94	3138.59	27514.95	11.41
1994	6247	47549	13.14	5394.88	82679.77	6.53	3391.04	33766.50	10.04
1995	4847	37011	13.10	5849.07	91281.53	6.41	3161.55	37520.53	8.43
1996	3184	24556	12.97	5141.00	73276.42	7.02	3474.84	41725.89	8.33
1997	3014	21001	14.35	2814.00	51003.53	5.52	3289.39	45257.04	7.27
1998	2970	19799	15.00	2981.68	52102.05	5.72	2915.21	45462.75	6.41
1999	2499	16918	14.77	3374.44	41223.02	8.19	2598.70	40318.71	6.45
1992～1999	40139	299035	13.42	41063.29	561125.49	7.32	23019.82	282573.51	8.15
2000	3108	22347	13.91	4041.89	62379.52	6.48	2296.28	40714.81	5.64
2001	4214	26140	16.12	6914.19	69194.55	9.99	2979.94	46877.59	6.36
2002	4853	34171	14.20	6740.84	82768.33	8.14	3970.64	52742.86	7.53
2003	4495	41081	10.94	8557.87	115069.69	7.44	3377.24	53504.67	6.31
2004	4002	43664	9.17	9305.94	153478.95	6.06	3117.49	60629.98	5.14
2005 (1～6)	1840	21212	8.67	4774.99	86190.56	5.54	1177.55	28563.18	4.12
2000～2005 (1～6)	22512	188615	11.94	40335.72	569081.60	7.09	16919.14	283033.09	5.98

注：* 根据 1988 年至 2002 年实际利用台资 333.1 亿美元与 1989 年至 2002 年实际利用台资 331.103 亿美元相减计算得出。

资料来源：整理自《中国对外经济贸易年鉴》(1989)；商务部外资司《1989～2004 年台湾省投资情况一览表》，《2005 年 1～6 月 (外商直接投资) 利用外资分国别 (地区) 分析表》，转引自中国投资指南网，www.fdi.gov.cn。

在投资规模上，以 100 万美元以下的中小型项目居多。在这一阶段，一方面台商对大陆的投资环境还不是很了解，不可能贸然进行大项目的投资；另一方面台湾当局的禁止态度增加了台商赴大陆投资的政治风险，也限制了台商投资的规模。

在投资地域分布上，这一时期的台商投资绝大部分集中在福建和广东沿海。在福建，台商投资集中在闽南三角，这一时期共有台资企业 58 家，投资金额约 4000 万美元，其中厦门 19 家，金额 1935 万美元；在广东，台商投资集中在珠江三角洲，共有台资企业 22 家，投资金额约 6000 万美元，其中深圳 11 家，金额 1632 万美元[①]。

在投资产业分布上，台资企业基本上都属于劳动密集型产业，这是由台商投资大陆的投资动机决定的。在这一阶段，台商投资大陆的投资动机主要体现在利用大陆廉价的劳动力和确保资料来源上，因此主要投资于劳动密集型产业就可以利用大陆丰富、廉价的劳动力资源降低生产成本。

（二）扩张性投资阶段（1988~1991 年）

1987 年，台湾当局解除戒严令、放宽外汇管制并开放台湾民众赴大陆探亲，1988 年大陆公布《关于台湾同胞到经济特区投资特别优惠办法》和《关于鼓励台湾同胞投资的规定》，台商赴大陆投资自 1988 年起出现突破性进展，并开始进入扩张性投资阶段。1989 年由于受国内国际形势变化的影响，台商投资大陆出现项目数增加、合同和实际金额下降的反常现象，台商赴大陆扩张性投资短暂停顿。1990 年 7 月台湾当局公布了《对大陆地区从事间接投资或技术合作管理办法》，有条件开放台商对大陆间接投资，1990 年 10 月和 1991 年 3 月台湾"经济部"两次扩大准许赴大陆间接投资的产品项目，这在很大程度上促进了台商对大陆投资的扩张。这一时期，台商对大陆投资的主要特点有：

在投资项目和金额上，1988~1991 年，台商投资大陆项目累计 3812 项，占大陆利用外商直接投资项目的 11.92%；合同台资金额累

① 李非：《海峡两岸经贸关系》，对外贸易教育出版社 1994 年版，第 156~157 页。

计达 32.29 亿美元，占 10.96%；实际利用台资金额累计达 10.43 亿美元，占 7.23%（见表 3 – 1）。从增长速度上看，除 1989 年之外，1990 年和 1991 年台商赴大陆投资项目件数、合同金额及 1991 年实际金额都成倍增长，年增长速度超过 100%（见图 3 – 1）。

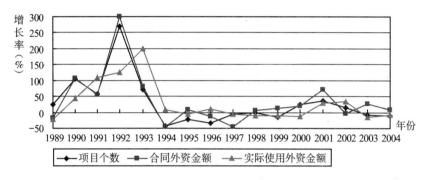

图 3 – 1 1989 ~ 2004 年台商赴大陆投资增长情况

资料来源：整理自《中国对外经济贸易年鉴》（1989）；商务部外资司《1989 ~ 2004 年台湾省投资情况一览表》，《2005 年 1 ~ 6 月（外商直接投资）利用外资分国别（地区）分析表》，转引自中国投资指南网，www.fdi.gov.cn。

在投资规模上，平均单项投资规模较小并有所下降，投资期限较短。1988 年平均单项投资规模为 119.31 万美元，此后三年基本维持在 80 万美元，整个这个时期平均单项投资规模为 84.71 万美元，小于第一阶段的 125 万美元。这是因为中小企业在台资企业中比重达 97% 以上，同时台湾当局为防止产业"空洞化"阻碍和限制大企业的外移，特别是对大陆的转移。许多企业仍属"打、带、跑"投资型态，投资期限较短，多在 3 ~ 5 年。

在投资地域分布上，范围有所扩大，但主要还是集中在福建和广东。这一时期的台商投资在地域范围上已经由原来福建和广东拓展到包括江苏、山东、浙江、海南、辽宁、河北等省在内的沿海开放地带，但是主要还是集中在福建和广东两省，其中福建累计吸引台资 1145 项，合同金额 15.5 亿美元，其中厦门 485 项，10.5 亿美元；广东累计吸引台资 1120 项，合同金额 12.6 亿美元，其中深圳 341 项，4.86 亿美元；此外，江苏累计吸引台资 414 项，合同金额 2.99 亿美元，位居第三（见图 3 – 2）。①

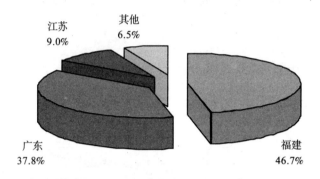

图 3 – 2   1988～1991 年台商赴大陆投资合同金额的地域分布

资料来源：整理自李非著《海峡两岸经贸关系》，对外贸易教育出版社 1994 年版，第 159 页。

在投资产业分布上，投资产业仍以劳动密集型产业为主。1990 年 7 月，台湾当局正面列表 24 类 2500 项产品可赴大陆间接投资，10 月台湾再正面列表 67 类 3353 项产品准许赴大陆间接投资；1991 年 3 月，"经济部"增加开放自行车、消费性电子产品、纺织品等 326 项产品的间接投资，至此，台湾当局准许台商赴大陆间接投资的产品项目增加到 3679 项。这些开放的项目基本上属于在台湾已丧失竞争力或污染严重的劳动密集型产业，如成衣、制鞋、食品、塑胶制品、家电等。因此，这一时期的台商投资产业以劳动密集型产业为主，投资产业的依次排序为纺织、化学、电子、水产、养殖、杂项制品等；在制成品方面，主要包括纺织、成衣、鞋、贸、玩具、皮革、塑胶制品、电子电器等。②

---

① 李非：《海峡两岸经贸关系》，对外贸易教育出版社 1994 年版，第 159 页。
② 李宏硕：《海峡两岸经贸关系研究》，中国致公出版社 1994 年版，第 46 页。

（三）调整性投资阶段（1992～1999 年）

1992 年，以邓小平南方谈话和中共"十四大"确立社会主义市场经济发展方向为契机，台商在"求发展、逐利润"的强烈驱动下，采取各种形式加快扩大赴大陆投资。1994 年 3 月，全国人大通过《中华人民共和国台湾同胞投资保护法》，依法保护台湾同胞投资者的资产、投资收益、财产、权益继承、转让和其他合法权益，这是第一部专门就台湾同胞在祖国大陆投资制定的法律；同年 4 月，大陆对台商投资的领域、项目、方式采取"同等优先、适当放宽"的原则，并且在产业分布和地域分布上做出相应的调整，有效地促进了台商赴大陆投资的发展。此后受 1996 年台湾当局"戒急用忍"的政策和 1997 年亚洲金融风暴等因素的影响，1995～1999 年的第三波投资热潮有所放缓，台商投资无论在金额、规模，还是在产业和地域分布上都在进行调整。

在投资项目和金额上，1992～1999 年台商投资项目累计 40139 项，累计合同金额 410.63 亿美元，实际金额 230.20 亿美元（见表 3-1）。1992 年是台商投资增长最快的一年，全年合同项目达 6430 项，比上年增长 270.6%；合同金额 55.43 亿美元，增长 299.2%；实际金额 10.51 亿美元，增长 125.2%。1993 年台商投资继续高速增长，实际金额增速达到最高，为 198.8%。1994 年因"千岛湖事件"[①]，1996 年台湾当局抛出"戒急用忍"的政策，1997 年亚洲金融风暴，台商投资大陆进入相对低潮，1994～1999 年合同项目数逐年下降，合同金额和实际金额总体上也是下降的（见图 3-1）。

在投资规模上，1992～1999 年平均单项投资规模为 102.30 万美元，并且总体上不断扩大。自 1995 年开始，台商投资大陆由原来的总量急剧增长型向实质的平稳增长型过渡，投资层次明显提高，投资规模趋向大型。1995 年年初和年底，台湾"工业总会"对大陆台资

---

① 1994 年 3 月 31 日，台湾长风旅行社旅游团一行 24 人乘"海瑞号"游轮在浙皖交界处千岛湖游览时，吴黎宏、胡志瀚、余爱军三名歹徒登船抢劫并纵火焚船，致使该船 24 名台湾居民以及 8 名大陆居民（2 名导游，6 名船员）全部遇难，从而酿成一起特大抢劫纵火杀人案，即"千岛湖事件"。

企业的两次调查显示，规模在 100 万美元以下的台资企业比重由 77%
下降到 50.15%，规模在 100 万～500 万美元之间的台资企业比重由
17.7% 上升至 37.3%。平均单项投资规模由 1992 年的 86.21 万美元
上升到 1996 年的 161.46 万美元。但 1996 年台湾当局为了抑制台商赴
大陆投资热潮，抛出"戒急用忍"的政策，管控大企业赴大陆投资，
原则是"中小项目放行，大企业限制"，并暂缓扩大两岸交流与开放
政策，搁置原计划审批的大企业投资申请案①。1997 年 7 月，台湾当
局制定《企业对大陆地区投资审查办法》，限制单一投资项目的金额
不得超过 5000 万美元。同时，公开阻止台塑、"统一"等大企业到祖
国大陆的大型投资案。因此，1997 年平均单项投资规模大幅下降，只
有 93.36 万美元，到 1999 年也只有 135.03 万美元。

在投资地域分布上，开始由原来的闽三角和珠三角向长三角转
移，浙江和江苏台商投资比重开始上升。随着大陆对外资的进一步开
放和长三角地区经济快速发展，越来越多的台资企业选择在江浙沪两
省一市的长三角地区落脚。据台湾方面统计，1991～1999 年江苏省台
商投资累计 4927 件，合同金额 46.38 亿美元，占大陆协议利用台资
金额比重达 32.0%，较 1988～1991 年上升 23 个百分点；其中，1999
年江苏和浙江协议台资金额及占总金额比重分别为 4.75 亿美元、
0.79 亿美元和 37.92%、6.30%（见表 3－2）。而福建和广东两省
1991～1999 年协议台资金额都比 1988～1991 年有所下降，其中广东
省下降 3.2 个百分点，为 34.6%；福建省骤减 35.9 个百分点，排序
由原来的第一降到第三，仅为 10.8%（见图 3－3）。

在投资产业分布上，开始由劳动密集型产业向资本密集型和技术
密集型产业延展。由于台湾当局 1996 年"戒急用忍"政策的"高科
技不批，金融业禁止"原则和 1997 年 7 月制定的《企业对大陆地区
投资审查办法》中将基础设施建设以及房地产、保险业等列为严格禁
止项目，这一阶段台商投资还是主要集中在劳动密集型产业，但是排

---

① 壮玉瑞、许玉香："台商投资大陆有利于两岸经济发展与祖国统一"，《中华儿女海
外版》2002 年第 7 期。

序发生变化，电子及电器制造业跃居第一位，1999 年这一产业的投资金额占到当年全部投资金额的 42.92%（见表 3 - 3）。同时，台商投资还开始向石化产业、电子资讯产业、汽车制造业等资本密集型和技术密集型产业扩展。1995 年 11 月，台湾裕隆集团所属的中华汽车有限公司与福建汽车工业集团公司福州汽车厂合资成立东南（福建）汽车有限公司。

表 3 - 2　1991～1999 年台商对大陆经核准间接投资地区分布

单位：件，百万美元，%

地　区	1991～1998 年			1999 年			1991～1999 年		
	件数	金额	占总金额比重	件数	金额	占总金额比重	件数	金额	占总金额比重
广东	7700	4515.0	34.09	177	500.1	39.92	7877	5015	34.60
江苏	4758	4162.7	31.43	169	475.0	37.92	4927	4638	31.99
浙江	1101	575.9	4.35	27	79.0	6.30	1128	655	4.52
福建	3023	1511.5	11.41	44	58.9	4.70	3067	1570	10.83
河北	1559	822.9	6.21	34	57.3	4.57	1593	880	6.07
四川	358	183.6	1.39	5	38.2	3.05	363	222	1.53
湖北	399	156.2	1.18	7	17.8	1.42	406	174	1.20
山东	645	363.5	2.74	4	4.1	0.33	649	368	2.54
辽宁	389	195.2	1.47	5	4.0	0.32	394	199	1.37
湖南	248	115.8	0.87	1	0.9	0.07	249	117	0.80
其他	1466	640.4	4.84	15	17.5	1.40	1481	658	4.54
合计	21646	13242.7	100.00	488	1252.8	100.00	22134	14495	100.00

注：依据"两岸人民关系条例"第三十五条规定，给予赴大陆投资厂商三个月期限（1997 年 7～9 月）补办许可登记，故大陆数据系省补办并经许可之统计。

资料来源："经济部投资审议委员会"，转引自大陆台商经贸网，《两岸经贸统计月报》2000 年 1 月号第 89 期，http://www.chinabiz.org.tw/chang/L1 - 5.asp。

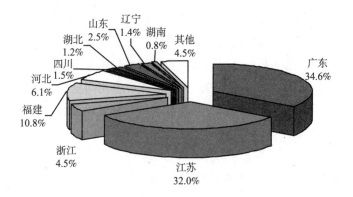

图 3 – 3　1991～1999 年台商赴大陆投资合同金额的地域分布

资料来源："经济部投资审议委员会"，转引自大陆台商经贸网，《两岸经贸统计月报》2000 年 1 月号第 89 期，http://www.chinabiz.org.tw/chang/L1 – 5.asp。

表 3 – 3　1991～1999 年台商对大陆经核准间接投资行业分布

单位：件，百万美元，%

行　业	1999 年			1991～1999 年		
	件数	金额	占金额比重	件数	金额	占金额比重
电子及电器制造业	190	537.8	42.92	3268	3331.6	22.98
化学品制造业	33	143.0	11.42	1444	1005.7	6.94
基本金属制品制造业	28	104.5	8.34	1876	1239.1	8.55
塑料制品制造业	25	99.1	7.91	2024	1155.4	7.97
食品及饮料制造业	19	58.3	4.65	2199	1236.6	8.53
纺织业	13	34.3	2.74	996	787.4	5.43
非金属及矿产物制品制造业	14	33.8	2.69	1151	866.5	5.98
运输工具制造业	18	31.9	2.55	682	670.6	4.63
机械制造业	26	31.2	2.49	741	466.6	3.22
精密器械制造业	30	28.1	2.24	2167	771.9	5.33
其他产业	92	150.9	12.05	5586	2963.9	20.45
合计	488	1252.8	100.00	22134	14495.4	100.00

注：依据"两岸人民关系条例"第三十五条规定，给予赴大陆投资厂商三个月期限（1997 年 7～9 月）补办许可登记，故大陆数据系含补办并经许可之统计。

资料来源："经济部投资审议委员会"，转引自大陆台商经贸网，《两岸经贸统计月报》2000 年 1 月号第 89 期，http://www.chinabiz.org.tw/chang/L1 – 5.asp。

（四）全面性投资阶段（2000 年至今）

进入 21 世纪，台商对大陆投资有了新的发展，特别是在大陆西部开发战略的提出和两岸先后加入 WTO，以及台湾岛内经济不景气、投资环境恶化等因素的影响下，台商在大陆的投资活动形成新的高潮。这一时期的台商投资不仅数量大幅增加，而且投资方向或动机由原来的拓展外销市场向抢占内销市场转变；投资规模不断扩大并开始以大中型企业为主，并且由过去单打独斗变为集体合作；投资地域除了集中在长三角地区以外，开始向西部地区扩展，投资的地域范围进一步扩大；投资领域多元化的同时产业层次不断提高，以电子信息、半导体、精密机械等资本与技术密集型产业为主导。

在投资项目和金额上，据大陆统计，2000 年至 2005 年上半年累计协议台资项目 22512 项，占同期协议外资项目的 11.94%；协议台资金额 403.36 亿美元，占同期协议外资金额的 7.09%；实际台资金额 169.19 亿美元，占同期实际外资金额的 5.98%（见表 3-1）。

在投资规模上，2000 年至 2005 年上半年台商投资平均单项投资规模为 179.2 万美元，比前三个阶段的单项投资规模都要大，这主要是因为近年来台商投资逐渐向大型化发展；但是与同一时期大陆单项合同利用外资金额 301.7 万美元相比，投资规模还是显得过于偏低。

表 3-4　2000～2005 年（1～6 月）台湾经核准赴大陆投资地区分布

单位：件，亿美元，%

地　区		江苏	广东	浙江	福建	河北	山东	四川	湖北	辽宁	湖南	其他
项目	件数	4551	3329	620	1804	513	183	136	77	94	39	326
	比重	38.99	28.52	5.31	15.46	4.40	1.57	1.17	0.66	0.81	0.33	2.79
金额	金额	148.89	75.02	22.74	20.59	10.22	4.27	2.92	2.70	1.73	0.60	6.86
	比重	50.67	25.53	7.74	7.01	3.48	1.45	1.00	0.92	0.59	0.20	2.34

资料来源：整理自《两岸经贸统计月报》2005 年 6 月号第 152 期和 2000 年 1 月号第 89 期"台商对大陆投资统计——地区别"，大陆台商经贸网，http://www.chinabiz.org.tw/chang/L1-5.asp。

表 3 - 5   1991~2005 年(1~6 月)台湾经核准赴大陆投资行业分布

单位：件，百万美元，%

行业	1991~2005 年（1~6 月）			1991~1999 年			2000~2005 年（1~6 月）		
	件数	金额	金额比重	件数	金额	金额比重	件数	金额	金额比重
电子及电器制造业	6143	15214.2	34.67	3268	3331.6	22.98	2875	11882.6	40.44
化学品制造业	2054	2961.7	6.75	1876	1239.1	8.55	178	1722.6	5.86
基本金属制品制造业	2901	3988.2	9.09	1444	1005.7	6.94	1457	2982.5	10.15
塑料制品制造业	2724	2675.9	6.10	2024	1155.4	7.97	700	1520.5	5.17
食品及饮料制造业	2478	1954.7	4.45	2199	1236.6	8.53	279	718.1	2.44
纺织业	1201	1517.0	3.46	996	787.4	5.43	205	729.6	2.48
非金属及矿产物制品制造业	1448	2245.0	5.12	1151	866.5	5.98	297	1378.5	4.69
运输工具制造业	1074	1641.5	3.74	682	670.8	4.63	392	970.7	3.30
机械制造业	1365	1396.7	3.18	741	466.6	3.22	624	930.1	3.17
精密器械制造业	3042	2368.2	5.40	2167	771.9	5.33	875	1596.3	5.43
服务业*	1974	1528.3	3.48	786	361.1	2.49	1188	1167.2	3.97
其他产业	7402	6388.1	14.56	4800	2602.7	17.95	2602	3785.4	12.88
合 计	33806	43879.5	100.00	22134	14495.4	100.00	11672	29384.1	100.00

注：*1991~1999 年服务业投资项目、金额及所占比重为 1991~1999 年（1~11 月）统计数据。依据"两岸人民关系条例"第 35 条规定，给予赴大陆投资厂商 3 个月期限（1997 年 7~9 月）补办许可登记，故大陆数据系含补办并经许可之统计。

资料来源：整理自"经济部投资审议委员会"，转引自大陆台商经贸网，《两岸经贸统计月报》1999 年 12 月号第 88 期、2000 年 1 月号第 89 期、2005 年 6 月号第 152 期，http://www.chinabiz.org.tw/chang/L1 - 5.asp。

在投资地域分布上，台商投资进一步向长三角地区集中，江苏省协议台资金额接近全国一半。据台湾统计，2000 年至 2005 年上半年台湾核准赴大陆投资项目累计 11672 项，金额 293.84 亿美元，大陆各省份累计协议台资金额比重发生较大变化，江苏省跃居第一位（50.67%），福建省下降至第四位（7.01%）（见表3-4）。

在投资产业分布上，这一阶段台商投资的产业层次不断提高，电子及电器制造业、化学品制造业和精密器械制造业投资比重都有所上升。与1991~1999年相比，台商投资电子及电器制造业比重上升17.46个百分点，增幅最大；此外，基本金属制品制造业和服务业也分别上升了3.21和1.48个百分点，增幅相对较小（见表3-5）。而其他产业，如化学品制造业、塑料制品制造业、食品及饮料制造业、纺织业、非金属及矿产物制品制造业、运输工具制造业、机械制造业等制造业的投资比重都不同幅度地比上一阶段有所下降，其中下降幅度最大的是食品及饮料制造业，下降6.09个百分点。

二、台商投资大陆的发展现状

自1979年，特别是1991年以来，台湾在大陆投资蓬勃发展。台湾统计截至2005年上半年累计核准赴大陆投资项目33806项，金额438.79亿美元；大陆统计截至2005年上半年合同项目66466项，合同金额847.10亿美元，实际金额408.01亿美元，资金到位率48.17%（见表3-6）。从总体上来看，台商投资是不断增加的，但近年来，特别是2002年以来，台商在大陆的投资开始放慢。导致台商投资放慢的原因除了由于一些统计口径方面的差异造成两岸统计数据不一致之外，近年来越来越多的台商通过海外离岸金融中心（如维尔京群岛等）对祖国大陆投资，2004年年初台湾岛内大选之后，祖国大陆重申不欢迎既在祖国大陆投资赚钱又在岛内支持"台独"的"绿色台商"。此外，祖国大陆为防止局部经济过热特别是在某些行业和产业的投资过热现象，采取限制钢铁和水泥等产业投资、紧缩银行信用等宏观调控政策，虽然对台商在大陆的投资不会产生根本性的影响，但还是影响到了台商对大陆投资的布局，部分台商开始观望；2004年祖国大陆经济发展遇到的"电荒"和"民工荒"也一定程度上影响了台商对大陆的投资。

表 3-6　1991~2005 年(1~6 月)台商对大陆投资统计

单位：百万美元

年　份	台湾统计核准赴大陆投资			大陆统计台商直接投资				
	件数(项)	金额	平均每件金额	件数(项)	合同金额	平均每件金额	实际金额	资金到位率(%)
1991	237	174.16	0.73	1735	1388.52	0.80	466.41	33.59
1992	264	246.99	0.94	6430	5543.35	0.86	1050.50	18.95
1993 *	1262(8067)	1140.37(2028.05)	0.90(0.25)	10948	9964.87	0.91	3138.59	31.50
1994	934	962.21	1.03	6247	5394.88	0.86	3391.04	62.86
1995	490	1092.71	2.23	4847	5849.07	1.21	3161.55	54.05
1996	383	1229.24	3.21	3184	5141.00	1.61	3474.84	67.59
1997 *	728(7997)	1614.54(2719.77)	2.22(0.34)	3014	2814.00	0.93	3289.39	116.87
1998 *	641(643)	1519.21(515.41)	2.37(0.80)	2970	2981.68	1.00	2915.21	97.77
1999	488	1252.78	2.57	2499	3374.44	1.35	2598.70	77.01
2000	840	2607.14	3.10	3108	4041.89	1.30	2296.28	56.81
2001	1186	2784.15	2.35	4214	6914.19	1.64	2979.94	43.10
2002 *	1490(3950)	3858.76(2864.30)	2.59(0.73)	4853	6740.84	1.39	3970.64	58.90
2003 *	1837(8268)	4594.99(3103.80)	2.50(0.38)	4495	8557.87	1.90	3377.24	39.46
2004	2004	6940.66	3.46	4002	9305.94	2.33	3117.49	33.50
累计至2004 年 *	33155	41249.23	1.24	64626	79934.81	1.24	39623.05	49.57
2005(1~6 月)	651	2630.26	4.04	1840	4774.99	2.60	1177.55	24.66
增长率%	-39.39	-22.41	N.A.	-10.24	2.53	N.A.	-37.83	N.A.
累计至2005(6) *	33806	43879.49	1.30	66466	84709.80	1.27	40800.60	48.17

注：1. 括号中数据为依台湾地区与大陆地区人民关系条例第 35 条的规定，向"经济部"提出补办申请许可案件件数及金额；2. * 台湾"统计部"分含补办；3. 增长率指较上年同期增减比率；4. 细项数字不等于合计系四舍五入之故。

资料来源：1. 台湾资料根据台湾"经济部投资审议委员会"；2. 大陆对外公布资料根据商务部统计的外商直接投资金额。

在投资项目和金额上，根据台湾"经济部投审会"统计，累计至2005年上半年台湾核准赴大陆投资项目33806项，投资金额为438.79亿美元（见表3-6）；而大陆方面，据商务部统计，截至2005年上半年合同项目66466项，合同金额847.10亿美元，实际金额408.01亿美元，资金到位率48.17%。

在投资规模上，平均单项投资金额不断上升，投资规模大型化。据台湾"经济部投资审议委员会"统计，若不考虑补办项目，台商投资大陆的单项规模都在200万美元以上，2004年达到346万美元，2005年上半年更是突破400万美元，达到404万美元，截至2005年上半年台商投资平均规模为130万美元（见表3-6）。而大陆方面，据商务部统计，台商投资的单项规模由2000年的130.05万美元增加到2004年的232.53万美元，2005年上半年更是达到了259.51万美元，截至2005年上半年台商投资平均规模为127万美元。

在投资的区域分布上，台商投资区域继续延续近年的发展趋势，长三角和珠三角仍是台商投资的主要地区。据台湾方面统计，1991年至2005年上半年江苏（包括上海）、广东、浙江利用台资金额占总金额比重达到79.09%，其中2004年比重为82.91%，2005年上半年这一比重上升到83.44%。而福建省作为最早利用台资的地区，近年来由于区位优势和政策优势的丧失，台资金额比重不断下降，1991年至1999年福建累计利用台资比重为10.83%（见表3-2），到2000～2005年（1～6月）期间只有7.01%（见表3-4），2005年上半年比重更是只有5.51%（见表3-7）。

在投资的产业分布上，层次不断提高。试探性和扩张性投资阶段基本都是以制鞋、塑胶、纺织、基本金属等传统产业与劳动密集型产业为主，调整性投资阶段则以消费性电子产品、化工、运输工具、建材水泥、玻璃、食品饮料等产业为主，全面型投资阶段则以电脑、电子信息、半导体、精密机械等资本与技术密集行业为主导。目前，台商投资主要集中在制造业，其中又以电子电器制造业为主。除了在制造业领域的层次提高外，台商投资还涉及金融保险业、国际贸易业和餐饮业等服务业领域（见表3-8）。

表 3 – 7　1991～2005 年（1～6 月）台商对大陆投资分地区统计

单位：件，百万美元，%

地　区	2004 年			2005 年 1～6 月			1991～2005 年（1～6 月）		
	件数	金额	占比	件数	金额	占比	件数	金额	占比
江苏	639	3661.8	52.76	250	1405.5	53.43	9478	19256.9	43.89
广东	461	1403.1	20.22	160	601.2	22.86	11206	12516.6	28.52
浙江	95	689.5	9.93	31	188.1	7.15	1748	2928.8	6.67
福建	591	452.8	6.52	86	145.0	5.51	4871	3629.6	8.27
河北	72	161.9	2.33	35	74.8	2.84	2106	1902.0	4.33
四川	23	99.4	1.43	30	22.9	0.87	499	514.2	1.17
湖北	14	115.9	1.67	5	12.1	0.46	483	444.0	1.01
山东	25	138.5	1.99	19	73.5	2.79	832	794.9	1.81
辽宁	5	25.3	0.36	0	0.1	0.00	488	371.7	0.85
湖南	11	19.2	0.28	1	8.7	0.33	288	176.7	0.40
其他	68	173.6	2.50	34	98.4	3.74	1807	1344.1	3.06
合计	2004	6940.7	100.00	651	2630.3	100.00	33806	43879.5	100.00

注：1. 依据"两岸人民关系条例"第 35 条规定，给予赴大陆投资厂商补办许可登记者已列入此一统计；2. 细项数字不等于合计数系四舍五入之故。

资料来源："经济部投资审议委员会"，转引自大陆台商经贸网，《两岸经贸统计月报》2005 年 6 月号第 152 期，http://www.chinabiz.org.tw/chang/L1 – 5.asp。

表 3 – 8　1991～2005 年（1～6 月）台湾对大陆投资分行业统计表

单位：件，千美元，%

行　业	件数	占件数比率	核准金额	占核准金额比率
电子电器制造业	6143	18.17	15214150	34.67
基本金属制造业	2901	8.58	3988200	9.09
化学品制造业	2054	6.08	2961702	6.75
塑料制品制造业	2724	8.06	2675929	6.10
精密器械制造业	3042	9.00	2368208	5.40
非金属制造业	1448	4.28	2245027	5.12
食品饮料制造业	2478	7.33	1954680	4.45

续表

行 业	件数	占件数比率	核准金额	占核准金额比率
运输工具制造业	1074	3.18	1641547	3.74
其他服务业	1974	5.84	1528257	3.48
纺织业	1201	3.55	1517026	3.46
机械制造业	1365	4.04	1396736	3.18
造纸及印刷业	839	2.48	1013853	2.31
橡胶制品制造业	607	1.80	923417	2.10
木竹藤柳制造业	1168	3.46	853188	1.94
批发零售业	820	2.43	780368	1.78
成衣服饰业	1078	3.19	605956	1.38
金融保险业	101	0.30	419002	0.95
国际贸易业	787	2.33	382401	0.87
皮革制品制造业	559	1.65	357810	0.82
运输业	161	0.48	155211	0.35
农林业	419	1.24	138276	0.32
建筑营造业	223	0.66	130191	0.30
餐饮业	312	0.92	126473	0.29
矿及土石采取业	113	0.33	121460	0.28
仓储业	44	0.13	107711	0.25
渔牧业	116	0.34	70708	0.16
其他	55	0.16	202002	0.46
合计	33806	100.00	43879489	100.00

资料来源:"经济部投资审议委员会",转引自大陆台商经贸网,《两岸经贸统计月报》2005 年 6 月号第 152 期,http://www.chinabiz.org.tw/chang/Ll－5.asp。

三、现阶段台商投资大陆的特点

(一) 投资厂商从以中小企业为主导逐步过渡到以大企业为主导

台湾厂商到祖国大陆投资设厂,初期主要是中小企业进行"投石问路"。随着投资规模的不断扩大,这些先行一步从事中、下游工业生产的中、小企业,拉动了对台湾生产原材料及半成品的需求,从而促进供应原材料的岛内中、上游工业生产企业，主要是生产如半导体等关键零部件的大企业，也纷纷到祖国大陆投资设厂，提供配套、连锁的生产与服务。

新世纪初期，在台湾大企业相继从投资设厂进入生产销售阶段后，台资企业的主角开始从中小企业让位于大企业。一个以大企业为龙头，带动岛内其他企业进一步向祖国大陆转移的投资局面已经形成，而两岸加入世界贸易组织则加快了这一发展进程。在台湾大企业的"群聚效应"影响下，大批相关中小企业纷纷跟进，逐渐在大企业所处的地域形成完整的产业供应链。台湾厂商在大陆的投资经营活动，正从个体分散行动转向群体配合进行，越来越多的产业转移趋向以上、中、下游相关配套和连锁的方式进行，厂商的投资行为趋向长期化。投资主体的变化，使得台商投资规模大型化的趋势更加明显。

（二）投资地区分布从以闽、粤为主发展到以江、浙、沪为主

台湾厂商在祖国大陆投资的范围，初期主要集中于东南沿海地区，尤其是闽、粤两省约占大陆引进台资的一半以上。随着投资规模的不断扩大，台商对大陆投资的热点地区发生重大变化，从过去以华南沿海地区为"主战场"逐步转向华东沿海地区。这一转变主要是由于台商为了因应加入世界贸易组织后抢占祖国大陆市场"制高点"的需要。根据台湾"投审会"统计资料显示，近年台商对珠江三角洲和福建沿海地区投资的步伐明显放缓，投资重心转向以上海为中心，苏南、浙北为两翼的长江三角洲，包括苏州、无锡、常州、杭州、宁波等地；尤其是近年电子信息产业的投资主要集中在这些地区，占到80%以上。原先在大陆东南沿海地区投资的台湾电子信息厂商，在新一波的增资热中，也纷纷将生产据点北移。目前，苏州成为台商投资的主要聚集地。江苏、浙江两省更集中了大陆一半左右的台资；而闽、粤两省吸引台资的比重则跌至一半以下。21世纪初期，两岸加入世界贸易组织后台商在祖国大陆的投资，已由点的增加转向线的延长，逐渐扩及整个沿海地区，并进一步转向面的扩张。这首先表现在：继20世纪80年代中后期闽、粤两省成为台商投资热点，以及世纪之交以上海为龙头的长江三角洲成为台商投资热土之后，台商投资热潮将继续向北延伸，至"十一五"计划期间，逐步发展到以京、津、唐地区为中心、山东半岛和辽东半岛为两翼的环渤海湾经济区，预计至 2008 年北京举办"奥运会"时达到高潮。至 2010 年，台商投资区域将在环大陆沿海外凸弧形地带的基础上，进一步由东向西、由沿海向内陆辐射，由华南、华东、华北逐步深入到大西南、大西北和东北腹地，形成全方位的投资格局①。

（三）投资领域从以传统产业为主发展到以新兴产业为主

伴随着 1992 年掀起的第一波台商投资热潮，台商开始采取集体合作，邀请上下游工厂共同参与或由核心企业带动相关企业的方式共同投资，开始在大陆投资环境较好的特定地区初步集聚；到了 21 世纪，特别是大陆和台湾先后加入 WTO 以后，台商在大陆投资的产业集聚走向成熟。当前，台商在大陆投资的产业集聚体现出产业集聚网络性和植根脆弱性等特点。一方面，在台商投资产业集聚形成的过程中，具有产业技术链或价值链上下游关系的企业形成了紧密的产业网络和人脉网络。另一方面，产业集聚内的企业基本上可以不依赖当地的供应商网络，与当地相关产业的前向、后向关联效应较差，具有根植脆弱性。

台商在大陆投资金额不断增加，投资的产业分布也由原来的以劳动密集型产业为主逐步过渡到以资本密集型和技术密集型产业为主。在现阶段的"第四次"台商投资浪潮中，台商投资开始向高技术产业集中，曾任台北市电脑商业同业公会副总干事的黄钡则分析指出，在投资热潮中，包括 IT 在内的台湾年产销负增长的机电产品几乎全部转移到了江、浙、沪、鲁等地，包括鼠标和键盘、LCD（液晶显示器）、笔记本电脑，还有半导体、材料制造业等。同时，台商也很注重新兴技术产业的投资，比如光电产业、生物技术产业、服务业、金融业等。目前台商以三安电子为代表的光电产业分别在厦门、深圳和杭州三地投资初步形成了产业链；服务业方面，台商在厦门的航运、

---

① 李非："两岸加入世界贸易组织对台商投资的影响"，《厦门大学学报》2002 年第 4 期，第 44~51 页。

物流方面势头不错；金融、保险等台商投资主要分布在深圳、上海、北京等大城市。此外，台商还设立科技研发中心、产品设计中心，投资文化艺术产业、广告业、建筑设计业等，而这些知识经济产业的台商投资主要集中在上海、北京等地。[①]

（四）投资形态从加工出口为主发展到以拓展市场为主

台商在祖国大陆的投资形态，初期主要表现为以大陆为加工出口基地，将在岛内已无生存空间的劳动密集型加工产业西移，以寻求企业发展的"第二春"。随着祖国大陆经济的蓬勃发展，市场潜力开始显现，台商的市场拓展型投资也迅速兴起，尤其是加入世界贸易组织后投资环境不断改善，台商对大陆投资环境的适应性日益增强，并逐步在内地寻找到或建立起原材料替代市场、产品销售市场以及技术和管理人才市场，从而使大陆台资企业从初期外向型企业主导发展到内向型企业主导。两岸加入世贸组织后，越来越多的台商到大陆投资的目的已从加工出口为主转向生产内销为主，原先在大陆投资设厂的企业也掀起了新一波的增资热，不仅不断扩充产能，而且进行全方位的市场布局，以抢占加入世界贸易组织后的新商机、新市场。根据台湾"经济部"的调查，大陆台商生产所需要的半成品、零组件及原材料有逐步"就地取材"的趋势，由台湾岛内厂商提供原材料的比重由前几年的50%以上降至目前的40%以下，越来越低于台商在当地就地取材的比重（已超过50%）。这显示台商在大陆投资设厂后，为适应市场激烈竞争的需要，越来越多地采取原材料供应和产品销售本地化的策略，以降低生产和经营成本。虽然台湾仍是大陆台资企业生产原材料或零组件的主要供应地之一，但是，台商对台湾原材料或零组件的供应依赖度已逐年下降。可见，台湾企业本地化趋势越来越强，并成为台商在大陆投资经营企业的重要策略之一。

（五）投资企业开始向本土化经营发展

台资企业自踏入大陆之日起，其本土化问题就产生了，随着大陆

[①] 封欣、钱振华："深入中西部，台商掀第四波投资浪潮"，《东方早报》2005 年 7 月 4 日。

台资企业的增多，其经营本土化日趋明显，从最初的采购、生产、人才与管理的本土化逐步发展到市场与营销、研究开发、利润与融资等各种方式的本土化。本土化经营已成为大陆台资企业普遍采用的经营策略，是大陆台资企业最显著的特征。从外部动因来看，国际经济区域性和全球化发展趋势以及两岸资源互补、产业分工互补和经贸合作互利的客观条件推动了台资企业本土化；从内部原因来看，降低企业生产成本，贴近并占领大陆市场，与当地民俗文化融合以及树立企业的形象等也促使台资企业继续推进本土化战略。

随着第四波台商投资热潮的兴起，台商投资的本土化越来越多地体现为研发本土化和融资本土化。

研发本土化是台湾企业利用大陆科技人才和良好的科研设施，克服岛内高科技研发与产业发展瓶颈，提高自身研发水准和发展高科技产业的最佳捷径。近年来，台湾岛内产业加速西移，继制造业之后信息产业的研发中心也开始向大陆转移。英业达是最早在大陆设立软件开发据点的公司，除此以外，宏电、神达、名气、仁宝、大众、华邦、广大、华硕等台湾知名科技企业也纷纷在大陆设立技术研究所与技术开发公司、研究与开发试验中心、IC设计中心及软件发展基地。

就融资方面来说，20世纪90年代在祖国大陆投资的台商以小型企业居多，80％左右的企业融资主要来自台湾岛内，在大陆当地融资的比重较小。伴随大陆台资企业数量的增多，规模的扩大，企业融资的需求日益增大，原有的融资方式越来越不能满足企业发展对资金的需要，加之台湾金融业受台当局政策制约在大陆发展严重滞后，使得融资问题成为大陆台资企业经营发展的最大问题。近年来，"台湾接单、大陆生产、香港出口"的"三来一补"型的大陆台资企业正在被"大陆接单、大陆生产和大陆直接出口"的"三资企业"型的新模式所取代，这种新变化使台资企业在大陆融资成为可能。

（六）投资形式开始向独资化发展

在新一波的以电子信息产业为代表的台商投资热潮中，台商投资的方式开始向以设立独资企业为主转变。近年来台商对大陆投资快速扩张，技术含量与产业层次趋向高级化，投资形式迅速向独资化转变，独资经营企业所占比重大幅度提升，全面超过合资合作经营企业，成为台商在大陆投资的主流方式，特别是在新批准的台商投资中，台商独资化趋势更为明显，基本上为台商独资企业，合资合作企业的比重已很小。目前厦门杏林、集美、海沧三个国家级台商投资区有 2000 多家台资企业，从台资企业数看，独资企业已超过 1600 多家，占总数的 80% 以上，合资合作企业 400 多家，占总数的不到 20%；从投资金额看，台商独资企业投资 40 余亿美元，占投资总额的 85% 以上，合资合作企业投资金额 6 亿美元，占投资总额的不到 15%。昆山市台资独资企业数与投资金额也分别占台资企业总数与投资总额的 85% 以上，呈现出和厦门台资一样的以独资经营为主的特征。

第二节　台商赴大陆投资对两岸经济的影响

资本从输出地投向受资地，不仅对两地的经济发展产生一定的影响，同时也加深了两地的经济联系，形成了相互依存的经济效应。两岸投资关系是一种单向的资金流动关系，台商对大陆投资快速增长，并且取得了丰硕成果；而大陆对台湾投资却进展缓慢，投资金额极其有限。因此，这里只分析台商赴大陆投资分别对大陆和台湾经济的影响，而省去了大陆赴台湾投资对两岸经济的影响。两岸恢复经贸关系以来，大陆积极吸收和利用台资，台商投资为大陆经济发展做出了重要贡献；与此同时，台商赴大陆投资也有力地促进了台湾经济的转型。

一、台商投资对大陆经济的影响

改革开放以来，祖国大陆利用外商直接投资快速增长，2004 年合同金额 1534.72 亿美元，2005 年上半年合同金额 861.91 亿美元（见

表3－9）；实际金额由 1979 年的 1.09 亿美元[①]增长到 2004 年的 606.28 亿美元（见表3－10），增长了 555 倍，2005 年上半年实际利用 FDI 金额 285.63 亿美元。外商直接投资对大陆的经济发展起到了积极的作用。台商投资是大陆外商直接投资的一个重要组成部分（见图3－4），在外商直接投资对大陆经济的影响中台商投资也扮演了一个重要的角色，台商投资对大陆经济的影响主要体现在增加出口、促进产业结构升级、拉动经济增长以及创造就业等方面。

表3－9　2002～2005 年(1～6 月)大陆利用外商

直接投资合同金额分国家(地区)统计

单位：件，百万美元，%

地 区	2002 年			2003 年			2004 年			2005 年 1～6 月		
	项目	金额	比重	项目	金额	比重	项目	金额	比重	项目	金额	比重
中国港、澳	11363	25833	31.2	14213	42003	36.5	15434	52028	33.9	7274	28717	33.3
英属维尔京群岛	1959	12650	15.3	2218	12664	11.0	2641	19396	12.6	1150	9698	11.3
美国	3363	8156	9.9	4060	10161	8.8	3925	12165	7.9	1808	6498	7.5
日本	2745	5298	6.4	3254	7955	6.9	3454	9162	6.0	1620	5186	6.0
韩国	4008	5282	6.4	4920	9177	8.0	5625	13911	9.1	3327	9885	11.5
中国台湾	4853	6741	8.1	4495	8558	7.4	4002	9306	6.1	1840	4775	5.5
新加坡	930	2785	3.4	1144	3419	3.0	1279	4423	2.9	573	2246	2.6
德国	352	915	1.1	451	1391	1.2	608	2282	1.5	307	1424	1.7
其他	4598	15107	18.3	6326	19741	17.2	6696	30800	20.1	3313	17762	20.6
合计	34171	82768	100	41081	115070	100	43664	153472	100	21212	86191	100

资料来源：中国统计年鉴，中国对外经济贸易统计年鉴，国际贸易。

[①] 1979～1982 年数据来自 Chung Chen，Lawrence Changand Yimin Zhang，1995："The Roleof Foreign Direct Investment in China's Post-1978 Economic Development"，*World Development*，Vol. 23，No. 4，pp. 691－703.

表 3 – 10　2002 ～ 2005 年(1 ～ 6 月)大陆利用

外商直接投资实际金额分国家(地区)统计

单位：百万美元，%

地　区	2002 年		2003 年		2004 年		2005 年 1 ～ 6 月	
	金额	比重	金额	比重	金额	比重	金额	比重
中国港、澳	18329.31	34.75	18116.70	33.86	19546.60	32.24	8370.12	29.30
英属维尔京群岛	6117.39	11.60	5776.96	10.80	6730.30	11.10	4365.53	15.28
日本	4190.09	7.94	5054.19	9.45	5451.57	8.99	3268.86	11.44
美国	5423.92	10.28	4198.51	7.85	3940.95	6.50	1459.75	5.11
韩国	2720.73	5.16	4488.54	8.39	6247.86	10.31	2776.08	9.72
中国台湾	3970.64	7.53	3377.24	6.31	3117.49	5.14	1177.55	4.12
新加坡	2337.20	4.43	2058.40	3.85	2008.14	3.31	887.77	3.11
德国	927.96	1.76	856.97	1.60	1058.48	1.75	698.95	2.45
其他	8725.62	16.55	9577.16	17.90	12526.26	20.66	5558.57	19.46
合计	52742.86	100.00	53504.67	100.00	60627.65	100.00	28563.18	100.00

资料来源：《中国统计年鉴》，《中国对外经济贸易统计年鉴》，《国际贸易》。

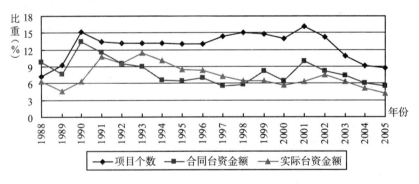

图 3 – 4　1988 ～ 2005 年(1 ～ 6 月)台资占大陆利用外商投资比重

注：2005 年为 1 ～ 6 月份数据。

资料来源：同整理自《中国对外经济贸易年鉴》（1989）；商务部外资司《1989 ～ 2004 年台湾省投资情况一览表》，《2005 年 1 ～ 6 月（外商直接投资）利用外资分国别（地区）分析表》，转引自中国投资指南网，www.fdi.gov.cn。

（一） 加快了产业结构升级

根据钱纳里、赛尔奎因等经济学家的实证研究，工业化过程中产业结构的演变有一定的规律，在三次产业的产出构成中，工业化的演进使第一产业的比重下降，第二产业的比重迅速上升，同时拉动第三产业的比重提高。一般来说，当第二产业的比重上升到超过第一产业时，工业化进入初级阶段；当第一产业的比重下降到低于20%时，第二产业的比重上升到高于第三产业而在GDP中占最大比重，工业化进入中级阶段；当第一产业的比重进一步下降到10%左右时，第二产业的比重上升到最高水平，工业化达到后期阶段或基本实现的阶段。

2003年台湾农业、工业和服务业三次产业构成为1.8∶30.6∶67.6（见表3-11），其工业化已进入"更成熟"阶段。2003年10月2日，联合国贸易与发展委员会（UNCTAD）公布"2003年贸易及发展报告"将台湾列为"第一阶层"新兴工业化经济体（NIES），也是成熟"工业化经济体（INDUSTRALIZERS）"。[①] 2004年大陆三次产业构成为15.2∶53.0∶31.8（见表3-11，图3-5），处于工业化中级阶段。两岸工业化进程处于不同阶段，产业结构构成存在较大差异。从台商在大陆投资产业分布的变化过程来看，20世纪90年代中期以前，台商在大陆投资的行业主要是服装鞋类、电子元器件、箱包、塑料制品、皮革制品等劳动密集型加工业，对大陆产业结构升级带动作用不是很大；20世纪90年代中期以后，台商投资最密集的行业开始转向微电子、汽车制造、家用电器、通讯设备、办公用品、精密器械、化学品等技术密集型产业，促进了大陆制造业的升级，加快了大陆产业结构的升级。

---

① 联合国贸易暨发展委员会（UNCTAD）："台湾工业化愈趋成熟"，台湾省商业会网，http://www.tcoc.com.tw/newslist/001800/1879.htm,2003-10-02。

表 3 - 11 1978～2004 年两岸产业构成比较

单位：%

年　份	合　计	台湾产业构成			祖国大陆产业构成		
		农业	工业	服务业	第一产业	第二产业	第三产业
1978	100.0	9.4	45.2	45.4	28.1	48.2	23.7
1979	100.0	8.6	45.3	46.1	31.2	47.4	21.4
1980	100.0	7.7	45.7	46.6	30.1	48.5	21.4
1981	100.0	7.3	45.5	47.2	31.8	46.4	21.8
1982	100.0	7.7	44.3	48.6	33.3	45.0	21.7
1983	100.0	7.3	45.0	47.7	33.0	44.6	22.4
1984	100.0	6.3	46.2	47.5	32.0	43.3	24.7
1985	100.0	5.8	46.3	47.9	28.4	43.1	28.5
1986	100.0	5.6	47.1	47.3	27.1	44.0	28.9
1987	100.0	5.3	46.7	48.0	26.8	43.9	29.3
1988	100.0	5.0	44.8	50.1	25.7	44.1	30.2
1989	100.0	4.9	42.3	52.8	25.0	43.0	32.0
1990	100.0	4.2	41.2	54.6	27.1	41.6	31.3
1991	100.0	3.8	41.1	55.1	24.5	42.1	33.4
1992	100.0	3.6	40.1	56.3	21.8	43.9	34.3
1993	100.0	3.6	39.4	57.0	19.9	47.4	32.7
1994	100.0	3.5	37.7	58.8	20.2	47.9	31.9
1995	100.0	3.5	36.4	60.2	20.5	48.8	30.7
1996	100.0	3.2	35.7	61.1	20.4	49.5	30.1
1997	100.0	2.6	35.3	62.1	19.1	50.0	30.9
1998	100.0	2.5	34.7	62.9	18.6	49.3	32.1
1999	100.0	2.6	33.2	64.2	17.6	49.4	33.0
2000	100.0	2.1	32.5	65.4	16.4	50.2	33.4
2001	100.0	2.0	31.2	66.9	15.8	50.1	34.1
2002	100.0	1.9	31.4	66.8	15.3	50.4	34.3
2003	100.0	1.8	30.6	67.6	14.6	52.2	33.2
2004*	100.0	1.7	29.5	68.7	15.2	53.0	31.8

注：＊2004 年台湾产业构成为预测估计值。

资料来源：《"中华民国"统计月报》2005 年 3 月号；李非：《台湾经济发展通论》，九州出版社 2004 年版，第 522 页；《中国统计年鉴》(2004 年)；《中华人民共和国 2004 年国民经济和社会发展统计公报》，中华人民共和国国家统计局，2005 年 2 月 28 日。

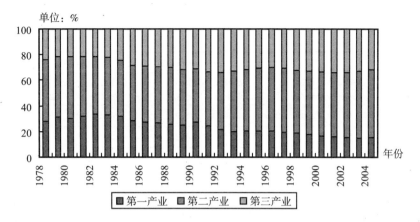

单位：%

第一产业　第二产业　第三产业

图3-5　1978～2004年大陆三次产业构成情况

资料来源：根据各年《中国统计年鉴》及中华人民共和国2004年国民经济和社会发展统计公报资料整理编制。

（二）促进了对外贸易的发展

改革开放以来，大陆经济持续快速稳步增长，这相当程度上得益于进出口贸易的快速增长，而在进出口贸易当中，又以外商投资企业进出口为主。2004年，外商投资企业进出口商品金额4488.34亿美元，占大陆全部进出口金额比重的69.41%，其中进口商品金额2650.55亿美元，占全部进口商品金额的78.28%，出口商品金额1837.79亿美元，占全部出口商品金额的56.62%。在外商投资企业进出口中，台资企业占到了相当的比重，1993～2004年，台资企业进出口商品额占外商投资企业进出口商品额比重虽然由16.97%下降到12.88%，但每年都保持在10.0%以上（见表3-12）。据商务部统计资料显示，2004年，台资企业进出口商品额占大陆全部进出口商品额比重为8.94%，其中进口商品额比重为2.49%，出口商品额比重为15.21%。因此，台商投资大陆极大地促进了大陆进出口贸易的发展。

此外，台商投资大陆还促进了大陆出口商品结构的升级。20世纪90年代中期以后，大陆出口商品结构有明显的升级，表现为机电产品比例和高新技术产品比例的上升，这与台商在大陆投资的产业变化趋势是一致的，台资企业对大陆出口商品结构升级做出了重要贡献。

表 3 - 12　1993～2004 年台商投资企业进出口商品额

单位：亿美元，%

年　份	出口商品金额			进口商品金额			进出口商品金额		
	台商投资企业	外商投资企业	比　重	台商投资企业	外商投资企业	比　重	台商投资企业	外商投资企业	比　重
1993	5.62	222.05	2.53	90.67	345.3	26.26	96.29	567.35	16.97
1994	8.58	303.75	2.82	100.94	414.87	24.33	109.52	718.62	15.24
1995	11.5	401.00	2.87	104.48	527.08	19.82	115.98	928.08	12.50
1996	12.57	515.59	2.44	115.35	544.83	21.17	127.92	1060.42	12.06
1997	15.97	619.53	2.58	113.23	534.33	21.19	129.20	1153.86	11.20
1998	20.39	672.86	3.03	114.49	532.94	21.48	134.88	1205.8	11.19
1999	19.86	729.22	2.72	127.6	591.5	21.57	147.46	1320.72	11.17
2000	25.01	967.15	2.59	165.18	772.01	21.40	190.19	1739.16	10.94
2001	25.61	1066.25	2.40	178.89	826.18	21.65	204.50	1892.43	10.81
2002	37.6	1351.63	2.78	256.27	1004.3	25.52	293.87	2355.89	12.47
2003	56.92	1915.22	2.97	357.87	1368.2	26.16	414.79	3283.37	12.63
2004	84.31	2650.55	3.18	493.87	1837.8	26.87	578.18	4488.34	12.88

资料来源：整理自商务部外资司"1991～2004 年外商投资企业进口（出口）商品分国别/地区统计"。

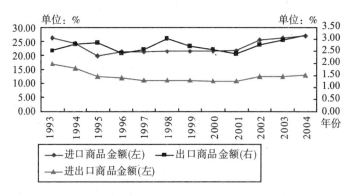

图 3 - 6　1993～2004 年台商投资企业进出口商品

金额占外商投资企业进出口商品金额比重

资料来源：整理自商务部外资司"1991～2004 年外商投资企业进口（出口）商品分国别/地区统计"。

（三）促进了经济增长

1. 带动固定资产投资增加

台商对大陆投资可以在一定程度上解决大陆经济建设中资金缺乏的问题，通过拉动内资带动大陆固定资产投资的增加，从而促进大陆的经济增长。1994 年大陆全年固定资产投资总额 17042.1 亿元，约合 1977.34 亿美元，台商投资占总固定资本形成比率为 1.71%，2004 年大陆全年固定资产投资总额 70477.4 亿元，约合 8514.85 亿美元，台商投资占总固定资本形成比率下降到 0.37%（见表 3-13）。在当年台商投资增加值占当年大陆固定资产投资增加值比率中，台商投资金额和大陆固定资产投资金额同时增加或同时减少的年份，比率是正的；而在台商投资金额和大陆固定资产投资金额此消彼长时，这一比率是负的，说明了台商投资与大陆全社会固定资产投资之间是正向的相关关系（见图 3-7）。

2. 台商投资对大陆经济增长的贡献率①

实际利用台资对大陆经济增长的贡献率是指台商投资金额增量与大陆 GDP 增量之比，这里根据相关统计数据计算了 1990～2004 年实际利用台资对大陆经济增长的贡献率（见表 3-14），结果表明台商投资与大陆经济增长是呈正相关关系的，台商在大陆的投资确实促进了大陆的经济增长。1990 年台商投资对大陆经济增长的贡献率为 0.20%，1993 年达到最高，为 1.50%。1995 年、1997～2000 年、2003～2004 年，台商在大陆投资对大陆经济增长的贡献率为负的，这是因为这些年份的台商投资较上年是减少的，台商投资减少对大陆经济增长形成负的贡献，说明了台商投资与大陆经济增长的正相关关系。

3. 台商投资对大陆经济增长的拉动率②

从大陆经济增长的产业构成来看，20 世纪 90 年代以来第二产业成为拉动大陆经济增长的主要原因，第二产业对大陆经济增长的拉动

---

① 台商投资对经济增长的贡献率 = 台商投资金额增量/GDP 增量×100%。
② 台商投资对经济增长的拉动率 = 贡献率×GDP 增长速度×100%。

率明显高于第一和第三产业，2004 年三次产业拉动率分别为 1.44%、5.04% 和 3.02%（见图 3 - 8）。外商直接投资 70% 以上是集中在第二产业，而台商投资更是主要集中在制造业，其在第二产业的比重还要更高。因此，在外商直接投资对大陆经济增长的拉动中，台商投资的拉动作用显得更为突出和明显。

表 3 - 13 1988～2004 年台商投资占总固定资本形成比率

单位：亿美元，%

年　份	台商投资实际金额		大陆固定资产投资额		台商投资占总固定资本形成比率	
	金额	增加额	金额	增加额	金额	增加额
1988	2.00	N. A.	1277.18	258.48	0.16	N. A.
1989	1.55	- 0.45	1171.39	- 105.79	0.13	0.43
1990	2.22	0.67	944.35	- 227.04	0.24	- 0.30
1991	4.66	2.44	1050.95	106.60	0.44	2.29
1992	10.51	5.85	1465.22	414.27	0.72	1.41
1993	31.39	20.88	2268.71	803.49	1.38	2.60
1994	33.91	2.52	1977.34	- 291.37	1.71	- 0.86
1995	31.62	- 2.29	2397.23	419.89	1.32	- 0.55
1996	34.75	3.13	2755.95	358.72	1.26	0.87
1997	32.89	- 1.86	3008.65	252.70	1.09	- 0.74
1998	29.15	- 3.74	3431.07	422.42	0.85	- 0.89
1999	25.99	- 3.16	3606.38	175.31	0.72	- 1.80
2000	22.96	- 3.03	3976.34	369.96	0.58	- 0.82
2001	29.80	6.84	4496.01	519.67	0.66	1.32
2002	39.71	9.91	5255.52	759.51	0.76	1.30
2003	33.77	- 5.94	6713.37	1457.85	0.50	- 0.41
2004	31.17	- 2.60	8514.85	1801.48	0.37	- 0.14

注：以美元计大陆固定资产投资金额由以人民币计大陆固定资产投资金额与当年累计平均交易中间价计算得出。

资料来源：台湾投资实际金额来源于表 3 - 1，大陆固定资产投资金额来源于《中国统计年鉴》（2005），汇率来源于国家外汇管理局。

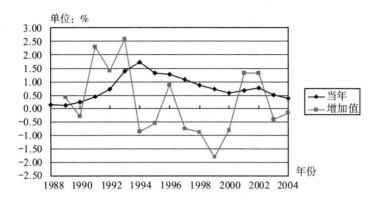

图 3 - 7　1988~2004 年台商投资占总固定资本形成比率

资料来源：台湾投资实际金额来源于表 3 - 1，大陆固定资产投资金额来源于《中国统计年鉴》（2005 年），汇率来源于国家外汇管理局。

表 3 - 14　1990~2004 年实际利用台商投资对大陆经济增长的贡献率和拉动率

年　份	实际利用台资增量/百万美元	GDP 增量/亿美元	GDP 增长速度/%	贡献率/%	拉动率/%
1990	67.61	342.6	3.8	0.20	0.007
1991	244.01	576.7	9.2	0.42	0.039
1992	584.09	910.4	14.2	0.64	0.091
1993	2088.09	1387.8	13.5	1.50	0.203
1994	252.45	1406.8	12.6	0.18	0.023
1995	- 229.49	1403.3	10.5	- 0.16	- 0.017
1996	313.29	1131.4	9.6	0.28	0.027
1997	- 185.45	793.5	8.8	- 0.23	- 0.021
1998	- 374.18	469.0	7.8	- 0.80	- 0.062
1999	- 316.51	449.6	7.1	- 0.70	- 0.050
2000	- 302.42	894.0	8.0	- 0.34	- 0.027
2001	683.66	948.0	7.5	0.72	0.054
2002	990.7	949.3	8.3	1.04	0.087
2003	- 593.4	1476.1	9.3	- 0.40	- 0.037
2004	- 259.75	2354.3	9.5	- 0.11	- 0.010

注：以美元计 GDP 增量根据以人民币计 GDP 增加量与当年美元平均汇价之比计算得出。

资料来源：根据商务部外资司"1989~2005 年（1~6 月）台湾省投资情况"，《中国统计年鉴》（2004 年），国家外汇管理局各年人民币基准汇价总表等相关数据计算整理。

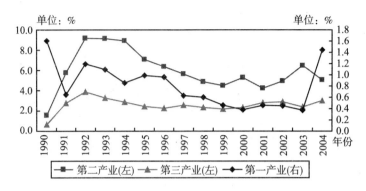

图3－8　1990～2004年大陆三次产业拉动率

资料来源：《中国统计年鉴》（2004年），中华人民共和国2004年国民经济和社会发展统计公报。

　　实际利用台商投资对大陆经济增长的拉动率是指实际利用台商投资对大陆经济增长的贡献率与大陆经济增长速度的乘积，据此，这里计算了1990～2004年实际利用台资对大陆经济增长的拉动率（见表3－14，图3－9）。在大陆经济增长率较高的年份，拉动率的绝对值也较高；在台资减少的年份，拉动率为负值。这些都充分说明了台资对大陆经济增长的拉动作用。

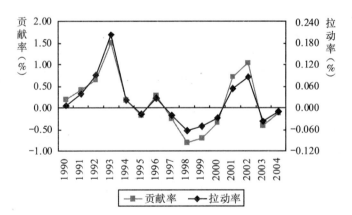

图3－9　1990～2004年实际利用台商投资对大陆经济增长的贡献率和拉动率

资料来源：根据商务部外资司"1989～2005年（1～6月）台湾省投资情况"，《中国统计年鉴》（2004年），国家外汇管理局各年人民币基准汇价总表等相关数据计算整理。

（四）缓解了大陆的就业压力

随着大陆城市化和工业化的进行，以及国有企业改革和产业结构的调整，造成了短期内劳动力大量过剩，社会就业压力越来越大。因此，能否解决大陆的就业问题已经成为吸收和利用外资包括台资必须考虑的一个重要因素。外商直接投资对东道国就业的影响，既有正的影响，也有负的影响。如果外商直接投资是直接在东道国新建企业，可以增加就业，产生吸收效应；如果是采取兼并和控股东道国企业的形式，扩大投资则可以增加就业；如果是以技术改造或采用先进技术，扩大投资会减少就业，产生挤出效应。此外，外商直接投资的技术溢出效应可以促进东道国企业扩大经济规模，从而扩大投资，增加就业。

表 3 – 15　1997 ~ 2004 年台商投资大陆创造就业情况①

年　份	港澳台商投资单位就业人数（万人）	大陆实际利用 FDI（百万美元）		台商 FDI 占港澳台比重（%）	台商投资企业创造就业（万人）
		台湾	港澳台		
1997	281	3289.39	24315.94	13.53	38.01
1998	294	2915.21	21845.14	13.34	39.23
1999	306	2598.70	19270.39	13.49	41.27
2000	310	2296.28	18143.54	12.66	39.23
2001	326	2979.94	20018.36	14.89	48.53
2002	367	3970.64	22299.95	17.81	65.35
2003	409	3377.24	21493.94	15.71	64.26
2004	N. A.	3117.49	22662.18	13.76	N. A.

资料来源：根据《中国统计年鉴》1996 ~ 2004 年，台湾"中华民国"《统计月报》2005 年 3 月号数据整理。转引自陈能睿："建立两岸共同市场的效应分析"，《东南学术》2005 年第 5 期，第 93 页。

台商投资企业以劳动密集型生产性企业居多，给投资地提供了大

① 陈能睿："建立两岸共同市场的效应分析"，《东南学术》2005 年第 5 期，第 91 ~ 95 页。

量的就业机会。1997年港澳台商投资单位就业人数为281万人，此后随着投资规模的进一步扩大，港澳台商投资单位就业人数逐年增加，2003年已经达到409万人。由于港澳台三地的资本有机构成比较接近，经济结构相似，这里根据大陆实际利用台资占实际利用港澳台外商直接投资的比例来计算港澳台投资单位就业人数中台商投资单位就业人数。据此估算1997年台商投资企业就业人数为38.01万人，2002年达到65.35万人，2003年为64.26万人（见表3-15）。

（五）负面影响

在充分肯定台商投资对大陆积极效应的同时，也应看到，台商投资也可能产生一些负面效应。台商投资的负面效应是指台商投资的各种行为活动而产生的消极作用与不良影响。台商大陆投资的负面效应主要表现在以下几个方面：

首先，台商投资过分集中于东南沿海地区，造成了社会资源地区分布不均，进一步拉大了东部与中西部地区经济发展的差距，因此，国家与中西部地区各级政府应积极引导台商投资形成合理的地区分布结构。

其次，对内资企业形成一定的排挤效应，表现为台资企业对沿海地区稀缺资源、高技术人才的争夺，出现了与内地企业争原料、争市场的现象，增加了内资企业的竞争压力。

再次，台商投资在一定程度上对内资企业的进出口贸易产生负面影响，阻碍了内资企业进出口贸易的发展。进口方面，台资企业的大比重进口给国内市场带来了较大的冲击，一定程度上影响了内资企业的进口需求和选择；出口方面，加剧了在国外主要出口市场上的冲突与竞争，加大了与其他国家发生贸易摩擦的程度。

最后，一些台资的投向偏离国家吸引外资政策方向，诸如高污染、高耗资源的企业，如农药、油墨、染料、清洗剂、橡胶、电镀、制革、造纸、冶金等，这类企业产生了一些不良后果，已成为大陆环境污染的一个重要污染源，不但加重了大陆的环境污染，而且增加了大陆环境治理的负担，给当地经济的长远发展带来了消极影响。

二、台商投资大陆对台湾经济的影响

台湾企业海外直接投资的发展历程大致可以分为五个阶段，即初萌期（1959～1969年）、渐增期（1970～1979年）、成长期（1980～1986年）、快速扩张期（1987～1990年）、多元化和国际化时期（1991年至今）[①]。

据台湾当局统计资料，台商海外直接投资始于1959年一笔对马来西亚水泥厂以机器折价所做的投资[②]。20世纪70年代，台湾企业为了建立海外行销据点和掌握自然资源以及生产原料，开始逐渐增加对外投资，但主要集中在东南亚地区，占到投资金额的70.62%。进入80年代，台湾企业开始出现大量的过剩资金、新台币大幅升值以及劳动力缺乏和工资上涨等因素促使台商对外投资开始大规模扩张。根据邓宁的"对外投资阶段论"，20世纪80年代中期以前，台湾人均GNP一直在3000美元以下，台湾对外直接投资十分有限；1985年台湾人均GNP首次超过3000美元，达到3297美元，此后人均GNP逐年增加，台湾对外投资快速增长。20世纪90年代以后，台商对外投资范围进一步扩大，投资开始多元化和国际化。特别是近年来民进党上台以后，岛内经济不景气，投资环境进一步恶化。而与此相对应的，台湾周边国家和地区特别是东南亚地区的兴起、各国或地区的外资优惠政策以及区域经济一体化的深入发展等因素，促使岛内厂商纷纷进行海外直接投资活动。

台商对大陆的投资始于20世纪80年代，但直到90年代台湾当局解除禁止、允许台商赴大陆进行间接投资之后，台商在大陆才开始进行大规模、全方位的投资。台商在大陆投资的发展历程以及投资产业分布的转变过程与台湾岛内经济发展直接相关，对台湾产业升级与经济转型、对外贸易结构、人力资源与就业等都产生了重要的影响。

---

① 林金静：《海外直接投资对"国内"就业之影响——以台商对大陆投资为例之研究》，台湾中山大学经济研究所硕士论文，2003年，第26～35页。

② 吴惠林："海外投资与产业空洞化"，《输出入金融》（台湾）1987年第73期，第2～6页。

表 3-16　1952～2005 年(1～6 月)台湾地区
对外投资分国家(地区)统计

单位：件，百万美元，%

年　份	1952～2004 年			2005 年 1～6 月			累　计		
地区	件数	金额	比重	件数	金额	比重	件数	金额	比重
中国大陆	33155	41249.2	49.51	651	2630.3	68.68	33806	43879.5	50.35
英属中美洲	1637	15611.6	18.74	53	575.8	15.04	1690	16187.4	18.57
美国	4516	8124.3	9.75	92	176.1	4.60	4608	8300.4	9.52
中国香港	828	2165.0	2.60	20	80.9	2.11	848	2245.9	2.58
新加坡	402	2643.7	3.17	8	81.6	2.13	410	2725.3	3.13
越南	260	1136.8	1.36	24	54.7	1.43	284	1191.5	1.37
日本	379	1057.4	1.27	11	11.1	0.29	390	1068.5	1.23
菲律宾	161	709.6	0.85	2	7.5	0.20	163	717.1	0.82
泰国	349	1123.4	1.35	11	14.3	0.37	360	1137.7	1.31
德国	120	130.3	0.16	5	3.3	0.09	125	133.7	0.15
韩国	112	223.2	0.27	3	0.4	0.01	115	223.6	0.26
巴拿马	59	1101.3	1.32	0	0.0	0.0	59	1101.3	1.26
其他	1679	8041.7	9.65	64	193.4	5.05	1743	8235.2	9.45
合计	43657	83317.5	100	944	3829.6	100	44601	87147.2	100

注：细项数字不等于合计系四舍五入之故。

资料来源："经济部投资审议委员会"。

(一) 对台湾产业升级与经济转型的影响

战后以来，台湾经济先后实现了三次重大经济转型。第一次转型是 20 世纪 50 年代由殖民经济形态转变为进口替代工业发展阶段，台湾由农业社会开始向工业社会转变。第二次转型是 60～70 年代，台湾成功实施了出口导向发展战略，进入工业化加速发展时代。第三次是 80 年代中后期开始，由于台湾内外经济环境的变化，新台币兑美元汇率大幅升值，工资也大幅上涨，劳动力短缺，劳动密集型加工出口工业逐渐丧失比较利益和比较优势，导致民间投资意愿低落，经济发展陷入困境。为此，台湾当局于 1986 年提出了实行自由化、国际化、制度化的经济转型，进一步健全和完善市场经济机制，并以产业升级和拓展美国以外的外贸市场作为重大调整内容，确定以通讯、信息、消费电子、半导体、精密器械与自动化、航天、高级材料、特用化学及制药、医疗保健及污染防治等十大新兴产业为支柱产业。经过近十年的经济转型，台湾经济在自由化、国际化方面取得一定进展，产业升级也初现成效，资本和技术密集型工业占制造业的比重大幅上升，其中电子资讯产业发展尤为突出，其产值已名列世界前茅。

具体分析台商投资大陆对台湾三个产业的影响。第一产业的花卉业和养殖渔业等农林渔牧业赴大陆投资的主要动机是大陆的市场规模和充裕廉价的劳动力，但是在转移的过程当中一些先进的技术和经验还留在岛内，同时，原有技术的转移也促进了岛内的技术创新，台商依然保持着相对大陆的比较优势，因此，台商赴大陆投资对台湾第一产业的影响是正面大于负面的。

台商赴大陆投资更多地集中在第二产业，其中又以制造业为主。以资讯产业[1]为例，自20世纪90年代中后期，台湾资讯产业开始大规模向大陆转移。1992年，90%的资讯产品是在岛内生产，只有10%在岛外生产；到了2001年，53%的资讯产品在岛外生产，其中大陆占到37%；2003年，资讯产业继续外移，74%的资讯产品在岛外生产，其中大陆占到59%。台商对祖国大陆信息产业投资迅速增加之后，台商的信息产品在全球市场的占有率也迅速增加。1994年台湾信息产业产值在世界前十大信息产业国家或地区总产值占有率为7.9%，到2000年占有率为18.7%，增加了一倍以上。[2] 1996~2001年，台商投资大陆信息产业的"竞争力强化指数"为0.38，即台商在大陆生产每增加1%，台商信息产品产值在世界市场的占有率就会增加0.38%，因此，台商投资大陆信息产业对提高台湾信息产业的国际竞争力起到了重要作用。资讯产业成为岛内产业升级、经济转型、

---

[1] 台湾资讯产业包括以计算机、通信设备和信息家电为主体的硬件制造业、软件业、集成电路制造业和网络服务产业。

[2] 童振源（台湾）："台商投资祖国大陆对其竞争力的影响——以信息产业为例"，《海峡科技与产业》2003年第1期，第17~19页。

保持对外竞争力的最大发展动力。

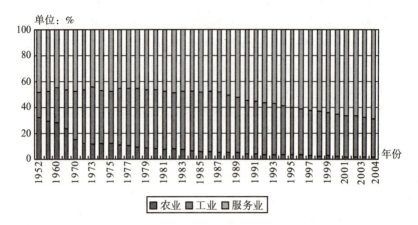

单位：%

图 3 - 10 1952～2004 年台湾产业结构构成情况

资料来源：根据《"中华民国"统计月报》2005 年 3 月号；李非：《台湾经济发展通论》，九州出版社 2004 年版，第 522 页资料编制。

对于第三产业，台商对大陆投资不多，投资金额有限，主要集中在餐饮业、金融保险业及零售业等。但是台商投资服务业都会涉及企业外派管理或技术人员来大陆以及经营管理技术的提高，因此，服务业的台商投资对岛内产业结构调整及国际化能力的提升具有积极的作用。

在研究台商投资对台湾产业结构及经济转型的影响的时候，不得不考虑和要重点提出的就是台湾产业外移是否会导致岛内产业"空心化"。目前，台商对大陆投资已经属于第四波投资热潮，从历史经验来看，前三波台商投资热潮不但没有导致台湾岛内产业"空心化"，反而促进了台湾产业结构升级和经济转型。但是，随着台商赴大陆投资产业层次和技术含量不断提高，台湾应该增强忧患意识，在产业外移和培育及提升岛内主导产业之间进行协调，加大科技研发力度，确保岛内高新技术的更新换代能够跟得上产业外移的步伐。

（二）对台湾对外贸易结构的影响

台湾是资源匮乏、岛内市场狭小的海岛型经济，对外贸易是其经济发展的关键。台湾对外贸易结构主要包括市场结构和商品结构，随着台商投资和贸易重心由欧美地区逐步转向以祖国大陆为主的亚太地区，市场结构和商品结构都发生了明显的变化，"大陆效应"逐渐取代"美日效应"。

1. 台湾对外贸易市场结构变化

从台湾对世界各大洲的对外贸易结构来看，1952～2002 年间，亚洲和北美洲一直是台湾第一和第二大贸易市场。1952～2002 年，台湾对亚洲贸易占台湾对外贸易总额比重大致在 55%～60% 之间；其中对亚洲出口比重在 20 世纪 50 年代一度高达 85%，60 年代后基本维持在60% 左右；进口比重早期较低，但工业化后开始提升，到 2002 年已经上升到 56.9%。对北美洲贸易占台湾外贸总额的比重由 1952 年的11.5% 上升到 2002 年的 19.4%；其中出口比重从 3.4% 提高到21.7%，80 年代中期曾一度高达 50% 左右；进口比重大致在 15%～25% 之间。

从台湾对外贸易的国别或地区来看，亚太地区一直是台湾对外贸易的主要区域。在 20 世纪 80 年代中期以前，美国一直是台湾最重要的贸易伙伴，台湾对美国贸易占外贸总额的比重由 1952 年的 29.5%上升至 1984 年的 38.0%，达到最高峰；之后开始逐步回落，到 2003年这一比重只有 17.9%。台湾当局在 1986 年提出的"自由化、国际化、制度化"第三次经济转型中，拓展美国以外的海外市场是一项重要内容。20 世纪 80 年代中后期以来，台湾企业开始扩大对大陆的投资规模，带动了两岸贸易的发展，尤其是 90 年代以来的两岸贸易基本上属于"投资驱动型"的。台商在大陆投资建厂所需的机械设备、原材料及零部件大都要从岛内输出，同时，台资企业生产的部分产品还返销岛内，这都促进了两岸贸易的发展。从时间上来看，台湾对美国贸易比重下降的时期正好是台湾与祖国大陆贸易和投资增加、经贸关系快速发展的时期，因此，两岸贸易和投资的发展直接导致了台湾对美国贸易比重的下降。

2. 台湾对外贸易商品结构变化

从出口商品结构来看，20 世纪 60 年代中期以前，台湾出口商品以农产品及农产加工品为主，工业品居次要地位。但随着台商在制造业海外投资（20 世纪 80 年代中后期以后主要是大陆）的不断扩张，台湾岛内迅速完成了制造业的升级，台湾工业品的国际竞争力得到快速提升，对外出口的商品结构也由原来的以农产品为主转向以工业品为主。同时，在工业品出口结构中，随着台湾投资大陆资本密集型和技术密集型产品的不断增加，特别是 21 世纪以来投资电子资讯产业技术的高级化，台湾出口商品结构中，中、高资本密集度和技术密集度产品比重不断上升。

从进口商品结构来看，台湾进口商品结构按大类分，主要有资本设备、农工原料和消费品等，其中农工原料一直高居首位，与 80 年代中期相比，近年来台湾进口农工原料比重有所下降，由 1985 年的 76.9%下降到 1998 年的 63.8%，此后开始回升，到 2002 年回升至 67.7%。台商对大陆投资动机除了要利用大陆庞大的潜在市场和充裕低廉的劳动力之外，获取大陆丰富的自然资源和原料也是台商投资大陆的一个重要原因。2000 年以前，台商投资大陆主要以劳动密集型和资源消耗型的生产性企业为主，岛内生产性企业的外移导致了台湾农工原料进口的下降。进入 21 世纪以后，台湾投资大陆产业层次提高，同时又受近年来投资金额下降的影响，台湾进口农工原料的转移效应下降，岛内进口出现回升。

（三）对台湾人力资源与就业的影响

台商赴大陆投资对台湾人力资源运用和就业的影响，既有正的效应也有负的效应。台商赴大陆投资一方面缓解了 80 年代台湾企业普遍的劳工短缺问题，释放出来的劳工为岛内制造业升级和服务业的发展提供了人力资源上的保证；另一方面，岛内劳动密集型产业外移释放出大量过剩劳动力和产业结构升级成为台湾近年来失业率上升的一个原因。总体上来说，早期的台商投资对台湾人力资源和就业的影响应该是负面大于正面的，随着台商在大陆投资的产业层次和技术水平的不断提高，负面影响不断减小，正面效应不断提升。

台商赴大陆投资从以下几个方面对台湾人力资源和就业产生的影响：

1. 台湾企业海外投资的地区结构

有研究资料表明，台湾对大陆投资的企业岛内雇工增长情况都有恶化的趋势，但是对除投资大陆以外还对其他地区进行海外投资的台湾厂商来说，其在岛内的雇工增长情况恶化程度明显要低于只在大陆进行海外投资的厂商。[①]主要是因为只在大陆投资的台湾企业大多规模较小，在投资岛外之后，岛内生产线调整能力不足。

2. 台商在大陆投资的产业结构

出于为了利用大陆庞大的市场规模和廉价的劳动力的动机，20世纪90年代以前的台商投资绝大部分集中在低层次的劳动密集型产业，这固然可以为台湾制造业升级和第三产业的扩张释放出大量的人力资源，但同时对台湾岛内的就业产生一定的挤出效应，增加了就业压力。但是，随着台湾在大陆投资开始由以劳动密集型产业为主向以资金密集型和技术密集型产业为主的过渡，台湾在大陆投资对台湾人力资源和就业的正面效应将会多于负面效应。

三、台商投资对两岸经贸关系的影响

自20世纪80年代初以来，台商对大陆的投资就开始在两岸关系发展中扮演着特殊的角色，不断推动着两岸关系向前发展。随着台商大陆投资规模的空前增长，其在两岸关系发展中的推动效应也日益凸现。据大陆统计，截至2004年年底，台商大陆投资累计64626项，合同金额799.35亿美元，实际金额396.23亿美元（见表3-6）。台商大陆投资对两岸关系发展的推动效应是多方面的，多层次的，不仅提升了两岸贸易的依存度，而且推动了两岸人员的往来、信息沟通与两岸通航，以及两岸在其他方面的交流与合作。

1. 促进两岸贸易依存度的提升

台商大陆投资对两岸关系发展最直接的推动效应就是带动两岸贸易的发展。在台商投资的带动下，两岸贸易发展先后经历了20世

---

① （台湾）"中华经济研究院"：《"我"对外（含大陆）投资政策对"国内"经济发展之影响》。

80 年代的转口贸易，90 年代上半期的转运贸易，90 年代后期的过境贸易和"准直接"贸易，并最终发展为直接贸易。

在台商投资的驱动下，目前两岸之间已建立起了相互依存的贸易关系，两岸贸易依存度持续上升。两岸贸易占大陆对外贸易比重已经由 1978 年的 0.22%（见第二章表 2 - 7）上升到 1993 年的 7.36%，此后虽然有所下降，2004 年也达到了 6.78%；其中出口依存度更是逐年上升，2004 年达到了 3.09%；进口依存度虽然较 2002 年的 12.90% 有所下降，但在 2004 年也达到了 11.54%。台湾对两岸贸易的依存度就比大陆更大，两岸贸易占台湾对外贸易的比重由 1978 年的 0.23%（见第二章表 2 - 2）上升到 2004 年的 22.91%。无论是出口贸易依存度，还是进口贸易依存度，都呈现逐年增长的趋势。这其中，台商投资起到了很大的推动和促进作用。

2. 推动两岸人员往来的发展

台商大陆投资不仅推动了两岸贸易关系的发展，而且推动了两岸人员的往来，特别是两岸经贸人员的往来。台商投资大陆对两岸人员往来最直接的推动作用就是台商到大陆投资带来的相应的技术和管理人才的流动以及台商家属探亲。

台胞来大陆人次和大陆居民赴台湾人次与台商对大陆投资金额之间都呈现明显的正相关关系。台胞来大陆人次已经由 1987 年的 46679 人次上升到 2004 年的 3685250 人次（见表 4 - 1），累计达 33885252 人次；而大陆居民赴台人次也由 1991 的 9005 人次上升到 2004 年的 144526 人次，累计达 1040261 人次。当然，两岸人员往来除受到台商投资影响以外，还受到贸易、旅游、宗教、文化、教育等方面多种因素的影响。

3. 加快实现两岸"三通"的进程

随着台商投资规模的增长，两岸经贸关系日益密切，两岸民众基于经济利益的现实需要，不断通过各种方式与途径给台湾当局施加压力，两岸在直接通航方面的限制不断被突破，并取得了明显进展。

在海上通航方面，台湾当局在两岸海上通航方面的政策不断被迫调整，海上通航不断取得突破。1997 年 4 月 19 日，厦门轮船总公司的"盛达"轮集装箱船从厦门直驶台湾高雄港，同年 4 月 25 日，台湾立荣海运公司的"立顺"轮集装箱船也自高雄直航厦门。2001 年 1 月，金门、马祖客船首次直航厦门、福州马尾港，实现海上客货直航，海上局部直航获得突破。2001 年 2 月 6 日，厦门"鼓浪屿"号客船载着 75 名居住在厦门的金门籍同胞，从厦门首次直航金门探亲。尽管台湾当局仍在拖延和阻挠两岸直接通航，但两岸沿海局部直接通航已取得显著成效。

在空中通航方面，在台商投资的推动下，两岸业者不断突破双向直航的限制，创造性地提出了许多空中通航的变通方式。2002 年港龙航空公司开辟"台北—香港—上海"的"一机到底"的飞航线路，大大节省了中转时间，两岸空中通航出现了"换班不换机"的准直航模式。2003 年春节期间，为便利台商返乡过年，大陆方面采取灵活务实的办法，批准台湾 6 家航空公司共 16 班、32 架次包机，从台北、高雄经停港澳至上海往返接送 2478 位台商及眷属。这是五十多年来台湾航空公司的飞机首次以正常方式停降大陆机场。2005 年的春节包机首次实现了两岸航空公司飞机的双向对飞，两岸空中航运跨出了划时代的一步。2006 年的春节包机，祖国大陆方面的飞航地点在原有北京、上海、广州三点基础上，增加了厦门一点。

目前随着台商投资推动的两岸经贸交流规模的日益扩大，岛内要求全面直接通航的呼声日益高涨，台湾当局逆潮流而动的阻力越来越大，两岸的客观形势已发展到突破全面直接通航的关键点，逐步走向两岸全面直接通航是大势所趋。

第三节　大陆企业赴台投资发展历程及现状

由于台湾当局的政策限制，大陆企业至今无法赴台投资，大陆资金无法进入岛内，两岸投资关系发展极不对称，严重阻碍了两岸经贸关系的进一步发展。台湾当局也认识到了这种不对等的投资关系，为促进两岸投资关系的发展，台湾当局对大陆企业赴台投资也开始由最初的完全禁止向有限制地逐步开放转变。

台湾在加入 WTO 前后，对开放大陆企业赴台湾投资做了一些相关规定。2001 年 8 月召开的"经发会"上，官、产、学各方达成开放大陆企业赴台投资的共识：以"循序开放"的原则，逐渐"开放陆资赴台投资土地及不动产；配合加入 WTO，开放陆资赴台从事服务业投资；逐步开放陆资赴台从事证券投资，并以 QFII 制度对陆资做有效管理"。

2002 年 1 月 1 日，台湾以"台澎金马独立关税区"加入 WTO 以后，台湾当局开始研究开放大陆资本进岛或投资事宜。2002 年 1 月 16 日，台湾"陆委会主委"蔡英文宣布分阶段开放大陆企业赴台从事服务业投资清单，并比照 WTO 其他会员处理。第一批计划开放的项目包括 58 类，占入会承诺开放 108 项的一半以上，但并没有付诸实施。2002 年 4 月 2 日，台湾"立法院"三读通过《台湾地区与大陆地区人民关系等条例》修正案，将大陆资金来台投资土地及不动产由"完全禁止"改为"许可制"，即经过台湾主管机关"陆委会"的许可，大陆地区人民、法人、团体或其他机构以及在第三地区有投资的公司，可以在台湾投资土地和不动产。这是台湾当局首次允许大陆资金进入台湾经济体。但台湾当局只是完成法律修订工作，并没有正式开放实施。2004 年 6 月中旬，台"陆委会"确定大陆资金赴台投资产业的"三不原则"：陆资不得超过侨外来台投资范围，不得在台投资被当局禁止赴大陆投资的项目，不得投资台当局正在推动的对产业发展有重大影响的明星产业。同时还初步规定：陆资投资上市公司持股比例不得超过 50%；不允许陆资在公开市场收购上市上柜公司股权；为防止台湾关键技术和高科技人才的流失或为陆资所用，不允许陆资企业在台设立研发中心；在农业、运输业、金融保险业、矿业与教育服务业等方面，大陆资本赴台投资范围不能超过侨外在台投资的范围。外界与媒体认为台湾当局开放陆资赴台是"防弊重于鼓励"，政策开放的"宣示意义大于实质意义"，这项政策实际上是"三不准政策"，即"赚钱的项目不准投资、有发展性的项目不准投资、即使在台投资赚了钱也不得随意汇回大陆"，因而是一种"歧视性"的政策。

2002 年 8 月 8 日台当局公布"大陆地区人民在台湾地区取得设定

或移转不动产物权许可办法"；2002年9月为配合开放陆资来台投资岛内房地产，台当局原则决定，陆资在岛内购置房地产，银行不能贷款给陆资。2002年9月18日祖国大陆的首个投资项目——福建三木集团与马祖八闽旅行社有限公司拟在马祖合作开发建设三星级马祖宾馆，将登陆马祖岛，当局"陆委会"声称，这是在一个中国原则下"渐次展开的缔盟行为"，"冲撞"了台当局大陆政策的"一致性"，并且"违反"了台当局"两岸条例"的相关规定。2002年10月31日台湾当局修订"两岸人民关系条例"初审通过。其中涉及对大陆企业赴台湾投资的相关规定：（1）大陆地区人民、法人、团体、其他机构或其于第三地区投资之公司经许可赴投资，可给予税捐上优惠的规定，以符合世界贸易组织（WTO）相关规范；（2）解除了原本对大陆地区人民、法人、团体或其他机构，持股超过百分之二十的外国公司不予认可的限制，将参照现行"侨外"投资核准制度建立了"许可制"。

2003年1月27日台当局"陆委会"27日召开委员会议，讨论通过《跨国企业邀请大陆人民来台从事商务相关活动许可办法》草案，未来跨国企业将可依该许可办法，邀请大陆人士赴台从事商务相关活动。2004年6月23日，台"陆委会"公布大陆资金赴台投资产业"三不原则"，即陆资不得超过侨外来台投资范围，不得在台投资被台当局禁止赴大陆投资的项目，不得投资台当局正在推动的对产业发展有重大影响的明星产业。由此可见，台湾当局对陆资赴台投资还是限制重重，大陆企业难以进入到台湾岛内进行投资。

参考文献

常要京："2001年两岸经贸关系大事记"，中国网，www.china.org.cn，2002年1月15日。

陈岱松："析台湾对两岸经贸关系设置的政策法律障碍"《政治与法律》2001年第1期。

胡石青："2002年两岸经贸关系大事记"，中国网，www.china.org.cn，2003年1月9日。

胡石青：“2003 年两岸经贸关系大事记”，中国网，www. china. org. cn，2004 年 2 月 3 日。

胡石青：“2004 年两岸经贸关系大事记”，中国网，www. china. org. cn，2005 年 1 月 19 日。

李非：《台湾经济发展通论》，九州出版社 2004 年版。

李非：《海峡两岸经贸关系》，对外贸易教育出版社 1994 年版。

李宏硕：《海峡两岸经贸关系》，南开大学出版社 1993 年版。

李宏硕：《海峡两岸经贸关系研究》，中国致公出版社 1994 年版。

林景：“区域扩散与产业集聚——台商投资祖国大陆的新特点”，《海峡科技与产业》2004 年第 6 期。

林金静：《海外直接投资对“国内”就业之影响——以台商对大陆投资为例之研究》，台湾中山大学经济研究所硕士论文 2003 年，第 26 ~ 35 页。

潘文卿、李子奈：“祖国大陆经济对台商直接投资的依存研究：一个基于联接模型的分析”，《世界经济》2001 年第 10 期。

彭莉：“WTO 架构下祖国大陆涉台经贸立法的完善”，《台湾研究集刊》2001 年第 4 期。

宋承颖：《外人直接投资对台湾经济的影响评估——双向 FDI 之探讨》，台湾中山大学经济学研究所硕士论文 2003 年。

王建民：“2004 ~ 2005 年两岸经贸关系回顾与展望”，中国网，www. china. org. cn，2005 年 1 月 19 日。

王建民：“2003 年两岸经贸关系回顾”，中国网，www. china. org. cn，2004 年 2 月 3 日。

王建民：“2002 年两岸经贸关系回顾”，中国网，www. china. org. cn，2003 年 1 月 9 日。

王建民：“2001 年两岸经贸关系回顾”，中国网，www. china. org. cn，2002 年 1 月 15 日。

王建民：“海峡两岸经贸关系发展的不对称性分析及思考”，中国网，www. china. org. cn，2004 年 9 月 14 日。

翁成受：“试析台商投资大陆对台湾经济发展的贡献”，《两岸关系》1998 年 5 月第 11 期。

萧万长：《一加一大于二——迈向共同市场之路》，（台湾）天下远见出版股份有限公司 2005 年版。

杨松、杨胜云："加入 WTO 后两岸经贸发展考察"，《台声》2003年第 4 期。

张春英："加入 WTO 后两岸经贸政策的调整"，《中南财经政法大学学报》2002 年第 6 期。

壮玉瑞、许玉香："台商投资大陆有利于两岸经济发展与祖国统一"，《中华儿女海外版》2002 年第 7 期。

第四章 两岸人员与技术的流动

第一节 两岸人员的自由移动

　　新中国成立以后的三十多年间，海峡两岸处于军事对峙状态，两岸人员往来和通邮、通航、通商全部中断，两岸同胞处于隔绝状态。1987年11月2日，台湾当局被迫开放台湾居民赴祖国大陆探亲，两岸人员从此开始往来，两岸民间交流化暗为明，并从单向、间接向有限的双向、直接发展。这一过程尽管受到台湾当局种种限制，但是在祖国大陆的积极推动以及两岸人民的共同努力下，两岸人员和技术的往来仍然得到了稳定的发展。

一、两岸人员往来的相关政策

　　目前，大陆和台湾之间在两岸人员往来方面都有着各自的政策法规，但两岸各自的政策却不相一致，大陆方面鼓励和促进两岸人员往来，而台湾方面却在两岸人员方面制造了一系列障碍。

（一）大陆方面

　　1979年元旦，全国人大常委会发表《告台湾同胞书》，首倡两岸"双方尽快实现通邮、通航"和"发展贸易、互通有无、进行经济交流"，并开始为两岸实现"三通"进行不懈努力。1990年1月8日，公安部、国务院台湾事务办公室颁发《公安部、国务院台办关于签发台湾同胞多次入出境证件问题的通知》，并即日起生效。为保障海峡两岸人员往来，促进各方交流，维护社会秩序，1991 年 12 月 17 日国务院发布《中国公民往来台湾地区管理办法》，并于 1992 年 5 月 1 日正式实行。此《管理办法》一共七章四十四条，是大陆第一部关于两岸人员往来的具体法规，其中第二条规定"居住在大陆的中国公民往来台湾地区以及居住在台湾地区的中国公民来往大陆，适用本办法"。《管理办法》第三章集中规定了台湾同胞来往大陆应当如何提出申请、需要办理哪些手续、应当遵守哪些规定等内容，第四章和第五章则分别规定了出境入境检查和证件管理，第六章对台胞违反有关规定的行为也做出了相应的处罚规定。1999 年国务院签发《中华人民共和国台湾同胞投资保护法实施细则》，其中第十六条规定"台湾同胞投资者个人及其随行家属和台湾同胞投资企业中的台湾同胞职工及其随行家属，可以依照国家有关法律、行政法规的规定，向公安机关申请办理一定期限多次入出境手续和相应期限的暂住手续"。1999 年 6 月北京市公安局出入境管理处制定的《〈台湾居民来往大陆通行证〉延期须知》又规定了台胞中可以申请多次签注的八类人员。

　　为了适应两岸人员往来不断发展的形势，国家旅游局、交通部、民航总局、铁道部等部门分别出台了接待台胞的优惠政策和服务性措施，公安部、海关总署也先后制定了一系列关于出入境、边防、海关监管等方面的规定。1987 年，国务院发布《国务院办公厅关于台湾同胞来祖国大陆探亲旅游接待办法的通知》，规定台湾同胞在大陆购买飞机票、火车票、船票及住宿饭店享有与大陆同胞同等的待遇，同时规定台湾同胞可以与大陆同胞一样，到各地自由参观、旅游。为优待回祖国大陆探亲、旅游的台湾同胞，照顾他们的合理要求，海关总署于 1987 年 11 月实行《海关总署对台湾同胞进出境行李物品的管理规定》，并对符合规定者对其携带入境的行李物品予以免税优待；为进一步简化手续，方便台湾居民往来于两岸，海关总署于 1992 年又发出《海关总署关于简化台湾居民来往大陆手续的通知》，对此后持有《台湾居民来往大陆通行证》出入境的台湾居民，统一改凭此证办理进出境行李物品有关手续，不再填写《旅客行李物品申报单》。

2003 年，公安部出入境管理局向各地发出通知，声明其将委托香港中国旅行社签发《台湾同胞旅行证明》，以此作为台胞来大陆探亲旅游的身份证明。

与此同时，大陆还根据两岸人员往来中衍生出来的涉台婚姻、定居等问题，制定了相关的管理政策和规定。1983 年，民政部会同中央对台工作领导小组办公室、外交部、公安部、司法部联合发出《关于台湾同胞与大陆公民之间办理结婚登记有关问题的通知》；为加强大陆居民与台湾居民的婚姻登记管理，保障婚姻当事人的合法权益，民政部于 1998 年依据《中华人民共和国婚姻法》再次制定了《大陆居民与台湾居民婚姻登记管理暂行办法》。

除此之外，大陆各地方政府也出台了一系列政策，以此方便两岸人员往来，促进两岸间各方面的交流。

（二）台湾方面

1987 年 11 月，台湾当局决定开放台湾同胞赴大陆探亲，长达三十八年之久的两岸同胞隔绝状态终于被打破。然而，台湾当局在两岸人员往来方面仍然设置了一些不利于两岸人员往来的政策，阻碍了两岸之间的人员流动。

1992 年 2 月，台湾"内政部"发布了《大陆地区人民在台湾地区定居或居留许可办法》，对大陆地区人民在台湾定居和居留做了具体规定。同年，台湾当局制定了《台湾地区与大陆地区人民关系条例》，此条例对两岸人员往来做了种种限制，其中第九条和第十条分别规定台湾人民进入大陆应向主管机关申请许可，大陆人民非经主管机关许可不得进入台湾；此外，此条例对大陆人士到台湾居留，大陆配偶来台团聚、定居、求职以及台胞赴大陆参访、定居等做了相关严格规定。1993 年 4 月，台湾又颁布了《台湾地区人民进入大陆地区许可办法》，规定台湾地区人民，经向"内政部"警政署入出境管理局申请，获得许可后才可进入大陆地区，但对包括公务员在内的相关人员不给予许可。1998 年，台湾"内政部"依据《台湾地区与大陆地区人民关系条例》第十条第三项规定制定了《大陆地区专业人士来台从事专业活动许可办法》，此许可办法在大陆专业人事赴台在申请、出入境、从事活动、停留期限等方面做了具体规定。2002 年，台湾"内政部"又发布了《大陆地区人民进入台湾地区许可办法》。同年，台湾的"行政院"通过《台湾地区与大陆地区人民关系条例》部分条文修改草案，在人员往来方面，修改条文中将身份与居停留制度做区隔，居留的权利不以身份的取得为前提，大幅增加大陆地区人民在台湾地区居停留的可能性及弹性。虽然此条例经修订后，一定程度上便利了两岸人员往来，但却仍然存在着严格的限制。

此外，在旅游方面，台湾也制定了相关的法规。2001 年，台湾"内政部"发布了《大陆地区人民来台从事观光活动许可办法》，对赴台观光申请者做了严格的规定，同时对数额进行限制；同年，为办理《大陆地区人民来台从事观光活动许可办法》规定的申请案件，台湾入出境管理局公布了《大陆地区人民申请来台从事观光活动作业规定》；2002 年，台湾"内政部"又公布了《旅外大陆人士来台观光送件须知》，规定旅居国外的大陆人士可向台湾"驻外馆处"申请审查来台观光，并同时规定"入出境机场、港口，限经行政院核定之入出境机场、港口，不包括离岛两岸通航港口"。

二、两岸人员往来的现状

两岸人员的往来与各项交流的开展是沟通大陆和台湾同胞民族感情的纽带和桥梁，是推动、发展两岸关系的重要因素。20 世纪 80 年代以来，特别是近些年以来，两岸人员往来迅速发展，对两岸人民共同继承和弘扬中华民族的优秀文化传统、增强民族感情和文化凝聚力、增进对祖国大陆的了解，都有良好的影响和积极的作用，成为海峡两岸关系中的重要组成部分。

为了保障两岸人员往来工作顺利、有序地进行，自 1987 年以来，中央政府各部门和各级人民政府制定了一系列周到的服务性措施。在祖国大陆的欢迎下，来大陆的台胞一年比一年增多。两岸人员往来不但在数量上逐渐增加而且人员的层次也不断提高，往来的目的日趋多样化，交流的领域日益广泛，主要呈现如下特点：

首先，两岸交流发展迅速，人数、项目和内容大幅度增加。除大量台湾人员来大陆交流外，大陆赴台交流人数和项目数连年迅速增多。截至 2004 年年底，据国台办的统计显示（见表 4 - 1），来大陆的台湾居民已达 33885252 人次，去过台湾的大陆居民达到 183999 人次，赴台交流项目达到 24241 个，赴台交流人数达到 183999 人次。

其次，两岸交流人员的层次也逐渐提高。台湾经济界、科技界一些上层知名人士以及台湾当局的一些中高级人员相继来过大陆。大陆许多领域的著名专家、学者、知名人士，包括许多名副部级以上人员以民间身份赴台交流，与台湾相关人士进行广泛接触，就两岸交流中的深层次问题进行了探讨，对推动两岸交流产生了积极影响。此外，大陆人员赴台交流的项目大多都是一流水平的，甚至是在世界上具有领先地位的。

最后，两岸交流的领域迅速拓宽。两岸交流由文化交流起步，现在已发展到教育、体育、社科、影视、科技、卫生、宗教、民间信仰、金融、税务、航天以及工农业各部门等广泛的领域，两岸交流的内容逐渐向深层次和专业化发展。以文化交流为例，从 1993 年年底开始，已由比较单纯的有偿演出延伸到学术层面，包括应邀赴台讲学、传授技艺、导戏排戏、指挥音乐会、合作演出大陆优秀剧目和参加文学、诗歌、传统文化等文艺领域的学术研讨会。社会科学领域的交流日趋深入，祖国大陆许多学术团体和科研单位以弘扬中华文化为主题，规划和组织了一系列学术交流项目。两岸学者通过学术研讨和实地参观考察，增进了解，增加共识，研讨内容不断深化和务实，学术水准不断得到提高。专业化学术交流和科技产业交流增多，已从一般参观、访问上升到讲学、技术指导和合作研究。

（一）两岸人员流动总体规模

自台湾当局开放台湾居民赴大陆探亲以来，两岸之间人员往来日渐频繁，特别是随着两岸经贸关系的发展和深入，两岸人员往来已经深入到投资、旅游、考察、交流等各方面。但总的来说，目前两岸人员流动虽有了很大发展，却总体上呈现着一种不平衡的局面。

表 4 - 1 两岸人员流动统计

单位：人次，%

年　份	台胞来大陆	增长率	大陆居民赴台	增长率
1987	46679	—		—
1988	446000	863.8		—
1989	551800	20.4	8545	—
1990	890500	66.8		—
1991	946632	4.8	9005	
1992	1317770	39.2	10904	21.1
1993	1526969	15.9	14615	34.0
1994	1390215	-9.0	17583	20.3
1995	1532309	10.2	42180	139.9
1996	1733897	13.2	65205	54.6
1997	2117576	22.1	56570	-13.2
1998	2174602	3.7	78423	38.6
1999	2584648	18.9	103977	32.6
2000	3108643	20.3	102933	-1.0
2001	3440306	10.7	122198	18.7
2002	3660565	6.4	138981	13.7
2003	2730891	-25.4	124616	-10.3
2004	3685250	34.9	144526	14.2
累计	33885252		1040261	

资料来源：国务院台办，http://www.gwytb.gov.cn/jlwl/rywl1.htm。

　　表 4 - 1 列示了 1987 年以来到 2004 年两岸人员流动的情况。从表 4 - 1 中我们可以看到，1987 年台湾准许台湾同胞回大陆探亲当年，台湾进出大陆只有四万多人次，但次年人数就增长了近 10 倍，在此后的近 20 年中，除少数年份人数幅度有负增长之外，绝大部分年份都是呈正增长，并且增长率都较大。将台胞来大陆人数与大陆赴台交流人数绘制成柱形图，从图 4 - 1 和图 4 - 2 中可以很明显地看出，两岸人员流动在十几年来总体趋势是增加的。截止到 2004 年年底，台湾人员到大陆累计达到 33885252 人次。

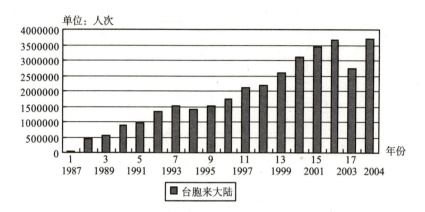

图 4 - 1　1987～2004 年历年台胞来大陆人数

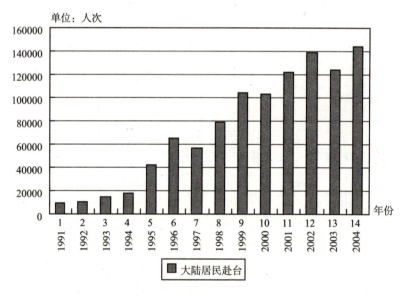

图 4 - 2　1991～2004 年历年大陆居民赴台人数

数据来源:根据表 4 - 1 绘制而成。

(二)大陆人员赴台状况

1987 年以来,两岸人员往来人次日益增多,其中两岸各方面交流的项目与交流的人数也与日俱增。到 2004 年年底,大陆赴台交流项目累计达到 24241 个,赴台交流人数达到 183999 人次(见表 4-2)。随着大陆赴台交流项目和人数的增加,所涉及的行业也在增多,从表 4-2 中可以看出,1991 年以前,大陆几乎没有行业赴台交流。从 20 世纪 90 年代初开始,台湾各行业开始邀请大陆人员赴台交流,到 1998 年,各行业均有人员往来交流。其中最多的是经贸考察,达到 51209 人次;其次是文化和教育,分别为 28793 和 22564 人次(见表 4-3)。

表 4-2 大陆赴台交流项目与人数统计

年 份	赴台交流项目 (个数)	增长率 (%)	赴台交流人数 (人次)	增长率 (%)
1987	—	—	—	—
1988				
1989	13	—	13	—
1990		—		—
1991	18		27	
1992	155	761.1	920	3307.4
1993	507	227.1	3309	259.7
1994	548	8.1	3190	-3.6
1995	773	41.1	5139	61.1
1996	968	25.2	5645	9.8
1997	1262	30.4	8430	49.3
1998	1717	36.1	11628	37.9
1999	1821	6.1	13474	15.9
2000	1787	-1.9	13623	1.1
2001	2915	63.1	24719	81.5
2002	4384	50.4	38259	54.8
2003	2847	-35.1	24480	-36.0
2004	4475	57.2	30728	25.5
累计	24241		183999	

资料来源:国务院台办,http://www.gwytb.gov.cn/jlwl/rywl1.htm。

表 4-3 大陆赴台人数分类统计

单位：人次

年份	合计	文化	教育	科技	体育	卫生	社科	影视	农林水气	青少年	宗教	经贸考察	金融	法律	新闻出版	能源交通	纺织	旅游	民间信仰	工会妇联	其他
1988~1990	13	—	—	—	—	—	—	—	—	—	—	—	—	—	—	—	—	—	—	—	—
1991	27	—	—	—	—	—	—	—	—	—	—	—	—	—	—	—	—	—	—	—	—
1992	920	599	61	121	21	31	20	52	0	0	0	0	0	11	12	0	0	0	0	0	11
1993	3309	1852	163	374	206	169	145	146	0	0	59	38	0	0	114	0	0	0	12	0	31
1994	3396	1616	202	504	102	108	120	66	82	49	92	65	48	25	238	23	0	0	2	0	54
1995	5210	2025	556	764	364	310	150	143	155	132	65	226	0	29	218	16	0	35	0	0	22
1996	5592	1318	643	828	321	341	98	123	286	143	125	918	67	42	137	80	0	26	0	20	76
1997	8707	1736	1076	679	471	548	181	279	146	223	212	2038	320	30	327	151	29	45	0	0	216
1998	11462	2376	1685	754	391	706	124	204	362	264	420	2657	279	90	262	127	3	93	73	50	542
1999	13554	2949	1586	697	581	755	221	147	390	470	148	3406	257	61	341	88	14	91	106	209	1037
2000	13623	2233	1720	819	495	439	265	80	286	1027	138	3414	189	89	415	136	42	65	98	153	1520
2001	24719	3421	3388	1011	736	1246	388	278	737	575	287	6234	360	241	649	193	37	227	378	475	3858
2002	38259	3713	4535	1069	654	2146	417	357	1426	906	626	12070	234	65	1140	435	57	322	602	552	6933
2003	24480	2063	2631	609	559	1191	321	147	670	377	139	9262	223	254	777	233	90	175	167	494	4098
2004	30728	2892	4318	833	628	1623	213	468	634	442	522	10881	354	136	850	317	63	344	767	447	4000
合计	183999	28793	22564	9062	5529	9613	2663	2490	5174	4608	2833	51209	2331	1073	5480	1799	335	1423	2205	2400	22398

资料来源：国务院台办，http://www.gwytb.gov.cn/jlwl/rywl2.htm。

（三）台胞赴大陆状况

1. 赴大陆的台胞人员构成

从 1987 年开始，大陆不断简化台湾居民来往大陆手续，促进了两岸人员往来和经济、文化等领域的交流。从表 4 - 1 和图 4 - 1 中可以看出，自 1987 年后，台湾同胞来大陆的人数急剧增加，截止到 2004 年年底，台胞赴大陆累计达到 33885252 人次，其中 2004 年，台湾居民来大陆人次又创历史新高，达到 368.53 万人次。台湾同胞来到大陆最初是探亲和旅游，随着两岸关系的逐渐缓和、政策的不断放开以及两岸经贸关系的进一步发展，台湾居民来大陆由最初探亲、旅游逐渐扩大到投资、经商、就学、就业以及教育、科学、文化、卫生、体育等交流活动。

2. 台胞在大陆的分布

随着两岸经贸关系的发展，特别是台商对大陆投资的增加，越来越多的台胞来到大陆居住、工作、学习。与台资在大陆的地区分布一样，这些台胞主要分布在上海、江苏、浙江、广东、福建等地。

据估计，目前在上海生活的台商及其家属约有 30 万人，在珠江三角洲也有 30 多万台商及其家属①。现在台湾同胞当中，80% 的祖籍在福建，每年来闽探亲、经商的台胞有 30 多万人，目前，居住在福建的台胞约占在祖国大陆台胞总数的 1/3②。

3. 来大陆旅游

自 1987 年台湾当局开放台湾居民赴大陆探亲以来，赴大陆探亲旅游的台胞不断增加。从表 4 - 4 中可以看出，台湾同胞赴大陆旅游人次增长迅速，1992 年；台湾赴大陆旅游人次就突破了"百万大关"，1997 年突破两百万人次，2000 年超过 300 万，到 2004 更是达到近 370 万，截止到 2005 年 5 月，台湾同胞来大陆旅游累计人次为 35550508 万人次③。现在，大陆已成为台湾同胞旅游的主要目的地之一。

---

① 陈明："创办面向大陆台胞免费报纸刍议"，《传播学论坛》，http://www.chuanboxue.net/list.asp? unid = 1170。
② 朱力南、林娟："闽台缘助推'海西'建设"，《福建日报》2005 年 11 月 5 日。
③ 2005 年 5 月《两岸经济统计月报》。

表4-4　台湾同胞赴大陆旅游人数

年　份	人次	增长率（%）
1988～1989	978700	—
1990	948000	75.23
1991	946632	-0.14
1992	1317770	39.21
1993	1526969	15.88
1994	1390215	-8.96
1995	1532309	10.22
1996	1733897	13.16
1997	2117576	22.13
1998	2174602	2.69
1999	2584648	18.86
2000	3108650	20.27
2001	3441960	10.72
2002	3660570	6.35
2003	2731900	-25.37
2004	3685310	34.90

资料来源：《2005年1月两岸经济统计月报》。

4. 大陆求学

1977年，大陆恢复高考制度，1979年开始进行港澳台学生招生工作，自1985年起，北京大学等七所院校以联合招生的方式开展对台招生工作，并于1987年招收了第一名台湾学生。自1987年中国大陆高等院校正式招收台湾学生以来，已有两万多台湾学生赴大陆求学，目前在大陆就读的台生近5000人，分布在140所院校，包括了从本科到硕士、博士等各个层次①。从表4-5中可以看出，在本科及本科以上层次的对台招生中，2001年及其后三年的本科人数与之前16年间的招生人数持平，但研究生层次则急剧增多。

①　http://203.192.15.114/static/qxdl/sub/shsc_txt.php? articleid=2712。

现在，越来越多的台湾学生开始赴大陆学习，这些台湾学生就读较多的专业主要分为三类：一是有关中国传统文学的相关专业，如中国文学、历史、哲学、宗教以及音乐绘画等，此类专业的学生多为研究生，其目的多为研究和教学；二是有关法律、金融、财会、贸易等专业，学习此类专业的学生则多以从事两岸商贸为目的；三是中医药专业，这类专业的台湾学生其目的则是回台湾就业[①]。

在大陆高校求学的台湾学生毕业后原则上要回原居住地工作。2005 年 5 月，国务院台湾事务办公室宣布了针对台湾人士的三项政策，其中一项就是大陆高校毕业的台湾学生，只要依法办理工作证，就可与大陆毕业生一样在大陆就业。国家卫生部也做出规定，从 2002 年起允许取得国内医学专业的港澳台人员，在提供其在大陆医学专业学历教育的高等院校附属医院实习近一年后，可以参加大陆医师资格考试。随着大陆改革开放以来经济的迅速发展、两岸经贸关系进一步前进以及台湾日益严峻的就业形势，越来越多在大陆求学的学生开始选择毕业后留在大陆就业，这也将进一步促进两岸之间的人员往来。

表 4 - 5   在大陆求学的本科及本科以上层次台湾学生统计

年　份	本科生人数	研究生人数
1985 ~ 2000	2895	864
2001 ~ 2004	2875	2766

资料来源：http://tw.people.com.cn/GB/14810/3641027.html。

（四）两岸人员往来途径

目前两岸不能直接"三通"，两岸人员往来主要是通过第三地进行中转。近年来，在两岸往来途径方面有了一些改观，这主要表现在金门与厦门之间的直航和台商春节包机，但目前这种改观仍然是很有限的。

1. 两岸"小三通"

福建与台湾一水相隔，长期以来，福建省在两岸之间经济文化交

---

① 刘红兵："日益热络的两岸教育交流"，《两岸关系》2001 年第 4 期。

流和人员往来过程中一直扮演着重要的角色，发挥了独特的纽带作用。1997 年 1 月，大陆"海峡两岸航运交流协会"与台湾"海峡两岸航运协会"就高雄与福州、厦门之间的"试点直航"达成共识，同年 4 月 19 日，厦门轮船总公司的"盛达轮"首航高雄港，正式启动了"试点直航"，结束了海峡两岸 48 年来商船不直接通航的历史。2001 年 1 月 1 日，台湾当局分阶段开放金门、马祖与福建沿海的货物和人员直接往来，这就是所谓的"小三通"。从表 4 - 6 中可以看出，两岸实现"小三通"后，有效地促进了两岸间的人员往来。

表 4 - 6 "小三通"人员往来统计

单位：人次

年 份	台湾进入大陆		大陆进入台湾	
	金门到厦门	马祖到福州	厦门到金门	福州到马祖
2001	9738	1991	951	90
2002	26151	1936	1039	319
2003	78782	2977	2936	824
2004	193937	8434	9865	2544
2005.1～7	145189	8258	7561	2730
累计	453797	23596	22352	6507

资料来源：2005 年 7 月《两岸经济统计月报》。

2. 台商春节包机

2003 年 1 月 26 日，台湾中华航空公司的一架 CI - 585 飞机降落在上海浦东国际机场，成为 54 年以来第一架正式降落在大陆机场的台湾民航客机。同年 1 月 26 日至 2 月 10 日，台湾复兴、远东、中华、华信、长荣、立荣六家航空公司以包机的形式加入大陆春运行列，共有 16 个航班、32 架次相继经停香港或澳门往返于两岸。此次包机意义重大，也为两岸人员流动打开了新的局面。2004 年，由于台湾方面的阻挠，春节包机未能实现。2005 年 1 月 29 日，南方航空公司的

CZ3097 航班降落在台北桃园机场，大陆民航客机 56 年来首次飞抵台湾，此次包机有国航、南航、东航、上航、厦航、海航以及台湾华航、长荣航空八家航空公司的 9 架客机参与[1]。2006 年两岸春节包机方案执行时间从 2006 年 1 月 20 号起至 2 月 13 号，飞航地点祖国大陆方面在原有北京、上海、广州三点基础上，增加厦门一点，台湾方面仍维持台北、高雄两点。

三、目前两岸人员往来存在的问题及原因

就两岸人员流动的现状来分析，当前两岸之间的人员流动是不对称的，通过对表 4－1 中台湾同胞来大陆和大陆赴台的人数的比较分析可以看出，从 20 世纪 90 年代初开始到 2004 年，同年台湾赴大陆的人数要远远大于大陆赴台人数，倍数都在 10 倍以上，截止到 2004 年年底，台湾赴大陆人次累计达到了 33885252 人次，而大陆赴台人次仅仅为 1040261 人次，为前者的三十分之一；即使从两岸"小三通"的数据统计来看，两岸人员往来也严重不平衡，台湾进入大陆的人数要远大于从大陆进入台湾的人数。此外，两岸之间往来很不方便，这主要是因为台湾当局人为设置的两岸人员往来都要经过第三地，因此目前两岸人员往来大部分都必须经过香港或澳门转飞大陆（或台湾）。

目前，两岸之间人员往来仍然无法实现自由移动，究其原因，主要表现在三个方面：

首先，两岸目前还无法实现"三通"。虽然现在两岸人员往来逐年增多，"三通"也取得了一些进展，但目前仍然是处在一种间接、单向和局部的状态。在对待"三通"问题上，台湾当局领导人口惠而实不至，并没有在实际行动上真正促成"三通"的实现。正是目前直接"三通"无法实现，两岸之间人员的自由流动也无法实现的原因。

其次，台湾当局人为地限制和阻碍两岸人员的流动。两岸人员流动从 20 世纪 90 年代之前就已经开始，但早期的人员流动几乎是单向

---

[1] http://news. sohu. com/20050130/n224158819. shtml。

的，台湾方面采取种种措施阻碍了两岸人员的流动。1994 年 8 月 29 日，台"陆委会"初步通过了《大陆地区人民来台从事经贸相关活动许可办法》等三项草案。此法规定大陆经贸公司主管、技术人员，从事农业学术研究、教育推广或从事农业生产、制造、运输具有卓越成就者，从事邮政、电讯、港埠、空运、铁路、气象、旅行等领域的专业人士、团体等均可邀请赴台参观访问、学术研讨及举办邮展等活动。此法案的出台一定程度上放宽了两岸人员流动的限制，但仍然没有从根本上改变两岸人员无法自由移动的局面。

最后，两岸经贸关系的不对等。目前两岸的经贸关系是严重不对等，"间接、单向"的两岸经贸关系使得两岸之间人员流动必然不对等。台商到大陆来进行投资，带来的不只是资金，还有相关人员的流动。相反，目前大陆资金无法进入台湾，因此，相关的人员等也无法进入台湾。

此外，台湾当局迄今不开放大陆居民赴台旅游是造成两岸人员流动失衡的另一主要原因。台湾方面迟至 2001 年 12 月 10 日才通过《大陆地区人民来台从事观光活动许可办法》，然而将大陆居民分成三类（第一类是在大陆生活工作的大陆公民，第二类是出访其他国家或地区的大陆公民，第三类是在其他国家或地区工作、学习、定居的大陆公民）。台湾此种把大陆居民分类的做法显然不利于两岸的人员交流。

四、促进两岸人员自由流动的政策措施

随着两岸经贸关系的发展，特别是大陆和台湾相继加入 WTO 之后，两岸在贸易和投资方面的往来将更进一步加深，目前的这种"间接、单向"的经贸格局必将被打破，台湾无法一直拒绝大陆资金入台。经贸关系的深入发展，贸易投资便利化和自由化必然要求相应的人员、技术流动自由化。台湾当局应该停止对两岸人员的流动设置障碍，同时以认真务实的态度和大陆一起努力推动和促进两岸人员的自由移动，使双方经贸关系得到更好的发展。

（一）台湾方面

首先，台湾方面应以积极、务实的态度推动两岸三通。一直以来，大陆方面为了早日实现两岸"三通"而一直在不懈努力。相反，台湾当局却不时抛出"一边一国"论、"公投"等不利于两岸关系的言论和做法，将"三通"问题政治化。"三通"本身要解决的是经济问题，可以带来巨大的经济效益，更好地促进两岸贸易、投资、人员和技术更好地往来。当前，台湾当局应该以积极、务实和认真的态度和大陆一起努力，早日推动两岸"三通"的实现，通过"三通"，更好地实现人员流动自由化，这也是当前实现两岸人员流动自由化最主要的任务。

其次，台湾当局应该进一步修改和调整现行的一些法规。一直以来，台湾通过一系列法规对两岸人员往来进行限制和阻碍。随着两岸经济的发展和经贸关系的加深，这些原有的对人员往来进行限制和阻碍的法规已经对两岸经贸关系今后进一步发展产生了严重的制约作用，不利于两岸间贸易和投资的进行。因此，台湾当局应对其原有的限制两岸人员往来的法规进行调整和修改，以此促进两岸人员往来和交流。

最后，台湾当局应逐步改变目前的这种"间接、单向"经贸格局，同时，开放大陆资金入台，使两岸人员随双方贸易投资便利化而更加合理有序地流动，这样也更适合今后两岸的经济发展和经贸关系的进一步加深。

（二）大陆方面

近年来，中国大陆在努力推动两岸早日实现直接"三通"、促进两岸人员往来的同时，还不断推出新措施，以方便台湾同胞在大陆经商、工作、学习和生活。为适应当前两岸人员往来大幅度增加的情况，公安部出入境管理局在认真研究人大代表和政协委员的意见建议的同时深入各地调查，并多次接待台商协会访问团，听取其意见。在听取意见、调查研究和总结经验的基础上，准备在条件成熟时推出五项简化便利措施：

1. 简化大陆居民往来台湾手续，改变目前前往台湾签注有效期出入境的做法，大陆居民前往台湾可以在签注有效期内出境，并可在所持往来台湾通行证有效期内返回。

2. 授权福建省公安厅签发 5 年有效的台湾居民来往大陆通行证，设立制证中心，同时授权福州、厦门市公安局负责受理台湾居民来往大陆通行证申请。

3. 扩大台湾居民在大陆长期居留和多次入出境签注适用范围。

4. 简化台湾居民办理居留签注手续。凡在大陆投资设厂的台商、高级管理人员及其随行配偶、未成年子女，不再受投资额度和效益的限制，均可获得 5 年以内有效居留签注。在大陆学习的台湾学生，可获得与其学期期限相同的居留签注。在大陆就业的台湾居民，可凭就业证或聘用证明或劳动合同申请办理居留签注。

5. 为不在大陆常住但需要多次往返大陆的台湾居民提供便利。

总的来说，与过去相比，目前两岸人员往来状况已经有了很大的进步，但是，现在的两岸人员流动还存在诸多制约因素，不适应两岸经济的发展，也制约了今后两岸贸易投资的进一步加深。台湾当局应该审时度势，以认真务实的态度与大陆一起促进两岸人员更顺畅地流动，以此更好地发展两岸的经贸关系。

第二节　技术的自由移动

从 20 世纪 80 年代后期开始，台湾对大陆的投资规模开始加大，特别是两岸都加入 WTO 之后，台商西进的步伐加快。台商到大陆进行投资，带来的不仅仅是单纯的资金，同时也带来了其自身的技术和管理经验。与此同时，中国大陆在科学技术上突飞猛进，目前很多技术已经接近世界先进水平，有些已经在世界上处于前列，两岸在技术方面存在着广阔的交流空间。

一、两岸科技交流与合作的政策

20 世纪 90 年代，两岸经济发展进入一个新的阶段，伴随着大陆扩大开放和深化改革以及台湾处在经济转轨的重要时期，两岸进行经济技术合作是大陆开放战略的重要组成部分，也是推进台湾经济发展举足轻重的因素。

（一）台湾对大陆的科技交流政策

第一，1993年4月"汪辜会谈"后，文教科技交流议题被纳入共同协议。1994年7月，台湾"大陆工作会议"通过"规划两岸学术科技交流重点及人才互访"、"加强两岸环境保护及灾害防治科技交流合作研究"、"促进两岸科技出版物交换及建立资讯流通管道"和"探讨两岸科技交流衍生之智慧财产权问题"4项计划及11项工作要点。1995年7月，"大陆工作会议"又提出："扩大民生科技交流，加强两岸环保科技、医疗、食品、天然灾害防治、原子能和平应用等领域的交流，促进两岸民众福祉。"

第二，为有效地开拓大陆市场，台湾"行政院经建会"建议：应该有限度地放宽高科技产业到大陆地区投资，建立良性的两岸分工体系，同时加大产业投入研发的激励力度。"国科会"制定的《科技白皮书》进一步明确了推动两岸科技交流的重点：一是推动两岸签订科技交流协议，建立正常化、制度化的交流制度；二是加强两岸科技信息人才的交流；三是推动两岸与民生有关的气象、地震、能源科技、资源勘探、海洋技术等项目的基础科技交流和合作。

第三，1999年9月初，"行政院"决定大幅度拓宽两岸科技人才交流渠道，简化大陆科技人才来台手续，并延长其最长滞留期限。2008年8月，台湾"经济部投审会"表示，台湾当局已修订祖国大陆产业科技人才来台办法，在台总停留时期可延长至3年，并以通讯、资讯、消费性电子、半导体、制药等产业的大陆科技人才为优先延长对象。

第四，"经济部"还放宽了台湾高科技产业赴大陆投资的限制，准许扩大开放的产品包括二极体晶粒晶圆、光纤电缆等。

（二）大陆对台湾科技交流政策

1.分类指导

1995年6月，国务院颁布了《指导外商投资方向暂行规定》，将投资方向分为鼓励、限制、禁止三类。在科技产业领域，其中属于鼓励类的有：（1）高新科技、先进技术项目；（2）能够改进产品性能的项目；（3）节约能源和原材料的项目；（4）提高企业技术经济效益的项目；（5）适合市场需求而生产能力不足的新设备或新材料项目，如大中型电脑、半导体、通讯系统和设备制造、机械设备设计与制造等。

为鼓励台商赴祖国大陆投资，有效保护台商投资利益，大陆还制定实施了《台湾同胞投资保护法实施条例》，其中增列了购买企业、合作勘探开发自然资源等新的鼓励台商投资与合作方式，为台商在大陆投资，进行科技与产业合作，创造良好的法制环境。

2. 鼓励投资

随着两岸产业合作的深入，大陆有关部门提出了许多鼓励台商投资的配套措施，针对较晚到大陆投资的台资企业，包括高新技术产业项目，继续给予"同等优先，适当放宽"的照顾，重点鼓励台商投向高科技产业、环保产业等。例如，北京市于 1997 年 9 月 2 日颁布实施了《北京市鼓励台湾同胞投资的补充规定》，其中第二条是鼓励台商投资的 6 类行业和重点项目，首当其冲的是高新技术产业。

3. 政策优惠

为了更好地吸引台商赴大陆投资于高科技领域，国务院还决定对高科技产业机械设备的进口予以减免关税的待遇。优惠政策加上得天独厚的资源条件，成为大陆吸引台商投资高科技产业的重要因素。

二、两岸技术交流与合作的发展历程及现状

（一）两岸技术交流与合作的发展历程

总的来说，两岸之间的技术交流最初是从民间技术交流开始的，然后才发展为官方与民间共同参与的层次较高的组织化交流；同时，这个过程也是一个由民间以经济交流为主到学者之间以科技学术交流为主，再到产业化科技合作的过程。

20 世纪 80 年代以前，两岸的技术合作主要集中在农业和渔业两

个领域，除海上零散的交易外，台湾同胞还带着一些优良农业品种来大陆进行推广试验，这是当时两岸农业科技交流的一条重要途径，也是两岸技术交流与合作的第一个阶段，此时这种技术交流属于非正式的民间行为。进入20世纪80年代以后，随着两岸原来紧张对立关系的缓和，两岸学者开始通过一些国际性的会议进行接触和交流，但是两岸学者之间的直接交流与合作仍不多。在这一时期，伴随着台商在大陆投资的增加和深入，台资企业内部的技术逐步进入大陆市场，并带动了其他领域的技术交流与合作。1992年，台湾当局制定《引进大陆产业技术办法》等政策，并出台一些相关的优惠条例，与此同时，大陆市场化步伐和对外开放力度加大，因此两岸经济技术交流与合作在范围、层次和形式上都有所突破。这个阶段也是两岸技术交流的第三个阶段，在这个阶段中，不仅两岸科技界高层人士互访频繁，同时，与产业化紧密相关的科技交流与合作也发展迅速，各种研讨会、展览会不断召开。现在，两岸科技界和产业界在许多领域都有着广泛的接触和交流，特别是在物理、天文、气象、中医、农业、能源、航空、生物、食品等众多领域的合作都取得明显进展[①]。

（二）两岸技术交流与合作的主要特点

随着两岸关系的逐渐缓和以及两岸间经贸往来的深入发展，海峡两岸间的技术交流与合作也从最初的民间非正式交流发展到为现在的产业科技合作。目前，两岸技术交流与合作主要以产业科技合作为主要特点，并表现为以下三个方面：

首先，两岸科技交流与合作已成为两岸经贸交流与合作的主流。随着两岸经贸交流与合作的发展，台湾的电子、软件、网络等高科技产业相继到大陆投资，在台资进入大陆的新一波热潮中，电子信息产业占了很大比重。从表4-7中可以看出，在台商对大陆的投资中，电子及电器产品制造业所占比重在30%以上，甚至超过了40%。

---

① 郑根宝："两岸投资与经济技术合作的回顾和入世后展望"，http://www.chihlee.edu.tw/office/s100/thesis01/08.doc。

表4-7　电子及电器产品制造业投资统计

年　份	件数	金额（百万美元）	占当年总投资金额的比重（%）
2001	383	1254.8	45.07
2002	789	2618.7	38.95
2003	795	2330.0	30.26
2004	431	3044.0	43.86
2005.1~7	157	1291.6	43.03

资料来源：2001年12月~2005年7月《两岸经济统计月报》。

其次，投资大陆的传统产业加快技术改造和产品升级，同时，台湾传统产业和科技产业合作到大陆进行投资。近年来，到大陆投资的传统产业在大陆受到巨大的竞争压力，台商认识到，只有加快技术改造和产品升级才是增强企业竞争力的有效方法。与此同时，为使得投资企业在大陆更具有竞争力，台湾传统产业与科技产业合作到大陆投资逐渐成为台商投资大陆的新模式①。

最后，越来越多的台湾科技企业在大陆设立研发中心。虽然台湾在部分科技产业的研究开发以及生产管理方面具有优势，但随着大陆科技产业的迅速发展，两岸间的差距明显缩小。由于大陆人力资源丰富、生产成本低廉，特别是每年大陆各大高等院校培养出众多的研发人才，因此，许多台湾科技企业开始在大陆设立研发基地。

（三）目前两岸科技交流与合作中存在的问题

随着两岸经贸关系的发展，两岸之间在技术的合作和交流方面取得了很多的进展，但是从技术的自由移动来看，目前还存在一些问题，不适应今后两岸贸易投资便利化的发展要求，最主要就是表现在台湾目前对两岸科技合作交流的有关政策上。

首先，台湾当局长期人为地给两岸科技合作交流制造了许多政策障碍。1990年，台湾当局公布了《对大陆地区从事间接投资或技术合作管理》，此办法规定，台湾地区人民、法人团体或其他机构不得

---

① 杨德明："海峡两岸科技合作的特点与前景"，《海峡经贸》2001年第11期。

直接在大陆投资或从事技术合作；1992 年，台湾当局制定《引进大陆产业技术办法》等政策，并出台一些相关的优惠条例；1993 年台湾又通过《在大陆地区投资或技术合作许可办法》，把台商在大陆从事投资或技术合作的产品和经营项目分为准许项、禁止项和专案审查项三类。在两岸双向技术引进与合作方面，台湾实行"出严进宽"政策，严格控制台湾高科技技术转移大陆，只鼓励台湾民间企业引进大陆科研成果与产业技术。

其次，两岸人员无法自由移动也阻碍了两岸间的科技交流与合作。大陆拥有大量高素质的基础研究人才，而台湾则以应用研究型人才为主，海峡两岸在科技人才方面具有较强的互补性。一直以来，台湾积极从海外引进人才，但是从大陆引进人才却显得相对保守，两岸间人员不能自由移动也成为了两岸科技交流与合作的一个主要"瓶颈"。

此外，目前两岸在知识产权保护、财产权的申请、仪器设备的引进和税赋处理等方面仍然还缺乏共同认可的法规，相关的仲裁机构、机制尚不健全，这也构成了两岸技术自由转移的一个阻碍因素。

三、加强两岸间科技的交流与合作、促进技术的自由移动

两岸科学技术由于经济体制背景不同，发展道路迥异，因此形成了各自的优势与劣势，使两岸科技具有很高的互补性。大陆拥有一批具有世界先进水平的高新技术产业，如航天工业、能源产业、新材料工业等。同时，大陆基础科学实力雄厚，科技人才众多，队伍强大；而台湾方面则是实用性科学技术较强，制造技术较成熟，经营管理水平较高，更具国际化经营的行销网络和经验，此外，一些高科技产品在世界市场上占有一定的地位。因此，进一步加强两岸间的交流与合作、促进技术的自由移动，有利于两岸的经济发展。

第一，两岸间要早日实现直接"三通"。技术的自由转移往往伴随资本的投入和人员的流动，两岸间目前无法直接"三通"，这在很大程度上阻碍了两岸间资本和人员的流动，因而也不利于两岸间技术

的交流与合作，更不用说技术的自由转移。

第二，台湾当局应该对现行的一些政策做出调整和修改。台湾当局人为地制定了一系列政策，阻碍了两岸间的技术交流与合作；同时，目前两岸间"间接、单向"的不平等经贸关系也使得两岸间技术无法自由转移。大陆和台湾都加入 WTO 后，根据 WTO 的宗旨和原则，目前两岸间这种不对等的经贸关系必须得到改变，只有两岸间实现贸易自由化、投资便利化和人员的自由转移时，两岸间技术的自由转移也才能真正实现。

第三，两岸间的投资方式和技术交流合作方式要多样化。近年来，台商投资大陆，为了防止技术的扩散，台资大多都以独资的形式存在，这种形式不利于两岸间技术的转移。为使两岸间更好地互相利用各自技术方面的优势，两岸间的技术交流和合作可以是直接投资型、合作开发型、同业联合型，同时加强技术服务方面的合作，开展多种渠道的技术交流。

第四，鼓励台湾企业界积极与祖国大陆学术机构合作。祖国大陆科技专家和台湾企业家之间的交往对两岸科技产业的合作具有特别重要的作用。台湾现在的基础研究逊色于大陆，大陆众多且庞大的学术机构以及丰硕的科研成果极大地吸引着台商的目光，因此，促使台湾企业界加强与大陆学术机构合作研究开发，将会有效地促进研发成果产业化。

此外，大陆要进一步加强对知识产权的保护、深化科技体制改革、提高劳动者素质、增强全民族科学技术意识，同时积极推进国际科技合作与交流，实行自主开发与引进技术相结合的发展战略，以此更好地促进两岸间技术的自由转移，使两岸在资金、人员和技术的自由移动中获得更多利益。

参考文献

郭国庆、张华："海峡两岸科技产业合作的现状研究"，《西安邮电学院学报》2001 年第 5 期。

韩清海："台湾科技发展与两岸科技优势互补比较"，《华侨大学学报》1995 年第 4 期。

　　刘映仙：“台湾科技产业发展现状与两岸科技交流及合作前景”，《台湾研究》1999 年第 3 期。

　　杨德明：“海峡两岸科技合作的特点与前景”，《海峡经贸》2001 年第 11 期。

　　张树军：“两岸科技产业发展前景及因应策略”，《海峡科技与产业》2004 年第 1 期。

　　郑根宝：“两岸投资与经济技术合作的回顾和入世后展望”，http://www.chihlee.edu.tw/office/s100/thesis01/08.doc。

第五章 台湾与大陆各大经济区的经贸关系

第一节 台湾与长三角经贸关系

关于长三角经济区的界定包括工业经济概念、城市经济概念、地理概念等几种。以工业经济概念而言,长三角经济圈是指以上海为龙头的苏中南、浙东北工业经济带,到目前为止,这个经济圈包括大大小小16个城市。2004年度统计数据表明,长三角地区占全国土地的1%,人口占全国5.8%,却创造了18.7%的国内生产总值、全国22%的财政收入和18.4%的外贸出口。出于统计数据取得的方便,这里将长三角界定为上海市和江苏省、浙江省两省一市的范围。

一、长三角经济圈的经济发展

以下从经济增长速度、进出口贸易量、外商投资量等三个方面,来具体分析长三角经济圈的经济发展。

(一)经济规模和经济增长速度

目前来看,长三角已经成为大陆经济发展最活跃的地区,其经济保持持续快速增长,成为大陆经济发展的火车头。从长三角两省一市的经济总量来看,2004年江浙沪两省一市GDP总量达到34205.7亿元,比上年增长14.4%,GDP总量占全国比重首次超过1/4,达到25.06%。

表 5 - 1　1986 ~ 2004 年长三角 GDP 总量、增长率及占全国比重情况

单位:亿元,%

年份	上海			江苏			浙江			全国
	GDP	比重	增长率	GDP	比重	增长率	GDP	比重	增长率	GDP
1986	490.83	4.81	5.2	744.94	7.30	14.3	461.06	4.52	26.0	10202.2
1987	545.46	4.56	11.1	922.33	7.71	23.8	573.40	4.79	24.4	11962.5
1988	648.30	4.34	18.9	1208.85	8.09	31.1	715.42	4.79	24.8	14928.3
1989	696.54	4.12	7.4	1321.85	7.81	9.3	789.66	4.67	10.4	16909.2
1990	756.45	4.08	8.6	1416.50	7.64	7.1	836.81	4.51	6.0	18547.9
1991	893.77	4.13	18.2	1601.38	7.40	13.1	983.54	4.55	17.5	21617.8
1992	1114.32	4.18	24.7	2136.02	8.02	33.4	1220.69	4.58	24.1	26638.1
1993	1511.61	4.36	35.7	2998.16	8.66	40.4	1909.49	5.51	56.4	34634.4
1994	1971.92	4.22	30.5	4057.39	8.68	35.2	2666.86	5.70	39.7	46759.4
1995	2462.57	4.21	24.9	5155.25	8.82	27.1	3524.76	6.02	32.2	58478.1
1996	2902.20	4.28	17.9	6004.21	8.84	16.5	4146.06	6.10	17.6	67884.6
1997	3360.21	4.51	15.8	6680.34	8.97	11.3	4638.24	6.23	11.9	74462.6
1998	3688.20	4.71	9.8	7199.95	9.19	7.8	4987.50	6.37	7.5	78345.2
1999	4034.96	4.92	9.4	7697.82	9.38	6.9	5364.89	6.54	7.6	82067.5
2000	4551.15	5.07	12.8	8582.73	9.59	11.5	6036.34	6.75	12.5	89468.1
2001	4950.84	5.09	8.8	9511.91	9.77	10.8	6748.15	6.93	11.8	97314.8
2002	5408.76	5.14	9.2	10631.75	10.10	11.8	7796.00	7.41	15.5	105172.3
2003	6250.81	5.33	15.6	12451.80	10.62	17.1	9200.00	7.85	18.0	117251.9
2004	7450.30	5.46	19.2	15512.40	11.36	24.6	11243.0	8.24	22.2	136515.0

资料来源:《中国统计年鉴》,《上海统计年鉴》,《江苏统计年鉴》,《浙江统计年鉴》。

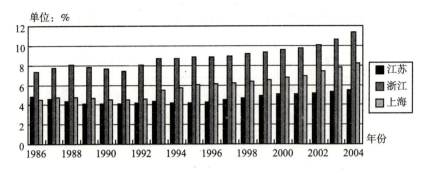

图5-1　1986～2004年长三角GDP占全国比重

资料来源:根据《中国统计年鉴》,《上海统计年鉴》,《江苏统计年鉴》,《浙江统计年鉴》等数据整理绘制。

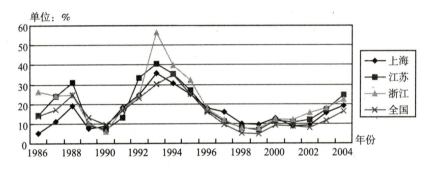

图5-2　1986～2004年长三角及全国GDP增长率

资料来源:根据《中国统计年鉴》,《上海统计年鉴》,《江苏统计年鉴》,《浙江统计年鉴》等数据整理绘制。

(二)进出口贸易

近年来长三角地区出口贸易总额占全国的比重和进口贸易总额占全国的比重均呈现递增的趋势。2004年长三角地区出口贸易总额占全国的比重由2003年的34.03%上升到36.95%,2005年上半年达到38.75%;长三角地区进口贸易总额占全国的比重也由2003年的33.48%上升到35.06%,2005年上半年为35.51%。主要年份的进出口数据如表5-2所示:

表 5 - 2　1986～2004 年长三角进出口总额及占全国比重

单位:亿美元,%

年 份	上海			江苏			浙江		
	进出口总额	比重	增长率	进出口总额	比重	增长率	进出口总额	比重	增长率
1986	52.04	7.05	n. a.	n. a.	n. a.	n. a.	12.93	1.75	n. a.
1987	59.96	7.26	15.21	n. a.	n. a.	n. a.	15.00	1.82	16.01
1988	72.45	7.05	20.83	n. a.	n. a.	n. a.	19.86	1.93	32.40
1989	78.48	7.03	8.32	n. a.	n. a.	n. a.	25.14	2.25	26.59
1990	74.31	6.44	-5.31	41.39	3.59	n. a.	27.74	2.40	10.34
1991	80.44	5.93	8.25	n. a.	n. a.	n. a.	n. a.	n. a.	n. a.
1992	97.57	5.89	21.30	n. a.	n. a.	n. a.	n. a.	n. a.	n. a.
1993	127.32	6.51	30.49	n. a.	n. a.	n. a.	n. a.	n. a.	n. a.
1994	158.67	6.71	24.62	n. a.	n. a.	n. a.	n. a.	n. a.	n. a.
1995	190.25	6.77	19.90	162.78	5.80		n. a.	n. a.	n. a.
1996	222.63	7.42	17.02	n. a.	n. a.	n. a.	134.68	4.49	
1997	247.64	7.62	11.23	n. a.	n. a.	n. a.	154.91	4.76	15.02
1998	313.44	9.67	26.57	264.26	8.15	n. a.	159.97	4.94	3.27
1999	386.04	10.70	23.16	312.61	8.67	18.30	183.05	5.08	14.43
2000	547.10	11.50	41.72	456.38	9.62	45.99	278.34	5.87	52.06
2001	608.98	11.90	11.31	513.55	10.10	12.53	327.99	6.44	17.84
2002	726.64	11.70	19.32	703.09	11.30	36.91	419.63	6.76	27.94
2003	1123.97	13.20	54.68	1136.70	13.36	61.67	614.23	7.21	46.34
2004	1600.26	13.90	42.40	1708.70	14.80	50.32	852.30	7.38	38.80

资料来源:根据《中国统计年鉴》、《上海统计年鉴》、《江苏统计年鉴》、《浙江统计年鉴》等相关数据整理。

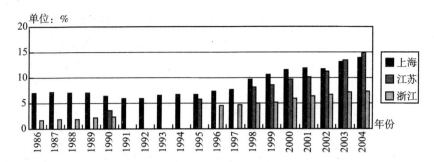

图5-3 1986~2004年长三角进出口总额占全国比重

资料来源:根据《中国统计年鉴》、《上海统计年鉴》、《江苏统计年鉴》、《浙江统计年鉴》等相关数据整理绘制。

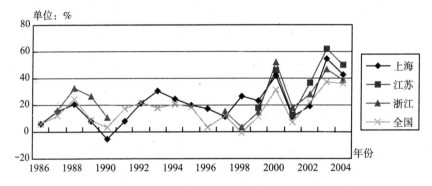

图5-4 1986~2004年长三角及全国进出口总额增长率

资料来源:根据《中国统计年鉴》、《上海统计年鉴》、《江苏统计年鉴》、《浙江统计年鉴》等相关数据整理绘制。

(三)外商直接投资(FDI)

一般而言,外来资金倾向于流入经济发达、经济发展活力足、制度环境良好、地理位置优越的地区。长三角地区凭借其快速的经济增长,良好的外部环境,吸引了越来越多的外资。外资的进入,满足了长三角地区经济发展的资金需求,带动了该经济圈的进一步发展。

表 5 - 3　1990~2004 年长三角直接利用外资状况

单位:亿美元,%

年　份	合同直接利用外资			实际直接利用外资		
	金额	比重	增长率	金额	比重	增长率
1990	7.06	10.70	n. a.	4.81	13.79	n. a.
1999	141.08	27.08	n. a.	119.75	26.34	n. a.
2000	195.01	47.31	38.23	111.93	27.56	- 6.53
2001	274.89	44.07	40.96	137.23	33.71	22.60
2002	370.38	53.53	34.74	190.15	40.56	38.56
2003	540.05	65.25	45.81	284.41	53.92	49.57
2004	623.51	54.19	15.45	253.21	47.32	- 10.97

　　资料来源:根据《中国统计年鉴》,《上海统计年鉴》,《江苏统计年鉴》,《浙江统计年鉴》等相关数据整理绘制。

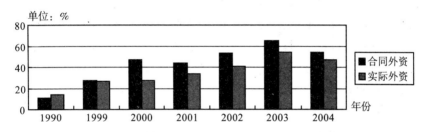

图 5 - 5　1990~2004 年长三角直接利用外资占全国比重

　　资料来源:根据《中国统计年鉴》、《上海统计年鉴》、《江苏统计年鉴》、《浙江统计年鉴》等相关数据整理绘制。

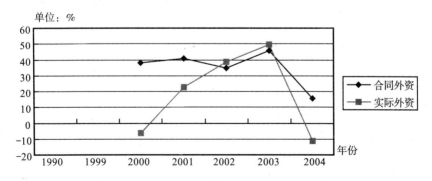

图 5 - 6　1990~2004 年长三角直接利用外资增长率

　　资料来源:根据《中国统计年鉴》、《上海统计年鉴》、《江苏统计年鉴》、《浙江统计年鉴》等相关数据整理绘制。

2004 年全国共签订外商直接投资项目 43664 个,合同金额 1534.8 亿美元,实际利用金额 606.3 亿美元。其中长三角两省一市共利用外资合同金额 623.51 亿美元,比上年增长 17.12%,占全国合同金额比重的 40.63%;实际利用外资金额 253.21 亿美元,比上年增长 15.94%,占全国比重的 41.77%。2005 年上半年长三角地区外商直接投资依然十分活跃,实际利用外资为 148.72 亿美元,占全国比重首次超过 50%,达到 52%。

二、台湾与长三角的进出口贸易

(一)台湾与长三角的进出口贸易量

自 1979 年两岸恢复经贸关系以来,长三角与台湾进出口贸易快速发展。台湾实际上对大陆的贸易政策,是限制政策多,鼓励政策少,因此,在 2000 年以前,大陆与台湾之间的贸易都是小额贸易。虽然,长三角地区是大陆经济比较发达的地区,但是其与台湾之间的贸易额,也是近年来快速发展起来的。

表 5 – 4　1999~2004 年长三角对台进出口情况

单位:亿美元,%

年　份	上海		江苏		浙江	
	进出口额	增长率	进出口额	增长率	进出口额	增长率
1999	16.66	n. a.	n. a.	n. a.	n. a.	n. a.
2000	25.11	50.72	31.92	n. a.	n. a.	n. a.
2001	29.80	18.68	n. a.	n. a.	n. a.	n. a.
2002	48.5	62.75	70.98	n. a.	18.61	n. a.
2003	74.10	52.78	130.74	84.19	25.72	38.20
2004	105.21	41.98	211.63	61.87	25.33	− 1.52

资料来源:《上海统计年鉴》,《中国对外经济贸易年鉴》。

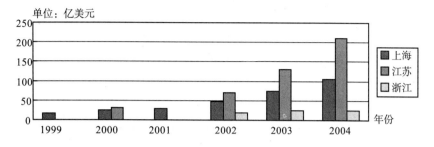

单位：亿美元

图 5 - 7 1999 ~ 2004 年长三角对台进出口贸易量

资料来源：根据《上海统计年鉴》，《中国对外经济贸易年鉴》整理绘制。

大陆海关统计，2003 年长三角与台湾贸易额为 230.56 亿美元，比上年增长 69.05%；2004 年两地贸易额为 352.17 亿美元，比上年增长 54.03%；2005 年上半年两地贸易额为 192.15 亿美元，比上年同期增长 18.74%。

（二）台湾与长三角进出口贸易的特点

1. 近年来增速很快，2005 年上半年有所下降

从三大板块来看，长三角两省一市对台贸易都保持了快速增长势头，2003 年和 2004 年江浙沪对台进口和出口增长率都在 30% 以上，2005 年上半年对台贸易增长有所下降，但仍处在全国前列。

表 5 - 5 2003 ~ 2005 年(1 ~ 6 月)长三角对台出口及进口状况

单位：亿美元，%

地区	2003 年				2004 年				2005 年(1 ~ 6 月)			
	出口		进口		出口		进口		出口		进口	
	金额	增长	金额	增长	金额	增长	金额	增长	金额	增长	金额	增长
上海	14.17	61.8	59.93	50.9	24.06	69.8	81.15	35.4	11.82	4.5	43.90	17.2
江苏	18.69	76.0	112.05	85.6	32.83	75.7	178.80	59.6	22.44	52.2	92.71	10.4
浙江	5.23	37.2	20.49	38.4	7.98	52.5	27.35	33.5	4.59	35.5	16.69	29.6
合计	38.09	65.4	192.47	69.8	64.87	70.7	287.30	50.3	38.85	35.7	153.30	14.4
全国	90.05	36.7	493.62	29.7	135.45	50.4	647.79	31.2	77.50	28.8	333.30	9.3

资料来源：根据江浙沪及全国各年统计公报、月度数据、海关总署统计数据整理。

2. 长三角地区对台贸易量占全国比重逐年上升

长三角地区对台的进出口贸易量占全国的比重也逐年上升,2005年上半年长三角对台出口占全国比重首次超过1/2,达到50.13%。

表5-6 2003~2005年(1~6月)长三角对台进出口贸易额占全国比重

单位:%

年 份	2003	2004	2005(1~6月)
比 重	39.50	44.96	46.77

资料来源:根据江浙沪及全国各年统计公报、月度数据、海关总署统计数据整理。

3. 江苏省是长三角地区对台贸易最主要的地区

从总量上看,江苏省是长三角对台贸易额最大的地区;从增速上看,江苏省也是长三角对台贸易发展最快的地区(见表5-7)。

表5-7 2004~2005年(1~6月)江苏对台进出口
贸易额及占全国、长三角的比重

单位:亿美元,%

年 份	进出口总额	占全国比重	占长三角比重
2004	211.63	27.02	60.09
2005(1~6月)	115.15	28.03	59.93

资料来源:根据江浙沪及全国各年统计公报、月度数据、海关总署统计数据整理。

4. 台湾与长三角的贸易依存度逐年上升

长三角作为大陆与台湾贸易的主要阵地,其与台湾的经贸关系不断加深,两地的贸易依存度不断上升。台湾对长三角进出口依存度已经由2003年的8.49%上升到2004年的10.30%,2005年上半年继续上升到10.74%;长三角对台湾的进出口依存度由2003年的8.02%上升到2004年的8.46%,2005年上半年有所下降,为8.00%(见表5-8)。

表 5 - 8　2003 ~ 2005 年(1 ~ 6 月)台湾与长三角贸易依存度

单位:%

年　份	台湾对长三角贸易依存度			长三角对台湾贸易依存度		
	进出口	出口	进口	进出口	出口	进口
2003	8.49	13.35	2.99	8.02	2.55	13.92
2004	10.30	16.51	3.86	8.46	2.96	14.60
2005(1 ~ 6 月)	10.74	17.09	4.35	8.00	2.93	14.26

资料来源:根据江浙沪及全国各年统计公报、月度数据、海关总署统计数据、台湾地区经济指标计算整理。

三、台商对长三角的直接投资

(一)台商对长三角的直接投资量

到目前,祖国大陆实行改革开放已经近 30 年了。但是由于大陆与台湾政治关系的一波三折,台商对大陆的投资量并没有随着大陆的开放而出现飞速的增加。据统计,1991 ~ 2000 年,台商对江苏的投资为 58.89 亿美元,对浙江的投资为 7.24 亿美元。而作为长三角地区经济龙头的上海,在 2000 年以前吸引台资的数量也非常少。21 世纪以来,特别是中国加入 WTO 以来,随着大陆开放程度的加深,大陆与台湾之间的贸易量增加。贸易带动投资,台湾对大陆的投资近年来也增加很快。

目前,大陆已经成为台湾对外直接投资数量最大的地区。长三角作为大陆经济最活跃的地区,吸引到的台资数量也急剧上升。具体的数据如表 5 - 9 所示:

表 5 - 9　2001 ~ 2004 年长三角利用台资情况

单位:个,亿美元,%

地区	2001			2002			2003			2004		
	项目数	合同金额	实际金额	项目数	合同金额	实际金额	项目数	合同金额	实际金额	项目数	合同金额	实际金额
上海	412	4.77	3.56	425	4.76	2.62	427	8.27	4.21	—	3.07	—
江苏	—	—	14.23	—	—	—	—	34.78	18.28	—	42.20	—
浙江	—	—	2.08	—	—	—	—	9.11	3.97	—	5.55	3.56
合计	—	—	19.87	—	—	—	—	52.16	26.46	—	50.82	—

资料来源:根据"中华民国"年鉴,2003 年及 2004 年江浙沪对外经济合作数据整理。

2001 年长三角共利用外资实际金额 19.87 亿美元。2003 年长三角共利用台资 2187 项,占全国比重的 48.65%;合同金额 52.16 亿美元,占全国比重的 60.95%;实际金额 26.46 亿美元,占全国比重的 78.35%。2004 年长三角共利用台资 1729 项,占全国比重的 43.2%;合同金额 50.82 亿美元,占全国比重的 54.61%。

(二)台商对长三角投资的特点

台商对长三角的投资,除了增长速度快,占全国比重越来越大以外,江苏吸引台资的优势越来越明显;并且台商在长三角投资的领域开始发生转变。

1. 台商对长三角投资增长速度很快

台商对长三角的投资,无论在项目数、合同金额还是实际金额方面,都保持着比较快的增长速度。2001 年,上海利用台资的项目数为 412 个,而在 2003 年就达到 427 个。长三角在 2001 年,利用的台商直接投资为 19.87 亿美元;2003 年,长三角利用台资的实际金额为 26.46 亿美元。

2. 台商对长三角投资占全国比重增加很快

长三角目前是全国经济发展势头最活跃的地区,因此吸引到的台资占全国的比重也在逐年增加。2003 年长三角利用台资项目数占全国的比重为 48.65%,合同金额占全国比重的 60.95%,实际金额占全国比重的 78.35%。2004 年长三角利用台资项目数占全国比重的 43.2%,合同金额占全国比重的 54.61%。

3. 长三角中江苏省利用台资数量最多

江苏省利用台资在全国排第一。2003 年江苏省实际利用台资 18.28 亿美元,占全国的比重大于 1/2,达到 54.13%;2004 年利用台资合同金额 42.20 亿美元,占全国比重的 45.35%。

4. 台商投资领域发生明显变化

随着台商对长三角投资数量的增加以及长三角经济的发展,台商投资开始向高新技术产业和服务业发展。

从高新技术产业方面来看,台商在长三角已经形成从电子基础材料、电脑周边产品到光电产业、半导体产业的完整产业配套环境,势将取代台湾作为全球电子信息产业制造基地的角色。

从服务业方面来看,台商投资开始由原来的劳动密集型产业开始向资本密集型和技术密集型产业发展。开始把目光由制造业转向新兴服务业,具体包括金融、流通、通讯、医保、人才培训、文化创意、环境设计、资讯、研发、环保、工种顾问等利用知识而产生高附加值的领域。[①]

四、长三角在两岸经贸合作中的区位优势

1. 长三角逐渐成为全国制造业中心

2003 年台湾三次产业构成为 1.8∶30.57∶67.63,其工业化已进入"更成熟"阶段。台湾自 20 世纪 80 年代开始进入经济转型与产业升级阶段,90 年代以来,台湾经济已进入比较成熟的阶段。

2004 年长三角三次产业比重为 6.5∶54.4∶39.1,2005 年上半年三次产业比重为 3.5∶57.3∶39.2。长三角已处在向工业化中后期发展的阶段,工业结构呈现"重型化"和"高新化",长三角逐渐成为全国的制造业中心。首先,长三角工业产值中重工业比重提升,长三角两省一市规模以上轻重工业产值比例由 2000 年的 44.9∶55.1 变化为 2003 年的 39.0∶61.0,重工业比重提高了近 6 个百分点。其次,长三角高新技术产业发展加快,2002 年长三角地区高新技术产业全年产值 5499.09 亿元,占全国比重的 26.1%,比上年提高 0.5 个百分点。最后,长三角在全国制造业的中心地位日益突出,2003 年长三角地区实现制造业产值 39679.77 亿元,占全国比重的 31.16%。长三角目前的工业化水平与台湾 20 世纪 80 年代中期工业化水平比较接近,与台湾的产业结构差距不断缩小。

台湾经济的成熟化导致岛内产业外移,目前长三角与台湾的贸易及产业合作主要集中在制造业,长三角地区制造业的快速发展有利于长三角地区承接台湾制造业向大陆的转移,有助于促进两岸经贸合作的发展。

2. 长三角地区服务业快速发展

长三角地区服务业发展迅速,在三次产业中的比重不断上升。第三

---

①　洪晓红:"台湾服务业'台风'强劲登陆长三角",http://www.huaxia.com/sw/tzdl/2005/00338268.html,华夏经纬网,2005 − 07 − 05。

产业增加值由 2000 年的 7608.65 亿元增加到 2004 年的 13374.04 亿元，占全国的比重由 25.6% 上升到 30.8%。2004 年江浙沪第三产业增加值增速分别为 13.7%、13.9% 和 12.9%，均高于全国的增速 8.3%。

上海市作为全国的金融中心，2004 年全年实现金融业增加值 741.68 亿元，比上年增长 13.7%。台资银行在上海设立办事处的有世华银行、第一银行、土地银行和台湾银行，台湾"财政部"核准 18 家证券商在大陆设立 22 个代表处，其中有 15 个代表处设在上海。

上海台资金融业的发展有利于台资企业融资，促进台资企业在上海的投资和发展，可以加速两岸经贸合作的发展。

3. 长三角教育科研事业发展

长三角人才优势突出，教育事业发展迅速。随着长三角地区人口整体文化程度的提高以及对人才教育力度的加大，长三角地区中高级人才数量和质量不断提升。2004 年长三角两省一市共有普通高校 243 所，全年招收研究生 6.01 万人，毕业研究生 3.01 万人，全年普通高等教育招生 64.02 万人，毕业学生 38.91 万人。

长三角地区不断加大科研经费的投入力度，2004 年科研经费支出占全国的比重超过 1/4。2004 年长三角两省一市科学研究与实验发展（R&D）经费支出共 461 亿元，占长三角地区 GDP 的 1.35%，与全国科研经费支出占 GDP 的比重持平。科技成果显著，2004 年长三角两省一市共申请专利 6.93 万件，授权专利 3.71 万件。

深化两岸经贸合作，必然导致台资企业投资大陆的增加，长三角的教育科研优势可以为来此投资的台资企业提供强大的科技研发基础，为台资企业设立研发中心提供支持，有利于台资企业的发展。

五、长三角在两岸经贸合作中的前景

长三角地区地理环境优越，自然资源丰富，人才储备充沛。其以庞大的经济总量和高水平的经济增长速度，成为全国经济增长的发动机。台湾与长三角地区经济总量相当，各有优劣势，两地的经济呈现很高的相似性和互补性。台湾的产业优势在于高新技术产业和服务业，特别是金融业。长三角可以利用台湾丰富的管理经验、专业技术人才以及金融资本，而台湾则可以利用长三角这个制造业中心成功发展岛外制造业。长三角与台湾进出口贸易以及台商对长三角投资的发展极大地促进了长三角地区的经济增长，同时由于长三角地区经济增长对全国经济增长强劲的拉动作用，长三角地区台资经济的发展也必将有力地推动大陆整体的经济发展。在深化两岸经贸合作的大背景下，要求长三角在其中发挥更为重大的作用。长三角地区要充分发挥自身的优势，首先要大力发展制造业，把自身打造成大陆乃至世界的制造工厂之一；其次，要进一步加快产业结构调整，重点发展电子工业和高新技术产业等，并通过这些产业辐射至上下游产业，以此形成一个完整的产业链条；最后，还要充分发挥地理空间优势，发展物流业和航运业，并以此带动其他产业的发展，构建比较完善的服务业体系。

第二节 台湾与珠三角经贸关系

珠三角有"小珠三角"和"大珠三角"之分。

"小珠三角"，位于广东省中南部，面向南中国海，为珠江出口处，毗邻港澳，土壤肥沃，自古以来就是中国的"工商辐辏之所"。珠江三角洲经济区包括广州、深圳、珠海、佛山、江门、东莞、中山、惠州市区、惠阳县、惠东县、博罗县、肇庆市区、高要市、四会市等 14 个市、县、区。全区土地面积 41698 平方公里，占广东省总面积的 23.2%。"小珠三角"开中国内地改革开放风气之先，靠与香港"前店后厂"的合作模式率先发展起来。7 万多家制造企业使"小珠三角"成为名副其实的"世界工厂"。分布在世界 30 多个国家和地区的侨胞众多，共有 1000 多万。

"大珠三角"，是在小珠三角基础上加上香港、澳门，所谓"一江珠水，三颗明珠"。其经济体总量相当于环渤海经济区与长三角经济区之和，"大珠三角"所形成的"珠江口湾区"，号称中国的"旧金山湾区"。目前，香港、澳门与传统"珠三角"区人口约为 5000 多万，三地 2002 年国内生产总值达 3118 亿美元，进出口贸易额达 6338 亿美元。

以下所说的"珠三角"指的是"小珠三角"。

珠江三角洲 1980 年国内生产总值 119.2 亿元，至 2003 年达 11341.13 亿元。23 年间年平均增长 21.9%。其中，农业总产值 470.49 亿元，比 1980 年增长了 12 倍；工业总产值 19170 亿元，比 1980 年增长了 126 倍；财政收入 848 亿元，比 1980 年增长了 35 倍（见表 5 - 10）。广东省 1980 年国内生产总值 245.71 亿元，至 2003 年达 13625.87 亿元，年平均增长率为 19.1%，低于珠江三角洲年平均增长率。2004 年，广东省国内生产总值达到 16039.46 亿元，人均国内生产总值由 1978 年的 369 元增加到 2004 年的 19707 元（折合 2380 美元）。

表 5 - 10　1980 ~ 2003 年珠江三角洲与广东省经济增长速度

单位：亿元

年　份	国内生产总值		农业总产值		工业生产总值		财政收入		出口总额	
	珠三角	广东省	珠三角	广东省	珠三角	广东省	珠三角	广东省	珠三角	广东省
1980	119	250	39	122	152	223	24	36	6	22
1985	304	577	54	245	364	533	50	66	16	30
1990	872	1559	75	600	1048	1902	96	131	81	106
1995	3900	5734	295	1446	5877	8849	315	382	461	557
2000	7379	9662	408	1701	12866	16904	599	911	847	919
2003	11341	13449	470	2182	19170	27375	848	1315	1450	1529

资料来源：王光振、张炳申：《珠江三角洲经济》，广东人民出版社 2001 年版，第 35 页；《广东统计年鉴》2004 年；长江和珠江三角洲及港澳特别行政区统计年鉴 2004 年。

高速增长带来了经济规模的迅速扩大，使珠江三角洲在广东省占有主要的经济地位。2003 年珠江三角洲的总人口 2398.63 万人，占广东总人口的 31%。国内生产总值所占比重则从 1980 年的 47.6% 上升到 84.3%；工农业总产值所占比重从 55.4% 变为 66.1%，外贸出口总额和实际利用外资分别占 94.9% 和 89.9%。

从以上分析，可见珠江三角洲的对外开放和发展，对广东省经济的发展，有举足轻重的作用。鉴于数据取得的方便性，以下把整个广东省当做珠三角来考虑。

一、珠三角经济圈的经济发展

（一）经济规模和经济增长速度

改革开放以来，珠三角充分发挥毗邻港澳台，海外侨胞众多的地缘人缘优势，抓住机遇，深化改革，扩大开放，加快发展，使珠三角成为中国发展的重要经济区。经过二十多年的发展，珠三角国内生产总值从 1978 年的 186 亿元增加到 2004 年的 16039 亿元，年均增长 13.4%，经济总量占全国的 1/9，财税总收入占全国总量的 1/7，人均 GDP 超过 2300 美元。以下是历年来珠三角的经济增长情况。

表 5-11　1979～2004 年珠三角经济发展情况

单位：亿元，%

年　份	国内生产总值	增长率	全国	比重
1979	209.34	12.55	4038.20	5.18
1980	249.65	19.26	4517.80	5.53
1981	290.36	16.31	4862.40	5.97
1982	339.92	17.07	5294.70	6.42
1983	368.75	8.48	5934.50	6.21
1984	458.74	24.40	7171.00	6.40
1985	577.38	25.86	8964.40	6.44
1986	667.53	15.61	10202.20	6.54
1987	846.69	26.84	11962.50	7.08
1988	1155.37	36.46	14928.30	7.74
1989	1381.39	19.56	16909.20	8.17
1990	1559.03	12.86	18547.90	8.41
1991	1893.30	21.44	21617.80	8.76
1992	2447.54	29.27	26638.10	9.19
1993	3431.86	40.22	34634.40	9.91
1994	4516.63	31.61	46759.40	9.66
1995	5733.97	26.95	58478.10	9.81
1996	6519.14	13.69	67884.60	9.60

续表

年　份	国内生产总值	增长率	全国	比重
1997	7315.51	12.22	74462.60	9.82
1998	7919.12	8.25	78345.20	10.11
1999	8464.31	6.88	82067.50	10.31
2000	9662.23	14.15	89468.10	10.80
2001	10647.71	10.20	97314.80	10.94
2002	11735.64	10.22	105172.30	11.16
2003	13625.64	16.10	117251.90	11.62
2004	16039.46	17.72	136515.00	11.75

注：比重指珠三角国内生产总值占全国的比重。

资料来源：《广东统计年鉴》1992～2004年，《中国统计年鉴》2004年。

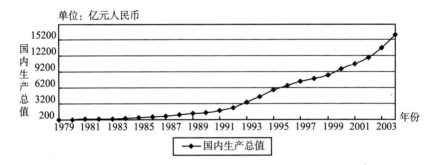

单位：亿元人民币

图 5-8　1979～2004年珠三角国内生产总值增长情况

数据来源：《广东统计年鉴》1992～2004年，《中国统计年鉴》2004年。

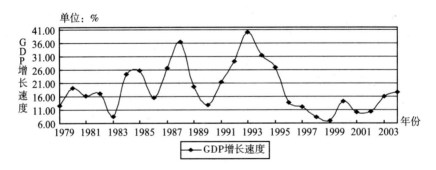

单位：%

图 5-9　1979～2004年珠三角国内生产总值增长速度

资料来源：《广东统计年鉴》1992～2004年，《中国统计年鉴》2004年。

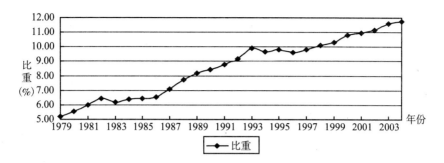

图 5 - 10 1979~2004 年珠三角国内生产总值占全国的比重

资料来源:《广东统计年鉴》1992~2004 年,《中国统计年鉴》2004 年。

(二) 进出口贸易

珠三角经济的发展,一直靠进出口贸易的支撑,该地区每年的进出口贸易额很大。2003 年该地区的进出口额为 2836.46 亿美元,增长率为 28.07%;2004 年进出口额为 3571.33 亿美元,增长率为 25.91%,连续 19 年居全国第一;2005 年上半年进出口额为 1870.53 亿美元,增长率为 17.75%。

从 2005 年上半年的情况来看,在珠三角地区的各个城市中,深圳实现进出口额最多。2005 年上半年,深圳进口额为 412.66 亿美元,出口额为 345.38 亿美元。在进口方面,河源的增长率最大,达到 50.31%;在出口方面,清远的增长率最大,为 107.67%。以下是 1987~2004 年珠三角进出口贸易情况。

表 5 - 12 1987~2004 年珠三角进出口贸易

单位:亿美元,%

年 份	进出口总额	增长率	全国进出口总额	比重
1987	210.37	N. A.	826.50	25
1988	310.19	47.45	1027.90	30
1989	355.78	14.70	1116.80	32
1990	418.98	17.77	1154.40	36
1991	525.21	25.35	1357.00	39

续表

年　份	进出口总额	增长率	全国进出口总额	比重
1992	657.48	25.18	1655.30	40
1993	783.44	19.16	1957.00	40
1994	966.63	23.38	2366.20	41
1995	1039.72	7.56	2808.60	37
1996	1099.60	5.76	2898.80	38
1997	1301.20	18.33	3251.60	40
1998	1297.98	−0.25	3239.50	40
1999	1403.68	8.14	3606.30	39
2000	1701.06	21.19	4742.90	36
2001	1764.87	3.75	5096.50	35
2002	2210.92	25.27	6207.70	36
2003	2835.22	28.24	8509.90	33
2004	3571.33	25.96	11547.00	31

注：比重指珠三角进出口总额占全国进出口总额的比重。

资料来源：《广东统计年鉴》1992～2004年。

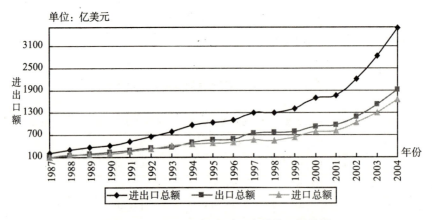

图 5-11　1987～2004 年珠三角进出口贸易额

资料来源：《广东统计年鉴》1992～2004年。

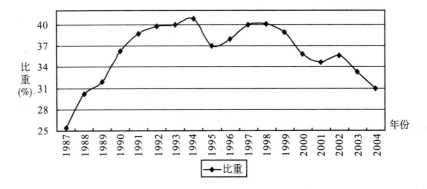

图 5 - 12　1987 ~ 2004 年珠三角进出口总额占全国进出口总额的比重

资料来源:《广东统计年鉴》1992 ~ 2004 年。

表 5 - 13　1987 ~ 2004 年珠三角进口和出口总额及增长率

单位:亿美元,%

年　份	出口总额	增长率	进口总额	增长率
1987	101.40	—	108.97	—
1988	148.17	46.12	162.02	48.68
1989	181.13	22.24	174.65	7.80
1990	222.21	22.68	196.77	12.67
1991	270.73	21.84	254.48	29.33
1992	334.58	23.58	322.90	26.89
1993	373.94	11.76	409.50	26.82
1994	502.11	34.28	464.52	13.44
1995	565.92	12.71	473.80	2.00
1996	593.46	4.87	506.14	6.83
1997	745.64	25.64	555.56	9.76
1998	756.18	1.41	541.80	- 2.48
1999	777.05	2.76	626.63	15.66
2000	919.19	18.29	781.87	24.77
2001	954.21	3.81	810.66	3.68
2002	1184.58	24.14	1026.34	26.61
2003	1528.48	29.03	1306.74	27.32
2004	1915.58	25.33	1655.75	26.71

资料来源:《广东统计年鉴》1992 ~ 2004 年。

153

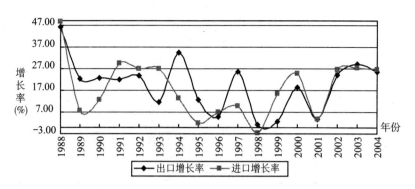

图 5 – 13　1988 ~ 2004 年珠三角进出口贸易增长率

资料来源:《广东统计年鉴》1992 ~ 2004 年。

（三）利用外资①情况

珠三角地区因为其便利的地理位置，以及开放的政策环境，在吸引外资方面具有很大的优势。改革开放后，珠三角在同外商签订项目数量、合同外资额和实际利用外资方面都有大幅度提高。以下是历年来珠三角的利用外资情况（见表 5 – 14，图 5 – 14）。

表 5 – 14　1979 ~ 2003 年珠三角利用外资情况

单位：个，百万美元

年　份	签订项目数	合同利用外资额	实际利用外资额
1979	1642	228.89	91.43
1980	5048	1389.20	214.19
1981	6803	1675.07	288.37
1982	8171	1559.16	281.03
1983	11318	726.60	406.85
1984	17452	1444.89	643.79
1985	13621	2565.21	919.10
1986	9417	1834.80	1428.29

---

①　利用外资包括对外借款、外商直接投资和外商其他投资（国际租赁、补偿贸易、加工装配）。

续表

年 份	签订项目数	合同利用外资额	实际利用外资额
1987	6999	2017.50	1216.71
1988	7662	3827.48	2439.65
1989	6636	3623.11	2399.15
1990	7196	3167.51	2023.47
1991	8507	5801.52	2582.50
1992	12916	19866.73	4861.47
1993	19012	34896.60	9652.25
1994	11956	26387.53	11446.64
1995	9345	26104.80	12100.37
1996	5955	17446.39	13899.43
1997	17737	9645.27	14205.19
1998	15459	12378.02	15099.45
1999	14824	8715.92	14473.83
2000	16879	11085.98	14574.66
2001	13198	15803.86	15755.26
2002	11706	18901.08	16589.46
2003	11472	24467.11	18940.81

资料来源：《广东统计年鉴》1992～2004 年。

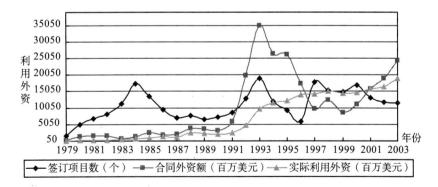

图 5－14　1979～2003 年珠三角利用外资情况

资料来源：《广东统计年鉴》1992～2004 年。

（四）吸收外商直接投资情况

珠三角改革开放 26 年（1979～2004 年）累计实际吸收外商直接投资达 1505 亿美元，占全国的 26.8%。2004 年实际利用外商直接投资继续增加，占全国总量的 1/6。全年外商直接投资新签项目 8322 个，增长 18.2%；合同利用外商直接投资 193.6 亿美元，实际利用外商直接投资 100.12 亿美元。全年新批总投资和净增资超 1000 万美元的项目 844 件，合同外资 110 亿美元，分别增长 34.6% 和 12.9%。截至 2004 年年底，登记注册的外商投资企业 5.53 万家。外商投资产业结构进一步优化。全年第一、二、三产业实际吸收外商直接投资分别为 1.3 亿美元、77.29 亿美元和 21.52 亿美元[①]。以下是 1979～2004 年珠三角吸收外商直接投资情况（见表 5－15，图 5－15）。

表 5－15　1979～2004 年珠三角吸收外商直接投资情况

单位：个，百万美元

年　份	签订项目数	合同利用外资额	实际利用外资额
1979	70	146.16	30.74
1980	188	1200.46	123.20
1981	236	1562.06	173.26
1982	151	1476.98	171.23
1983	412	615.52	245.23
1984	1105	1169.58	541.63
1985	1640	2000.73	515.29
1986	774	859.02	643.92
1987	1186	1246.47	593.96
1988	2741	2241.96	919.06
1989	2438	2438.13	1156.44
1990	3042	2689.58	1459.84
1991	4554	4905.30	1822.86
1992	9769	18857.64	3551.50

①　数据来源：广东省统计局关于 2004 年国民经济和社会发展的统计公报。

续表

年 份	签订项目数	合同利用外资额	实际利用外资额
1993	16768	33148.87	7498.05
1994	10558	23824.41	9397.08
1995	8177	24832.44	10180.28
1996	4608	15545.84	11623.62
1997	3744	7692.02	11710.83
1998	4369	9161.80	12020.05
1999	3013	6174.51	12203.00
2000	4245	8683.93	12237.20
2001	5317	13434.63	12972.40
2002	6613	16171.19	13110.71
2003	7306	21789.26	15577.79
2004	8322	19360.00	10012.00

资料来源:《广东统计年鉴》1992～2004 年;广东省统计局关于 2004 年国民经济和社会发展的统计公报。2004 年统计口径发生变化。

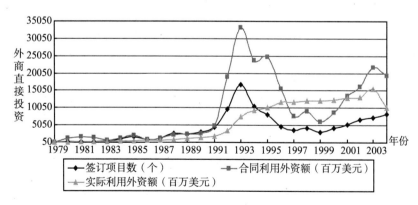

图 5 - 15　1979～2004 年珠三角吸收外商直接投资情况

资料来源:《广东统计年鉴》1992～2004 年;广东省统计局关于 2004 年国民经济和社会发展的统计公报。2004 年统计口径发生变化。

二、台湾与珠三角的进出口贸易

（一）台湾与珠三角的进出口贸易量

粤台两地贸易额呈逐年增长态势，发展潜力巨大。2004 年，粤台间的进出口总额达 302 亿美元，占全省进出口总额的 8.5%；其中由台进口 274 亿美元，同比增长 18.97%，占全省进口总额的 16.5%；对台出口 28 亿美元，同比增长 10.67%，占全省出口总额的 1.5%[①]（见图 5 - 16 ~ 图 5 - 18，表 5 - 17）。表 5 - 16 是 1990 ~ 2004 年珠三角同台湾进出口额增长情况。从表 5 - 16 中看出，珠三角同台湾的进口比重明显高于同台湾的出口比重。

表 5 - 16　1990 ~ 2004 年珠三角同台湾进出口总额及占全国的比重

单位：亿美元，%

年　份	进出口总额	增长率	全国同台湾进出口总额	比重
1990	0.63	—	25.75	2.45
1991	1.71	1.71	42.34	4.04
1992	3.10	0.81	65.79	4.71
1993	6.89	1.22	143.93	4.79
1994	11.61	0.69	163.28	7.11
1995	50.54	3.35	178.82	28.26
1996	50.58	0.00	189.82	26.65
1997	118.87	1.35	198.38	59.92
1998	124.55	0.05	205.00	60.76
1999	139.49	0.12	234.77	59.42
2000	168.79	0.21	305.33	55.28
2001	170.52	0.01	323.39	52.73
2002	220.13	0.29	446.47	49.30
2003	255.56	0.16	583.64	43.79
2004	301.94	0.18	783.24	38.55

注：比重指珠三角同台湾进出口总额占全国同台湾进出口总额的比重。

资料来源：《广东统计年鉴》1992 ~ 2004 年，《中国统计年鉴》，《中国对外经济统计年鉴》。

---

① 数据来源：广东省对外贸易经济合作厅，http://www.gddoftec.gov.cn/wjmtj/index.html。

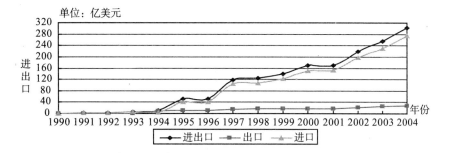

图 5 – 16　1990~2004 年珠三角同台湾进出口情况

资料来源:《广东统计年鉴》1992~2004 年,《中国统计年鉴》,《中国对外经济统计年鉴》。

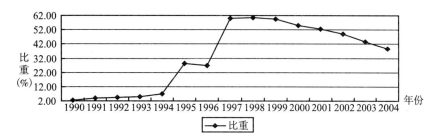

图 5 – 17　1990~2004 年珠三角同台湾进出口总额占全国同台湾进出口总额的比重

资料来源:《广东统计年鉴》1992~2004 年,《中国统计年鉴》,《中国对外经济统计年鉴》。

表 5 – 17　1990~2004 年珠三角同台湾进口和出口总额及增长率

单位:亿美元,%

年　份	出口总额	增长率	进口总额	增长率	贸易差额
1990	0.09	—	0.54	—	0.45
1991	0.37	311.11	1.34	148.15	0.97
1992	0.63	70.27	2.47	84.33	1.84
1993	0.96	52.38	5.93	140.08	4.97
1994	7.98	731.25	3.63	- 38.79	- 4.35
1995	10.59	32.71	39.95	1000.55	29.36
1996	9.96	- 5.95	40.62	1.68	30.66
1997	14.26	43.17	104.61	157.53	90.35
1998	17.09	19.85	107.46	2.72	90.37

续表

年　份	出口总额	增长率	进口总额	增长率	贸易差额
1999	16.34	−4.39	123.15	14.60	106.81
2000	17.51	7.16	151.28	22.84	133.77
2001	17.28	−1.31	153.24	1.30	135.96
2002	21.49	24.36	198.64	29.63	177.15
2003	25.24	17.45	230.32	15.95	205.08
2004	27.93	10.66	274.01	18.97	246.08

注：出口比重和进口比重指珠三角同对台湾出口和进口额占珠三角总出口和总进口的比重。

资料来源：《广东统计年鉴》1992～2004年。

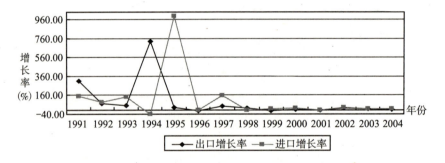

图5－18　1991～2004年珠三角同台湾进口和出口增长率

资料来源：《广东统计年鉴》1992～2004年。

（二）台湾与珠三角的进出口贸易特点

1. 两地间的贸易严重不平衡

从数字上可以看出，粤台两地间的贸易严重不平衡，2004年广东逆差达246亿美元，这也说明对粤贸易在台湾对外贸易中占有相当重要的地位。

2. 在全国同台湾进出口总额的比重有所下降

20世纪90年代以来，珠三角同台湾进出口总额快速增长，占全国同台湾进出口总额的比重也大幅度提高。但进入21世纪后，随着长三角和环渤海经济的飞速发展,珠三角同台湾进出口总额占全国同台湾进出口总额的比重有所下降。

3. 同台湾的贸易依存度有下降趋势

随着珠三角同台湾进出口额的迅猛增长,珠三角对台湾的贸易依存度也在增长。但近年来,珠三角同台湾的出口依存度和进口依存度有下降趋势(见表5-18,图5-19)。

表 5-18 1990~2004 年珠三角对台湾的贸易依存度

单位:%

年　份	贸易依存度	出口依存度	进口依存度
1990	0.15	0.04	0.27
1991	0.33	0.14	0.53
1992	0.47	0.19	0.76
1993	0.88	0.26	1.45
1994	1.20	1.59	0.78
1995	4.86	1.87	8.43
1996	4.60	1.68	8.03
1997	9.14	1.91	18.83
1998	9.60	2.26	19.83
1999	9.94	2.10	19.65
2000	9.92	1.90	19.35
2001	9.66	1.81	18.90
2002	9.96	1.81	19.35
2003	9.01	1.65	17.63
2004	8.45	1.46	16.55

数据来源:根据《广东统计年鉴》1992~2004 年计算编制。

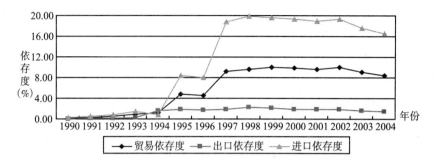

图 5 – 19　1990～2004 年珠三角对台湾的贸易依存度趋势

资料来源：根据《广东统计年鉴》1992～2004 年计算绘制。

4. 两地贸易的主体是加工贸易

粤台两地之间的贸易主要是靠台商投资带动，因此两地贸易中的主要部分是加工贸易，即台资企业从岛内进口原材料及元器件，在广东进行深加工和精加工后再销往海内外。

5. 珠三角同台湾进出口产品的结构

广东从台湾进口的主要商品包括集成电路及微电子组件、初级形状的塑料、钢材、初级形状的聚苯乙烯、自动数据处理设备的零件、铜材、ABS 树脂等。

广东出口台湾的产品主要是自动数据处理设备及其零部件、集装箱、电线和电缆、静止式变流器、服装及衣着附件、输入输出部件、家具及其零件、摩托车及自行车的零件等。

三、台商对珠三角的投资

（一）台商对珠三角的投资量

广东是台商在内地投资最集中的省份之一，同时台资也是广东省仅次于港资的第二大外资来源。广东的对台经贸合作是从 1987 年 11 月台湾当局开禁台胞回大陆探亲、放松对大陆政策后开始得到较大发展的。台商投资广东可以分为三个阶段：第一阶段从 1982 年至 1993 年，从试探性投资到初步形成投资热潮；第二阶段从 1994 年至 1997 年，台资企业投资广东处于徘徊阶段；第三阶段从 1998 年至今，台资企业投资广东进入加速发展态势，每年广东引进台资企业均以 1200 家以上的速度增长。当前，粤台经贸合作呈现出向纵深发展，产业互动和联系更加紧密的良好态势。以下是 1988～2003 年珠三角利用台资情况（见表 5-19，图 5-20）。

表 5-19 1988～2003 年珠三角利用台资情况

单位：个，百万美元

年 份	签订项目数	合同外资额	实际利用外资
1988	29	87.48	3.24
1989	82	109.95	22.72
1990	270	257.49	70.33
1991	276	263.10	115.17
1992	526	658.39	129.84
1993	873	1141.35	267.00
1994	641	852.11	438.16
1995	579	813.20	359.51
1996	427	479.30	474.36
1997	741	289.21	485.87
1998	1247	513.39	483.33
1999	1342	636.69	625.95
2000	1377	803.51	733.59
2001	1209	952.92	881.93
2002	1050	1120.54	1080.15
2003	874	960.88	1134.02

资料来源：《广东统计年鉴》1992～2004 年。

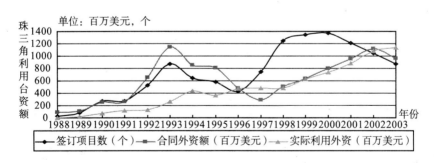

图 5-20 1988～2003 年珠三角利用台资情况

资料来源：《广东统计年鉴》1992～2004 年。

（二）珠三角吸收台湾外商直接投资情况

珠三角在利用外商直接投资大幅度提高的同时，吸收台湾外商直接投资也有大幅度提高。以下是 1988～2003 年珠三角吸收台湾外商直接投资情况（见表 5-20，图 5-21）。

表 5-20　1988～2003 年珠三角吸收台湾外商直接投资情况

单位：个，百万美元

年　份	签订项目	合同利用外资额	实际利用外资额
1988	27	86.12	3.24
1989	82	109.95	22.72
1990	267	257.36	70.32
1991	264	261.59	109.56
1992	524	658.27	128.57
1993	868	1136.42	266.49
1994	639	849.71	435.86
1995	579	813.20	359.51
1996	427	479.30	474.36
1997	436	236.33	453.94
1998	498	389.71	351.15
1999	388	395.63	469.34
2000	482	483.54	497.46
2001	697	595.86	490.29
2002	802	807.06	635.62
2003	674	628.22	676.88
总计	7654	8188.27	5445.31

资料来源：《广东统计年鉴》1992～2004 年。

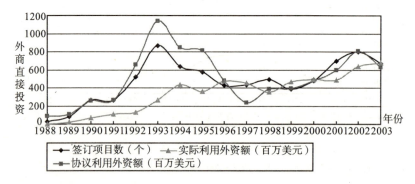

图 5-21　1988～2003 年台湾对珠三角外商直接投资情况

资料来源：《广东统计年鉴》1992～2004 年。

（三）台商对珠三角投资的特点

1. 投资形成了比较完整的产业链

在广东投资的台商企业，由于往往是上、中、下游相关联行业整体配套，形成一批各具特色的行业群体或行业基地。如东莞地区集中了1300多家电子信息产品的制造基地，中山形成了世界上规模最大的婴儿车、高尔夫球等生产基地。

2. 逐渐从劳动密集型转向资金、技术密集型

早期的台资企业多以制衣、鞋类等劳动密集型项目为主，进入20世纪90年代，台湾的资金、技术密集型项目陆续进入，投资项目包括石化、钢铁、塑料、工程塑料、纺织、生物工程、电脑及配套设备、机械制造等。总投资1000万美元以上的大项目中，电子类约占18.5%、机械设备占13%、金属制品占13%。在广州、深圳、东莞、惠州等市还建有台湾高科技园（区），投资科技含量较高的项目不断增多，台商投资企业的产业集聚力和辐射力不断增强。

3. 投资领域不断扩大，第三产业和农业开发性项目逐年增加

近年来，随着大陆与台湾分别加入WTO，两地的第三产业都逐步开放，台商进入广东第三产业取得新突破，如运输有长荣、立荣海运，零售业有好又多量贩，证券业有京华三一证券进入广东。

农业合作方面，台商在珠三角投资农业以种植业和园艺业为主，投资方式多为独资，投资规模普遍不大。2004年，粤台农产品进出口额为8532万美元，其中内地出口台湾4230万美元。2005年1～3月，台商在广东投资的农产品项目有408个，实际利用台资3.12亿美元。

四、主要台商投资区域的台资现状

1. 东莞市台资情况

1983年第一家台资（鞋业）落户东莞，20世纪90年代，东莞利用深圳、珠海等地调整台资政策，着重支持高附加值、高科技产业的台资企业的机会，大力发展"三来一补"企业，台资迅速扩张，形成"东莞现象"。到2004年4月底，东莞累计引进台资企业5828家，协议金额88.5亿美元，实际到资68亿美元，投资额超过千万美元的有

151 家。目前，东莞台商投资额占东莞外资的 1/3，广东全省台资的 1/3，大陆的 1/10，常住台商 4～5 万人。目前东莞台资企业主要呈现以下特点：

（1）形成了以 IT 业为主的多行业。目前共有 IT 业、鞋业、家具、灯饰、塑料、五金等 30 多个行业，其中以 IT 业为主，达 2000 多家。目前，东莞是全球最大的台式电脑零配件加工出口基地。

（2）台资企业市场以国际市场为主。

（3）台商凝聚力较强，产业链较长。东莞有 30 多个镇，每个镇都有台协分会，目前 70% 以上台商参加台商协会。由于龙头企业的作用，台资集聚效应比较明显，如台达、国巨、群光等都具有很强的带动作用，其中台达电子吸引了超过 100 家协作企业聚集其周围，形成了一个有明确分工和配套、互补的产业链。

2. 深圳市台资情况

深圳是台商投资最早、最集中的地区之一。自 1982 年第一家台资企业落户深圳，到 2005 年 4 月底，台商在深累计投资开办企业达 3998 家，实际台资投入达 51 亿美元。2004 年全市台资企业实现出口 190 亿美元。近 10 年来，在深居住的台商及家属达 5 万人。从 1996 年以来，台资企业以每年 200～300 家的速度增长。台资企业增长呈现以下特点：

（1）从中小劳动密集型企业向高科技企业发展。目前深圳千万美元以上的台资企业有 86 家，其中不乏 5000 万美元以上的大规模企业，包括友利电子、长营电器、信义汽车玻璃、雷盛德奎实业等。目前技术密集型企业占 20%，其中经有关部门认定的高新技术企业有 9 家，先进技术企业 11 家，90 年代的技术装备占 75% 以上。

（2）投资领域不断拓宽。目前已有 30 多个行业、100 类个产品。投资领域包括制造业、房地产、服务贸易、旅游业、娱乐、咨询服务业等。主导产品包括计算机及其周边设备制造。此外，还包括软件开发、移动电话、电线电缆等通讯设备产品、家用电器、精细化工产品、精密模具、医疗设备、钟表自行车、塑胶产品等。

（3）投资区域相对集中，产业关联性较强。台商投资企业主要集中在龙岗、保安两个区，由于地域上的相对集中，使企业易形成专业化协作、系列化、集团化优势。

（4）企业从制造向制造与研发并重发展。

（5）企业赢利面较大，尤其是高新技术企业，85%以上为赢利。

3. 珠海市台资情况

珠海在经历了20世纪90年代初期的台资出走后，通过调整吸引台资的政策，降低门槛，台资迅速回升。到2004年3月累计台资企业751家，累计合同台资11.66亿美元，实际利用台资8.06亿美元。台资占外资比重从以往第3位升至第2位（港、台、日）。超过千万美元的有8家，已形成化工、集成电路和游艇制造3个重点产业链，其中，化工企业超过30家，其中6、7家为上市公司，形成了产业配套的化工产业；集成电路制造方面，有2家6寸集成电路生产厂家，形成从设计、制造到封装一条龙产业，为广东省唯一的晶园厂家；珠海是珠江的入海口，具有制造船舶的优势，珠海利用台湾该产业转移的机遇，引进4~5家游艇制造厂商，未来将通过以台引台，吸引更多的协办厂，从而形成又一独具特色的产业链。在新增企业中，以高新企业为主，如2002年增加的119家企业中，超过四成是电子、软件和生物工程等高新技术企业。

4. 中山市台资情况

2004年台资企业1040家，合同金额24161亿美元，实际利用台资2215亿美元，超过1亿美元的有4家，超千万美元的68家，台资占中山市外资比重项目数的1/3，资金的1/3强，在中山市外资排名中居第2位（港澳居第1位，第3位为日资）。主要行业是传统项目，包括制鞋、服装、五金、化工、箱包等。台资的主要特点，一是以制造业为主，第三产业处于起步阶段；二是履约率高，资金到位快，当年立项，当年资金到位，当年投产；三是普遍赢利，根据调查赢利面达85%，另有10%持平，还有5%因投资项目选择不当或规模小、在国际市场上竞争力弱而遭至亏损；四是增资扩产多，5年前来投资的基本上都进行了不同程度的增资；五是台商投资逐步由单一行业向多行业拓展，尤其是早期投资者有相当部分从制造业向服务业转移；六是投资形式从早期的合资、合作、租厂房逐步向独资、自行购地、自盖厂房发展，从摸着石头过河，到准备安营扎寨长期发展。

除上述区域外，广州、佛山、惠州、顺德、番禺等地也是台资较多的地区。据《投资中国》杂志资料，目前，广东拥有台资企业超过12680家，实际利用台资占大陆台资的1/3强。

五、珠三角在两岸经贸合作中的优势和劣势

随着大陆加入 WTO 及改革开放向纵深方向的进一步发展，台商对祖国大陆的投资策略发生了变化，以上海为中心的长江三角洲地区成为新一轮台商投资的重点，环渤海、中西部地区也越来越吸引台商的眼球，珠三角在未来一段时期内在吸引台商投资方面可能会面临严峻挑战。与长三角地区相比，珠三角的投资环境特别是软环境至少有以下两个方面的差距：

1. 投资环境与招商政策的差距

珠三角地区，特别是广州、深圳、东莞等城市面临着整体投资环境萎缩的问题。在地方行政机构的规范行为和所提供的完善的服务功能方面，广东作为改革开放的先行者，还存在乱摊派、乱收费、乱罚款等问题，一些地方尤其是某些监管部门，对外资的服务意识不足，办事效率不高等问题急需改善。

2. 丰富而素质良好的人力资源的差距

与长三角地区相比，珠三角高素质人才总量不足，熟练技术工人缺乏，而且人才分布不均衡，人力资源结构欠佳。随着大企业、大财团，尤其是高新技术企业的相继进入，高素质人力资源供求矛盾将更加突出。

但从中长期看，珠三角地区在台商投资祖国大陆的大趋势中仍具有自己的优势：

1. 毗邻港澳以及 CEPA 的优势

广东省毗邻港澳，可以充分利用港澳两地的自由港连接国际市场，既便于联系远洋市场又便于联系内陆腹地。内地与港澳实施 CEPA 后，这一优势得到进一步发挥。

2. 地区经济市场化程度较高的优势

广东由于实行高度开放的对外经济政策，吸引了大批的国际投资者前来进行生产和贸易活动，这些投资者大部分具有良好的国际营销渠道，他们的投资和贸易行为都具有国际化的特点，其生产、管理以及其他相关活动都按照国际惯例进行，这些都使得广东的经济市场化程度和国际化程度高出国内其他省份很多。而且广东省内的经济发展水平相当高，当地居民的购买力相对较高，市场容量大。

3. 产业集聚的优势

产业集聚有利于提高地区的国际竞争力，台商投资祖国大陆的企业中，产业集聚效应表现得相当明显。由于产业集聚，每个企业通过产业分工，专注生产一两个部件或产品的某个部分，从而实现规模经济效应；由于产业集聚，不同企业之间互相配合，又可获得范围经济效应，从而大大降低了生产成本和交易成本，提高企业竞争力。现在珠三角已形成了相对成熟、稳定的"产品生物链"，产业集聚现象非常明显。产业集聚将使珠三角走出低成本竞争的陷阱，在当今技术更新换代速度加快、产品生命周期缩短、市场竞争日趋激烈的环境下，继续保持吸引台资的竞争力。

六、珠三角与台湾的经贸前景

两岸深化经贸合作后，祖国大陆将对台商全方位开放，珠三角地区作为祖国对台经贸交流的重要平台，需重视解决以下几个问题：

1. 加强研究，制定粤台经贸合作的中长期发展规划

制定发展规划，要将粤台经贸合作与广东经济发展的战略目标、产业政策及地区布局结合起来。其中，要特别加强工业园区建设和规划。从全省区域产业分工和协作出发，合理规划和引导各地区台资产业发展方向和重点，以最大限度发挥各地区的资源优势和区域优势避免产业雷同和重复建设。重点采取的措施之一，就是要充分发挥台商企业聚群和产业配套的优势，借鉴台湾新竹科学园及长江三角洲地区兴办台商投资区的经验，在珠三角一些台商投资集中的重点地区，高起点、高质量地建设和规划工业园区，提供统一管理

和服务，重点引进大型企业以带动上下游中小企业群进驻，形成规模效应、品牌效应。

2. 进一步改善投资环境，尤其是投资软环境，以提高整体经营环境的综合优势

过去20年间，广东珠江三角洲地区在改善吸引外商的投资环境，尤其是基础设施硬件方面已取得了长足的进步，然而，在改善软环境方面仍然差强人意。针对广东方面的不足，当前需加强的工作主要有：

（1）改革政府现有的审批制度，采取"一个窗口"审批、"一个口子"收费、"一条龙"服务的措施，以简化政府对台招商引资工作的办事程序，提高行政效率和透明度。

（2）强化政府有关部门的服务功能和意识，特别是要加快广东"大通关"的建设步伐，加快电子化、信息化、网络化建设，为企业创造更快捷的通关环境。

（3）加强执法、监察的力度和水平，保障台商在祖国大陆的合法利益。据调查，近年广东台商在遇到经济纠纷时，采取法律途径解决的比例很小，而自行解决或找第三人解决的比例却有所提高。为此，广东省有关执法、监管部门应强化法治观念，加强执法、监察的力度和水平，切实落实1997年颁布的《广东省实施〈中华人民共和国台湾同胞投资保护法〉办法》，以保障台商在祖国大陆的合法利益。

（4）在广东各台商投资密集的地区设立专门的台商投资工业园区，帮助台资企业解决在贷款、土地使用、人员出入境、货物进出口、各类专业技术人才培训、社会治安、劳动管理等各方面所遇到的实际困难和问题，以提高广东吸引台商投资的总体竞争力，并推动台资企业产业的升级转型。

3. 进一步改善广东珠江三角洲地区与香港在基础设施、通关等方面的联系，以降低台商的交易成本，并充分发挥香港的功能和作用

广东应抓住内地与香港、澳门签署"更紧密经贸关系安排"这一有利时机，积极推动粤港澳三地的经济融合和经济一体化，充分发挥珠三角作为"世界工厂"和香港服务业、台湾高科技产业的优

势，完善粤港澳经贸合作交流机制，提升双方在金融、物流、旅游、中介商业服务、科技产业以及基建等各方面的合作水平，进一步拓宽现有港资企业和台资企业的发展空间，以降低台商的交易成本，并充分发挥香港的功能和作用，以增强整个区域的国际竞争力，实现优势互补，创造"四赢"局面。

第三节　台湾与环渤海经济圈的经贸关系

环渤海经济圈的概念最早由中科院地理所副所长李文艳提出[①]，目前理论界对于这一问题的争论比较多，有专家提出环渤海经济圈应包括"四省两市"，辽宁省、河北省、山东省、山西省、天津市和北京市；也有的认为环渤海经济圈的范围应是"三省两市"，山西省不包括在内；天津市前任市长李盛霖把环渤海经济圈界定为"四省两市一区"[②]，在"四省两市"的基础上，又加入了内蒙古自治区；2005年初刘洪滨发表的《环渤海地区经济发展与海洋产业结构调整》一文中，则把环渤海经济圈限定为了"三省一市"，只包括辽宁省、河北省、山东省和天津市。其中三省两市的概念比较被广泛接受。本书也采用"三省两市"的定义：环渤海经济圈就是指辽宁省、河北省、山东省、北京市和天津市。

一、环渤海经济圈经济发展

（一）经济规模和经济增长速度

在改革开放的初期，大陆制定了一系列优惠措施实行对外开放。但是这些优惠措施，大多数针对经济特区或者是沿海城市。环渤海经济圈虽然是大陆的政治核心所在地，却很少得到这些优惠措施。近年来，随着中国改革开放力度的加大，以及市场环境的完善。环渤海经济圈，凭

---

① 子爱：《环渤海经济圈前世今生》，http://unn.people.com.cn/GB/22220/31344/31346/2284745.html。

② 《环渤海经济圈发展研究综述》，http://www.haotiangroup.com.cn/docc/news_detail.asp? id=533。

借其丰富的人力资源，以及靠近政治中心的优势，得到了快速的发展。从表5-21、图5-22～图5-24中可以清楚地看到，从1995年起环渤海地区的生产总值占全国的比重就一路上升，到2004年已经超过28%。

表 5-21 1978～2004 年环渤海经济圈的国内生产总值（现值）

单位：亿元，%

年份 \ 地区	北京市	天津市	河北省	辽宁省	山东省	环渤海经济圈	增长率	占全国比重
1978	108.84	82.65	183.06	229.20	225.45	829.20	—	22.9
1979	120.11	93.00	203.22	244.96	251.60	912.89	10.09	22.6
1980	139.07	103.52	219.24	281.00	292.13	1034.96	13.37	22.0
1981	139.15	107.96	222.54	288.61	346.57	1104.83	6.75	22.7
1982	154.94	114.10	251.45	315.07	395.38	1230.94	11.41	23.2
1983	183.13	123.40	283.21	364.02	459.83	1413.59	14.84	23.8
1984	216.61	147.47	332.22	438.17	581.56	1716.03	21.40	23.9
1985	257.12	175.71	396.75	518.59	680.46	2028.63	18.22	22.6
1986	284.86	194.67	436.65	605.33	742.05	2263.56	11.58	22.2
1987	326.82	220.00	521.92	719.12	892.29	2680.15	18.40	22.4
1988	410.22	259.64	701.33	881.02	1117.66	3369.87	25.73	22.6
1989	455.96	283.34	822.83	1003.81	1293.94	3859.88	14.54	22.8
1990	500.82	310.95	896.33	1062.74	1511.19	4282.03	10.94	23.1
1991	598.90	342.75	1072.07	1200.10	1810.54	5024.36	17.34	23.2
1992	709.10	411.24	1278.50	1472.95	2196.53	6068.32	20.78	22.8
1993	863.54	536.10	1690.84	2010.82	2779.49	7880.79	29.87	22.8
1994	1084.03	725.14	2187.49	2461.78	3872.18	10330.62	31.09	22.0
1995	1394.89	920.11	2849.52	2793.37	5002.34	12960.23	25.45	22.2
1996	1615.73	1102.40	3452.97	3157.69	5960.42	15289.21	17.97	22.5
1997	1810.09	1235.28	3953.78	3582.46	6650.02	17231.63	12.70	23.1
1998	2011.30	1336.40	4256.00	3881.70	7162.20	18647.60	8.22	23.8
1999	2174.50	1450.10	4569.20	4171.70	7662.10	20027.60	7.40	24.4
2000	2478.76	1639.36	5088.96	4669.06	8542.44	22418.58	11.94	25.1
2001	2845.65	1840.10	5577.78	5033.08	9438.31	24734.92	10.33	25.4
2002	3212.71	2051.16	6122.53	5265.66	10552.06	27204.12	9.98	25.9
2003	3663.10	2447.66	7098.56	6002.54	12435.93	31647.79	16.33	27.0
2004	4283.31	2931.88	8768.79	6872.65	15490.73	38347.36	21.17	28.0

资料来源：中经网数据库 http://210.34.4.4:86。

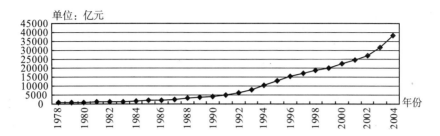

图 5 – 22 1978～2004 年环渤海经济圈国内生产总值走势

资料来源：根据中经网数据库数据编制 http://210.34.4.4:86。

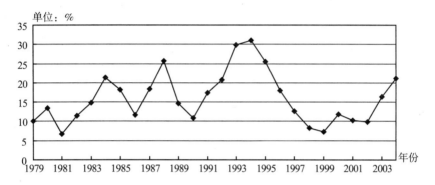

图 5 – 23 1979～2004 年环渤海地区经济增长速度

资料来源：根据中经网数据库数据编制 http://210.34.4.4:86。

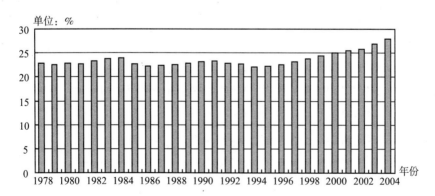

图 5 – 24 1978～2004 年环渤海经济圈国内生产总值占全国的比重

资料来源：根据中经网数据库数据编制 http://210.34.4.4:86。

（二）进出口贸易

进入 20 世纪 90 年代，随着环渤海经济圈经济的飞速发展，该区域的对外贸易量逐年上升。虽然受亚洲金融风暴影响，环渤海经济区的进出口贸易额在 1997 年前后出现倒退，但总的趋势是向上快速增长的。到 2004 年，环渤海经济圈的进出口总额占全国的比重达到 21.12%，其中出口的比重为 17.9%，进口的比重为 24.1%。该区域的出口和进口都保持了比较高的增长率，2004 年，该区域进出口增长率为 29.3%，出口增长率为 25.7%，进口增长率为 32.2%。在该区域包括的几个行政区中，各个行政区都保持了比较高的进出口增长率（见表 5 - 22，图 5 - 26 ～图 5 - 27）。

表 5 - 22　1992～2004 年环渤海经济圈进出口总额

单位：亿美元，%

年份 \ 地区	北京	天津	河北	辽宁	山东	环渤海经济圈	增长率	占全国的比重
1992	31.67	30.04	24.59	81.00	58.51	225.81	—	13.64
1993	36.85	39.78	24.62	85.20	72.79	259.24	14.80	13.25
1994	292.74	55.45	31.57	102.38	96.20	578.34	123.09	24.44
1995	370.35	80.44	39.18	131.99	139.44	761.40	31.65	27.11
1996	293.18	95.44	41.93	140.69	161.64	732.88	-3.75	25.28
1997	303.89	103.31	41.03	149.06	176.44	773.73	5.57	23.80
1998	305.06	106.14	42.27	127.44	167.14	748.05	-3.32	23.09
1999	343.60	126.01	45.80	137.18	182.67	835.26	11.66	23.16
2000	496.22	171.54	52.39	190.31	249.90	1160.36	38.92	24.47
2001	514.98	181.67	57.32	197.92	289.50	1241.39	6.98	24.36
2002	525.05	228.11	66.65	217.40	339.34	1376.56	10.89	22.18
2003	685.00	293.42	89.78	265.09	446.37	1779.67	29.28	20.91
2004	945.76	420.29	135.26	344.12	606.58	2451.99	37.78	21.12

资料来源：根据中经网数据库数据编制 http://210.34.4.4:86。

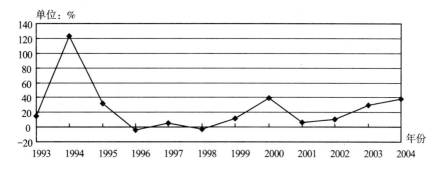

图 5 - 25　1993～2004 年环渤海经济圈进出口的增长速度趋势

资料来源：根据中经网数据库数据编制 http：//210.34.4.4：86。

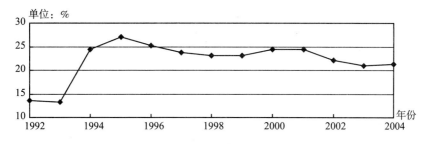

图 5 - 26　1992～2004 年环渤海经济圈进出口占全国的比重

资料来源：根据中经网数据库数据编制 http：//210.34.4.4：86。

（三）外商直接投资

随着环渤海经济圈的发展，外资的流向开始逐渐北移，该区域吸引了越来越多的外资。2003 年，该区域实际利用外资金额达到135.84 亿美元。在各个行政区中，北京、河北、山东利用外资的金额增长很快；但是，天津利用外资的金额有所下降；总体来说该区域从2000 年起在利用外资的金额方面处于上升的趋势之中（见表 5 - 23～表 5 - 24，图 5 - 24～图 5 - 28）。

表 5 – 23　1987～2004 年环渤海地区吸引外商直接投资的状况

单位：万美元，%

年份 \ 地区	北京市	天津市	河北省	辽宁省	山东省	环渤海地区	增长率	占全国的比重
1987	9534	5491	744	6441	2381	24591	N. A.	10. 63
1988	50278	2395	1673	9046	3908	67300	173. 68	21. 07
1989	31846	8134	2685	10893	13132	66690	- 0. 91	19. 66
1990	27695	3493	3935	24373	15084	74580	11. 83	21. 39
1991	24482	13216	4437	34888	17950	94973	27. 34	21. 75
1992	34985	10778	11309	51642	100342	209056	120. 12	18. 99
1993	66694	61368	39654	127913	187413	483042	131. 06	17. 56
1994	137157	101499	52340	144014	255242	690252	42. 90	20. 44
1995	107999	152093	54668	142461	268898	726119	5. 20	19. 35
1996	155290	215273	83022	173782	263355	890722	22. 67	21. 35
1997	159286	251135	110064	220470	249294	990249	11. 17	21. 88
1998	216800	211361	142868	219045	220274	1010348	2. 03	22. 22
1999	197525	176399	104202	106173	225878	810177	- 19. 81	20. 09
2000	168368	116601	67923	204446	297119	854457	5. 47	20. 99
2001	176818	213348	66989	251612	352093	1060860	24. 16	22. 63
2002	172464	158195	78271	341168	473404	1223502	15. 33	23. 20
2003	219126	153473	96405	282410	601617	1353031	10. 59	25. 29
2004	255974	172091	69954	540677	866423	1905119	40. 80	31. 42

资料来源：根据中经网数据库数据编制 http：//210. 34. 4. 4：86。

表 5 – 24　1992～2003 年环渤海各省市实际利用外资

单位：万美元，%

地　区	累计 FDI（1992～2003 年）	占全国的比例
山　东	3350139	7. 0
辽　宁	2196707	5. 0
天　津	1645124	3. 8
北　京	1614987	3. 7
河　北	803757	1. 8
总　计	9610714	22. 0

资料来源：《中国统计年鉴》1993～2004 年。

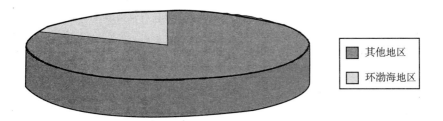

图 5 - 27 1992 ~ 2003 年环渤海经济圈吸收 FDI 饼状图

资料来源:《中国统计年鉴》1993 ~ 2004 年。

单位: %

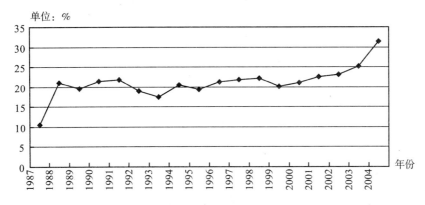

图 5 - 28 1987 ~ 2004 年环渤海经济圈历年吸引实际 FDI 占全国的比重

资料来源: 根据中经网数据库数据编制 http://210.34.4.4:86。

二、台湾与环渤海经济圈的经贸关系

(一) 台湾与环渤海经济圈的进出口贸易量

2001 年以前台湾对环渤海地区的进出口贸易量很低,随着大陆与台湾分别加入 WTO,两地相互之间的贸易日益频繁。环渤海经济圈的各个行政区与台湾的贸易量也都逐年增加。[①] 但进口增长的速度远远大于出口增长的速度,以北京地区为例,对台湾的出口始终稳定在某一固定水平,但对台湾的进口却迅速上升(见表 5 - 25 ~ 表 5 - 28,图 5 - 29)。

----

① 辽宁的数据暂缺。

表 5 - 25　1999～2003 年河北地区对台湾贸易统计

单位：万美元

年　份	对台出口	对台进口	对台进出口
1999	13730	N. A.	N. A.
2000	31249	N. A.	N. A.
2001	33309	N. A.	N. A.
2002	31249	N. A.	N. A.
2003	35353	N. A.	N. A.

资料来源：《河北年鉴》（2000～2004 年）。

表 5 - 26　1999～2003 年山东地区对台湾贸易统计

单位：万美元

年　份	对台出口	对台进口	对台进出口
1999	N. A.	N. A.	N. A.
2000	N. A.	N. A.	N. A.
2001	N. A.	N. A.	N. A.
2002	25305	53816	79127
2003	33098	58769	91867

资料来源：《山东年鉴》（2000～2004 年）。

表 5 - 27　1989～2002 年北京地区对台湾贸易统计

单位：万美元

年份	对台出口	对台进口	对台进出口
1989	319	100	419
1990	296	N. A.	N. A.
1991	264	N. A.	N. A.
1992	217	123	340
1993	2120	478	2598
1994	1513	4329	5842
1995	2332	N. A.	N. A.
1996	1136	2575	3711
1997	1612	8367	9979
1998	5118	5851	10969
1999	3507	17127	20634
2000	6339	25786	32125
2001	3476	37786	41262
2002	3922	46870	50792

资料来源：《北京年鉴》（1990～2004 年）。

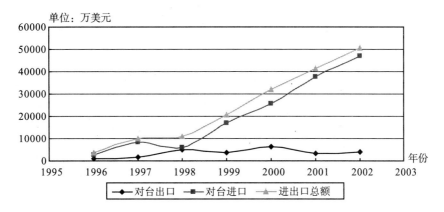

图 5 - 29 1996 ~ 2002 年北京地区对台贸易走势

资料来源：根据《北京年鉴》（1990 ~ 2004 年）编制。

表 5 - 28 1995 ~ 2002 年天津地区对台湾贸易统计

单位：万美元

年　份	对台出口	对台进口	对台进出口
1995	N. A.	15200	N. A.
1996	2000	16300	18300
1997	5900	19000	24900
1998	8400	16700	25100
1999	15200	37000	52200
2000	11500	47900	59400
2001	9200	55000	64200
2002	N. A.	91200	N. A.

资料来源：《天津年鉴》（1996 ~ 2004 年）。

（二）台商对环渤海经济圈的投资特点

1. 台湾对环渤海地区的投资量增长速度很快

在 20 世纪 80 年代，台湾企业在大陆投资主要集中在华南和东南沿海地区，利用当时那些地区的资源优势，特别是人力资源比较优势，快速发展。进入 90 年代以后，上述地区的比较优势相对减弱，而环渤海地区资源和人力的比较优势明显突出，所以台湾企业开始北上，到环渤

海地区寻求机会，并且经过这十几年的发展，取得了不错的成绩。以北京为例，在1981年，北京第一家台资企业成立，到1990年年底，北京市一共才有台资企业87家，而到2002年9月底，仅以"纯台资"名义投资北京的台商，累计批准家数为1868家（不含设立代表处的台商）。虽然北京市吸引台资企业的数量，还没有办法同台商大量聚集的大陆南方省市如广东、江苏、上海等相比；但是其数量增加之快，反映了环渤海经济圈吸引台资企业的活跃的势头。

2. 在环渤海地区投资的台资企业由劳动密集型逐步向高科技密集型转化

台湾"中华经济研究所"的一项调查显示，20世纪90年代以来，台商赴大陆投资的形态，已不再是单纯的劳动密集型产业，而有逐步提高技术层次的现象，技术密集型和资本密集型产业移往大陆投资已成趋势。在环渤海经济圈内，高科技人才济济一堂，特别是素有中国"硅谷"之称的中关村新技术开发区坐落在该区域内，因此来该区域投资的台资企业从事高科技产业的数量日渐增多。特别是在中关村内，台资企业的数量不断增加。将台湾的资金和环渤海经济圈内的人才优势结合，是一种明智之举。

表5-29　1991~2005年（1~5月）台湾对环渤海经济圈的投资状况

时期	1991~2004年			2005年（1~5月）			1991~2005年（1~5月）累计		
地区	件数	金额	占总金额比重	件数	金额	占总金额比重	件数	金额	占总金额比重
北京	N. A.	N. A.	N. A.	N. A.	N. A.	N. A.	N. A.	N. A.	N. A.
天津	N. A.	N. A.	N. A.	N. A.	N. A.	N. A.	N. A.	N. A.	N. A.
河北	2071	1827.2	4.43	31	58.0	2.95	2102	1885.2	4.36
山东	813	721.4	1.75	15	63.0	3.21	828	784.4	1.82
辽宁	488	371.6	0.90	0	0.1	0.01	488	371.7	0.86

资料来源：台湾"经济部投资审议委员会"。

3. 进入环渤海地区的台资大企业数量增多

过去，来环渤海经济圈投资的台商多是食品、服务、制鞋、玩具等行业的中小企业，投资规模普遍较小，平均不到 70 万美元，投资金额 50 万美元以下的占七成。而 20 世纪 90 年代以来，投资金额超过 100 万美元的台资大企业不断增加，这些大企业涉足的行业包括食品、电子、汽车等。比如台湾企业中的著名大企业统一、声宝、大成、长荣等，都有在天津投资。

三、环渤海地区在两岸经贸合作中的优势

近年来，环渤海地区经济发展迅速，其各项经济指标稳步上升，成为大陆继珠三角和长三角之后第三个经济快速增长区域。随着经济的快速稳定发展，环渤海地区与台湾的经贸往来也越来越密切。与大陆其他地区相比，环渤海地区具有五大优势，这也决定了环渤海地区在深化两岸经贸合作的过程中将发挥更加重要的作用。

第一，地理区位十分优越。环渤海地区处于东北亚经济圈中心地带，向南联系着长江三角洲、中部、西北、西南等腹地，向东通韩国和日本，向北联结着蒙古国和俄罗斯远东地区。

第二，自然资源非常丰富。环渤海地区拥有丰富的海洋资源、矿产资源、油气资源、煤炭资源和旅游资源，也是大陆重要的农业基地，耕地面积达 2656.5 万公顷，占大陆耕地总面积的 1/4 强，粮食产量占大陆的 23% 以上。

第三，海陆空交通发达便捷。环渤海地区拥有 40 多个港口，构成了大陆最为密集的港口群；环渤海地区是大陆交通网络最为密集的区域之一，是我国海运、铁路、公路、航空、通讯网络的枢纽地带，交通、通讯联片成网，形成了以港口为中心、陆海空为一体的立体交通网络，成为沟通东北、西北和华北经济和进入国际市场的重要集散地。

第四，工业基础和科技实力雄厚。环渤海地区是大陆最大的工业密集区，是大陆的重工业和化学工业基地，有资源和市场的比较优势。环渤海地区科技力量最强大，仅京津两大直辖市的科研院所、高等院校的科技人员就占大陆的 1/4。

第五，已形成一个实力较强的骨干城市群。环渤海地区以京津两

个直辖市为中心，以大连、青岛、烟台、秦皇岛等沿海开放城市为扇面，以沈阳、石家庄、济南等省会城市为区域支点，构成了大陆北方最重要的集政治、经济、文化、国际交往和外向型、多功能的密集的城市群落。

四、环渤海地区与台湾的经贸合作前景

目前，与长三角和珠三角相比，无论在经济发展方面，还是在经济一体化方面，环渤海地区还存在一定的差距，因此，如何创新机制，加强环渤海地区的区域经济合作，提升区域经济整体竞争力，已经成为环渤海地区的当务之急。两岸经贸合作为环渤海地区的经济发展提供了机遇，同时也要求环渤海地区在深化两岸经贸合作过程中发挥重大的作用。环渤海地区应该充分发挥自身的优势，做好对台产业对接的工作，通过与台湾产业整合来提升自己的区域经济竞争力。

第一，大力发展制造业，把环渤海地区打造成大陆乃至世界的制造工厂之一。环渤海地区具有良好的工业基础，较完善的立体交通设施，并且毗邻日、韩两大制造业基地，相对长三角和珠三角地区，更具有劳动力和土地成本优势。因此，环渤海地区不仅要进一步发展制造业，而且还要发展成为以京畿圈、山东半岛、辽中南地区为支撑的大陆重要世界制造基地之一。通过加强与台湾制造业的产业对接和实现优势互补，增强环渤海地区对国际制造业转移的吸引力。

第二，加快产业结构调整。沈阳—大连城市产业带是重化工业高度密集的城市产业带，而济南—青岛则是轻、重工业比较密集的城市产业带。环渤海地区应充分利用自身劳动力成本低、工业技术基础好的优势，在深化两岸经贸合作过程中充分利用台湾的技术优势和管理经验，实现优势互补，重点发展机械工业、电子工业、汽车工业和高新技术产业等，并通过这些产业辐射至上下游产业，以此形成一个完整的产业链条，实现产业结构的调整和优化。

第三，塑造环渤海地区新型钢铁产业圈。环渤海地区是我国重要的钢铁基地，有鞍钢、本钢、首钢、天津、太钢、唐钢、邯钢等大型钢铁企业，钢铁产量已经占大陆总产量的一半左右。国内外经验表

明，区域经济的凝聚力和竞争力，关键在于这个区域产业的关联度高低；而一个产业的竞争优势，则取决于所在地区起决定性作用的生产要素、需求条件、产业配套条件，以及同业竞争四个方面的相互联系体系的构成。钢铁产业处于经济链的中心环节，与上下游产业关联度较大。在深化两岸经贸合作过程中，如何加强与台湾钢铁产业的交流与合作，并以并购重组为方向进行结构调整，加强集中度，提高钢铁产业的竞争力，将对环渤海地区的经济发展有着重大影响。

第四，充分发挥地理空间优势，发展物流业和航运业。环渤海地区拥有优良的地理位置，因此要进一步加强海港、空港的建设步伐以及完善道路交通基础设施建设，通过物流业带动其他产业的发展，与此同时，充分发挥海港、空港和保税区的综合优势，全面提升国际贸易、现代物流、休闲旅游和金融服务等功能，构建比较完善的服务业体系。

第四节　台湾与海峡西岸经济区的经贸关系

"海峡西岸经济区"是以福建为主体，面对台湾，邻近港澳，北承长江三角洲，南接珠江三角洲，西连内陆，涵盖周边，具有自身特点、独特优势、辐射集聚、客观存在的经济区域①。位距东南沿海的海峡西岸经济区，因为与台湾的地缘优势以及自身享受的灵活的优惠政策等，其与台湾的经贸交流合作一直走在大陆的前列。但是近年来，随着大陆沿海城市开放度的加大，台资开始大规模地向长江三角洲和珠江三角洲转移，海西所拥有的对台优势正在逐渐淡化。鉴于此，2004年年初，福建省委、省政府提出了建设对外开放、协调发展、全面繁荣的海峡西岸经济区的政策，希望通过构建以福建为主体，外引台港澳，内联赣南、浙南、粤东和皖湘鄂的特殊的区域经济综合体，发挥区域内沿海中心城市及其城市群的依托

① 中共福建省委政策研究室："福建日报：全面推进海峡西岸经济区建设的纲领性文件"，http://cpc.people.com.cn/GB/64093/64101/5159475.html，2006年12月12日。

作用，建立快速便捷畅通的立体交通网络和现代通讯网络，促进区域内资本、技术、管理、人才等生产要素流动，以增强整个区域的经济活力。由此，再次掀起了对台经贸交流合作的高潮。

海峡西岸经济区是一个经济区域，福建是一个行政区域。福建在海峡西岸经济区建设中处于主体地位，发挥重要作用。因此，对于海峡西岸经济区与台湾的经贸关系，由于行政区划和统计方面的原因，我们主要采取福建的数据来替代海峡西岸经济区的数据。

一、福建经济发展

（一）经济规模和经济增长状况

改革开放以来，福建省经济取得了飞速的发展。1978 年全省 GDP 为 66.37 亿元，2004 年 GDP 增长为 6053.14 亿元，2005 年上半年经济运行良好，福建省的 GDP 为 2926.81 亿元。27 年来平均年增长率超过 10%。福建省自 1997 年，全省 GDP 年均增长率均超过全国增长率水平（见表 5-30）。

表 5-30 1978~2005 年（1~6 月）福建 GDP
产量、增长率以及占全国比重情况

单位：亿元，%

年 份	福建			全国	
	金额	增长率	占全国比重	金额	增长率
1978	66.37	N.A.	1.83	3624.10	N.A.
1979	74.11	11.70	1.84	4038.20	11.40
1980	87.06	17.50	1.93	4517.80	11.90
1981	105.62	21.30	2.17	4860.30	7.60
1982	117.81	11.50	2.22	5301.80	9.10
1983	127.76	8.40	2.14	5957.40	12.40
1984	157.06	22.90	2.18	7206.70	21.00
1985	200.48	17.60	2.24	8964.40	24.40
1986	222.54	5.70	2.18	10202.20	13.80
1987	279.24	13.60	2.33	11962.50	17.30
1988	383.20	14.30	2.57	14928.30	24.80
1989	458.40	7.80	2.71	16909.20	13.30
1990	523.30	17.70	2.82	18547.90	9.70

续表

年　份	福建			全国	
	金额	增长率	占全国比重	金额	增长率
1991	622.00	14.40	2.88	21617.80	16.60
1992	787.70	20.30	2.96	26638.10	23.20
1993	1133.50	25.20	3.27	34634.40	30.00
1994	1685.30	21.70	3.60	46759.40	35.00
1995	2160.50	15.20	3.69	58478.10	25.10
1996	2583.80	15.40	3.81	67884.60	16.10
1997	3000.40	14.50	4.03	74462.60	9.70
1998	3286.60	11.40	4.20	78345.20	5.20
1999	3550.20	10.00	4.33	82067.50	4.80
2000	3920.10	9.50	4.38	89468.10	9.00
2001	4253.70	9.00	4.37	97314.80	8.80
2002	4682.00	10.50	4.45	105172.30	8.10
2003	5232.20	11.60	4.46	117390.20	11.60
2004	6053.10	12.10	4.42	136875.90	16.60
2005（1~6月）	2926.80	11.20	4.34	67422.00	9.50

资料来源：中国网：http://www.china.org.cn/chinese/2005/Aug/943372.htm，《中国统计年鉴》2004年，《福建统计年鉴》2004年，中经网统计数据库。

　　虽然福建省改革开放以来经济取得了较快的增长（见图5-30），但相对其他沿海省份仍存在不小的差距。以 GDP 占全国比重来说，历年均低于4.5%（见图5-31），远远落后于江苏、浙江、山东等沿海省份。

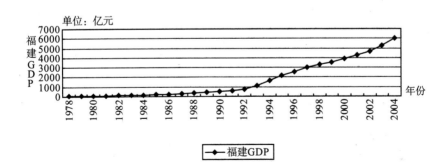

图 5-30　1978~2004 年福建 GDP 增长趋势

资料来源：中国网：http://www.china.org.cn/chinese/2005/Aug/943372.htm；《中国统计年鉴》2004年；《福建统计年鉴》2004年；中经网统计数据库。

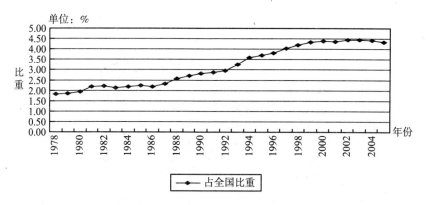

图 5 – 31 1978 ~ 2005 年(1 ~ 6 月)福建 GDP 占全国比重趋势

资料来源:中国网:http://www.china.org.cn/chinese/2005/Aug/943372.htm;《中国统计年鉴》2004 年;《福建统计年鉴》2004 年;中经网统计数据库。

(二) 进出口贸易

福建省因为临近珠三角,再加上临海等优越的地理位置,改革开放以来进出口贸易额增加很快。1978 年进出口总额仅为 2.03 亿美元(其中出口总额为 1.90 亿美元,进口总额为 0.13 亿美元),2000 年进出口贸易总额发展为 212.20 亿美元(其中出口总额为 129.06 亿美元,进口总额为 83.14 美元)。迈入新世纪的近 5 年,在国际、国内经济运行持续保持良好态势,以及福建省在海峡西岸经济区建设中,进一步重视发展外向型经济的战略措施影响下,对外贸易取得长足的发展,2004 年进出口贸易总额增长为 475.27 亿美元(其中出口总额为 293.95 亿美元,进口总额为 181.32 美元),2005 年上半年,进出口贸易发展良好,进出口贸易总额为 253.83 亿美元,增长率为 13.02%(其中,出口增长率为 17.18%,进口增长率为 6.6%),对外贸易年均增长率超过 20%(见表 5 – 31、图 5 – 32、图 5 – 33)。

表 5 – 31　1978～2005 年（1～6 月）福建进出口贸易

单位：亿美元，%

年　份	进出口总额			出口总额			进口总额		
	金额	增长率	占全国比重	金额	增长率	占全国比重	金额	增长率	占全国比重
1978	2.03	N.A.	0.98	1.90	N.A.	1.95	0.13	N.A.	0.12
1979	2.74	34.98	0.93	2.47	30.00	1.81	0.27	107.69	0.17
1980	5.05	84.31	1.32	3.64	47.37	2.01	1.41	422.22	0.70
1981	5.65	11.88	1.28	3.98	9.34	1.81	1.67	18.44	0.76
1982	5.17	– 8.50	1.24	3.79	– 4.77	1.70	1.38	– 17.37	0.72
1983	5.99	15.86	1.37	3.95	4.22	1.78	2.04	47.83	0.95
1984	6.94	15.86	1.30	4.24	7.34	1.62	2.70	32.35	0.99
1985	11.17	60.95	1.60	4.92	16.04	1.80	6.25	131.48	1.48
1986	8.94	– 19.96	1.21	5.79	17.68	1.87	3.15	– 49.60	0.73
1987	13.41	50.00	1.62	8.49	46.63	2.15	4.92	56.19	1.14
1988	28.43	112.01	2.77	14.16	66.78	2.98	14.27	190.04	2.58
1989	34.22	20.37	3.06	18.28	29.10	3.48	15.94	11.70	2.70
1990	43.39	26.80	3.76	24.49	33.97	3.94	18.9	18.57	3.54
1991	57.48	32.47	4.24	31.47	28.50	4.38	26.01	37.62	4.08
1992	80.54	40.12	4.87	43.82	39.24	5.16	36.72	41.18	4.56
1993	100.38	24.63	5.13	51.56	17.67	5.62	48.82	32.94	4.70
1994	121.90	21.44	5.15	64.30	24.70	5.31	57.59	17.98	4.98
1995	144.46	18.51	5.14	79.08	22.98	5.32	65.38	13.51	4.95
1996	155.13	7.39	5.35	83.83	6.00	5.55	71.30	9.06	5.14
1997	181.89	17.25	5.59	102.65	22.45	5.62	79.24	11.14	5.57
1998	171.53	– 5.70	5.29	99.58	– 2.99	5.42	71.95	– 9.20	5.13
1999	176.19	2.72	4.89	103.52	3.95	5.31	72.68	1.01	4.39
2000	212.20	20.44	4.47	129.06	24.68	5.18	83.14	14.40	3.69
2001	226.22	6.61	4.44	139.21	7.87	5.23	87.01	4.65	3.57
2002	283.97	25.53	4.57	173.71	24.78	5.33	110.26	26.73	3.74
2003	353.26	24.40	4.15	211.32	21.65	4.82	141.86	28.72	3.44
2004	475.27	34.54	4.12	293.95	39.04	4.95	181.32	27.89	3.24
2005 (1～6)	253.83	13.02	3.94	159.72	17.18	4.67	94.12	6.60	3.11

资料来源：福建省对外贸易经济合作厅：http://www.fiet.gov.cn/tjzl/tjzl.asp? ttype = gjjj；中华人民共和国统计局：http://www.stats.gov.cn/tjsj/index.htm，《中国统计年鉴》 2004 年，《福建统计年鉴》2004 年。

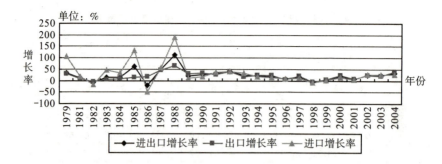

图 5-32　1979~2004 年福建进出口贸易增长率变动趋势

资料来源：福建省对外贸易经济合作厅：http://www.fiet.gov.cn/tjzl/tjzl.asp? ttype = gjjj；中华人民共和国统计局：http://www.stats.gov.cn/tjsj/index.htm，《中国统计年鉴》2004 年，《福建统计年鉴》2004 年。

　　由于福建省经济总量相对规模小，制约着出口贸易进一步增长的支撑力量，以 2004 年为例，福建省 GDP 为 6053.1 亿元，约占全国的 4.42%、山东省的 44.2%、江苏省的 42.1%、上海市的 83.7%、浙江省的 57.0% 和广东省的 39.0%，居全国第十一位。这样致使历年进出口贸易额占全国的比重处于 6% 以下的水平（见图 5-33）。

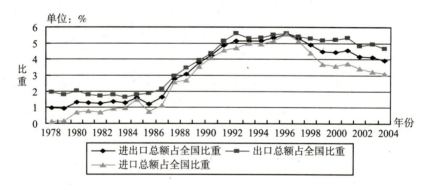

图 5-33　1978~2005 年（1~6 月）福建进出口贸易占全国比重变化趋势

资料来源：福建省对外贸易经济合作厅：http://www.fiet.gov.cn/tjzl/tjzl.asp? ttype = gjjj；中华人民共和国统计局：http://www.stats.gov.cn/tjsj/index.htm；《中国统计年鉴》2004 年；《福建统计年鉴》2004 年。

（三）外商投资状况

改革开放以来，福建省吸引外资方面取了明显的增长。1979 年签订利用外资合同仅 5 项，合同金额为 0.0105 亿美元，实际利用外资为 0.008 亿美元。到 2000 年，福建省全年签订利用外资合同达到 1463 项，合同金额为 43.14 亿美元，实际利用外资为 34.32 亿美元。近 5 年，福建省在海峡西岸经济区建设中，进一步重视引进外资的战略措施影响下，吸引外资取得一定的进展，2004 年签订利用外资合同达到 2277 项，合同金额为 53.73 亿美元，实际利用外资为 22.21 亿美元，2005 年上半年，吸引外资态势良好，签订利用外资合同达到 1017 项，合同金额为 30.33 亿美元，实际利用外资为 15.79 亿美元（见表 5-32）。

表 5-32 1979~2004 年福建利用外资情况

单位：个，%，亿美元

年 份	项目数	项目增长率	合同金额	合同金额增长率	实际金额	实际金额增长率
1979	5	n. a.	0.01	n. a.	0.01	n. a.
1980	15	200.00	0.05	400.00	0.04	300.00
1981	16	6.67	0.19	280.00	0.02	-50.00
1982	14	-12.50	0.16	-15.79	0.01	-50.00
1983	18	28.57	0.21	31.25	0.48	4700.00
1984	248	1277.78	2.01	857.14	0.62	29.17
1985	397	60.08	3.77	87.56	1.77	185.48
1986	109	-72.54	0.65	-82.76	1.67	-5.65
1987	216	98.17	1.18	81.54	1.47	-11.98
1988	813	276.39	4.63	292.37	2.89	96.60
1989	872	7.26	9.03	95.03	3.91	35.29
1990	1043	19.61	11.62	28.68	4.27	9.21
1991	1219	16.87	14.49	24.70	5.7	33.49
1992	3113	155.37	63.51	338.30	14.66	157.19
1993	4714	51.43	113.66	78.96	29.06	98.23
1994	3026	-35.81	71.79	-36.84	37.23	28.11
1995	2728	-9.85	89.06	24.06	41.49	11.44
1996	1987	-27.16	65.36	-26.61	41.36	-0.31

续表

年　份	项目数	项目增长率	合同金额	合同金额增长率	实际金额	实际金额增长率
1997	2298	15.65	45.38	-30.57	42.02	1.60
1998	2006	-12.71	50.02	10.22	42.12	0.24
1999	1439	-28.27	49	-2.04	40.24	-4.46
2000	1463	1.67	43.14	-11.96	34.32	-14.71
2001	1670	14.15	50.07	16.06	39.18	14.16
2002	1825	9.28	69.44	38.69	38.38	-2.04
2003	2274	24.60	47.73	-31.26	40.75	6.18
2004	2277	0.13	53.73	12.57	47.48	16.52

资料来源：《福建统计年鉴》2004 年，福建省对外贸易经济合作厅：http://www.fiet.gov.cn/tjzl/tjzl.asp？ttype＝gjjj。

福建省实际利用外资在 1979 年至 1991 年 13 年期间没有明显的增加。1992 年，福建利用外资获得了突破性的进展，全年利用外资超过以往 13 年的总和。这主要原因为 1992 年 1～2 月邓小平视察中国南方，又一次打开了对外开放的大门，使沿海地区利用外资得到迅速发展。但 2000 年以后吸引外资步伐明显降低，原因是大量外资投向长三角和珠三角地区（见图 5-34，图 5-35）。

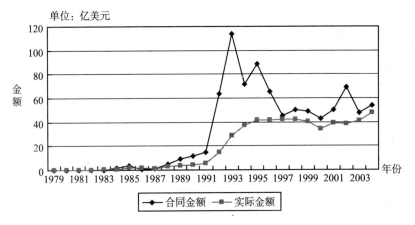

单位：亿美元

图 5-34　1978～2004 年福建利用外资趋势

资料来源：《福建统计年鉴》2004 年，福建省对外贸易经济合作厅：http://www.fiet.gov.cn/tjzl/tjzl.asp？ttype＝gjjj。

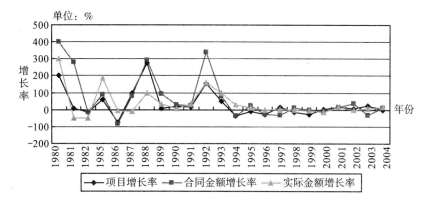

图 5 - 35　1980 ～ 2004 年福建利用外资增长率变动趋势

资料来源：《福建统计年鉴》2004 年，福建省对外贸易经济合作厅：http：//www. fiet. gov. cn/tjzl/tjzl. asp？ttype = gjjj。

注：因 1983 年、1984 年数据出现异常变化（见表 5 - 32），故该两年未绘入本图中。

二、台湾与福建进出口贸易

（一）台湾与福建进出口贸易量

福建与台湾仅一水之隔，并且由于紧密的血缘和亲缘关系，使得福建成为大陆对台湾最具地域人文优势的地方。在改革开放以前，台湾与福建的小额民间贸易一直不曾间断。改革开放以来，大陆制定了一系列旨在缓和两岸关系的方针政策，为闽台经贸合作创造了良好的环境和条件。台商在福建的贸易额不断扩大，闽台经济合作日益加深。1983 年闽台贸易额为 0.079 亿美元（其中出口 0.044 亿美元，进口 0.035 亿美元）。1992 年邓小平南方谈话后，1993 年闽台贸易额跃到 32.37 亿美元（其中出口 18.99 亿美元，进口 13.38 亿美元）。到 2004 年闽台贸易额上升为 43.56 亿美元（其中出口 6.76 亿美元，进口 36.80 亿美元）。2005 年上半年，闽台贸易态势良好，贸易额为 22.03 亿美元（其中出口 3.37 亿美元，进口 18.66 亿美元）（见表5 - 33）。

表 5 – 33   1983 ~ 2005 年(1 ~ 6 月)福建对台湾进出口贸易

单位:亿美元,%

年　份	出口		进口	
	金额	增长率	金额	增长率
1983	0.044	n. a.	0.035	n. a.
1988	0.13	195.45	0.07	100.00
1993	18.99	506.70	13.38	579.19
1998	3.38	n. a.	21.38	n. a.
1999	3.03	– 10.36	20.22	– 5.43
2000	4.04	33.50	24.21	19.70
2001	3.65	– 9.67	24.89	2.81
2002	4.30	16.68	29.20	17.20
2003	5.19	19.88	30.50	4.51
2004	6.76	30.31	36.80	20.63
2005 (1 ~ 6 月)	3.37	8.26	18.66	0.54

资料来源:福建外经贸之窗:http://fujian.mofcom.gov.cn/;福建省情网:http://www.fjsq.gov.cn/。

改革开放以来,闽台贸易不断发展,由 1983 年的不足 800 万美元,发展到 2004 年的 43.56 亿美元。但是,随着贸易额的增大,贸易逆差也在不断增大(见图 5 – 36)。

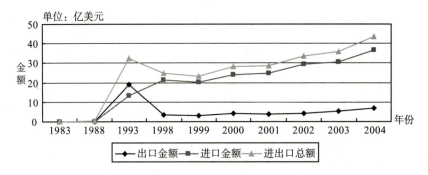

图 5 – 36   1983 ~ 2004 年福建对台湾进出口贸易

资料来源:福建外经贸之窗:http://fujian.mofcom.gov.cn/;福建省情网:http://www.fjsq.gov.cn/。

（二）台湾与福建进出口贸易特点

1. 闽台贸易一直存在较大的逆差，且有增大的趋势

大陆对台湾的产品，一直以来实行开放政策。而大陆产品运输到台湾，需要从香港转口；并且抵达台湾岛时还要受到严格的限制。因此，造成两地之间的贸易不均衡发展。闽台之间的贸易一直保持较高的逆差。1998 年闽台贸易逆差为 18 亿美元，2000 年为 20. 17 亿美元，2004 年增加到 30. 04 亿美元，2005 年上半年也达到 15. 29 亿美元。出口的贸易额一直小于进口的贸易额，且差额有不断增大的趋势（见图 5 - 37）。

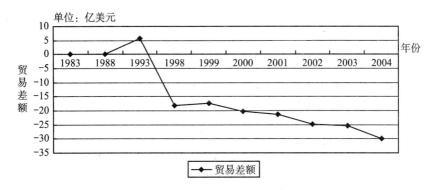

图 5 - 37　1983～2004 年福建对台湾贸易差额趋势

资料来源：福建外经贸之窗：http://fujian. mofcom. gov. cn/；福建省情网：http://www. fjsq. gov. cn/。

2. 闽台贸易以加工贸易为主

闽台之间的贸易以加工贸易额为主。例如 2004 年闽台加工贸易进出口为 20. 98 亿美元（其中对台出口 2. 84 亿美元，自台进口 18. 15 亿美元），占同期闽台进出口总值的 48. 2% 。

3. 外商投资企业在闽台贸易中占主导地位

外商投资企业在闽台贸易中一直居于主导地位。改革开放以来的绝大部分年份，外商投资企业在闽台贸易的比重超过 60% 。2004 年，闽外商投资企业进出口值为 24. 52 亿美元（其中自台进口值为 21. 96 亿美元，出口值为 2.56 亿美元），占闽台总贸易额比重高达 85.9%。

4. 机电产品对台进出口增幅高于贸易总体增幅

在台湾的产业结构中，电子信息是新兴主导产业；而石化以及机械制造业在台湾的产业产值中也占有相当大的比例。与台湾仅仅一水之隔的福建省，在产业结构方面和台湾非常相似，也是以石化和机械制造业为主导，并且近年来积极采取措施发展电子信息产业。从产业层次来看，台湾的产业发展层次高于福建省，这就为两地之间的贸易提供了很好的产业基础。尤其是在机电产品的贸易方面，闽台机电产品贸易持续保持较大的增幅，明显高于闽台贸易总体增幅。以 2004年为例，闽台机电产品对台进出口额为 21.96 亿美元，增长 29.56%。而闽台贸易总体增长为 18.07%，高于闽台贸易总体增幅 11.49 个百分点。

5. 农产品贸易额逐年增加

台湾与福建省，基本上处于相同的纬度，自然生态环境相似。因此，在农业生产所需要的温度、光照、水分方面，都非常相似。台湾与福建省，种植和栽培有类似的农作物。并且，由于台湾与福建省有着深厚的血缘关系，两地的居民在消费习性方面也有很多相似之处。最大的不同之处是，台湾的农产品一般质量优价格高，而大陆的农产品一般比较低档价格低廉。如此的差异，正好满足了两地居民的不同需求。在 2005 年，大陆对来自台湾的 18 种水果实行零关税。福建省因为其地理区位优势，为台湾水果的登陆开通了"绿色通道"。"绿色通道"的开通，进一步加强了福建省与台湾的农产品贸易与合作。

三、台商对福建的直接投资

（一）台商对福建投资的历程

改革开放以来，福建充分利用中央给予的特殊政策，采取灵活的措施，不断改善投资环境，努力吸引台商来闽投资，取得了较大成效。

台商来闽投资始于 1983 年，在 20 世纪 90 年代得到迅速发展，其间台资规模波动较大。纵观近二十余年的发展历程，台商投资福建大致经历了三个阶段：

1. 初期投石问路阶段（1983～1987年）

这一阶段台商投资的特点是：间接、隐蔽、单个、数量小，属试探性质。到1987年年底，福建累计批准台资项目58个，台资合同金额3978万美元，仅占同期福建吸收外商直接投资金额的5%左右。

2. 中期发展阶段（1988～1993年）

1987年11月台湾政府开放民众赴大陆探亲，以及此后1988年7月国务院颁布了"鼓励台湾同胞投资的规定"后，台商到大陆投资事实上"合法化"，投资大陆安全性也增大了，从而形成了一股台商投资热潮。1988年至1993年期间，福建累计批准台资项目2879个，台资合同金额39.93亿美元，占同期福建吸收外商直投资金额的18%。

3. 近期调整阶段（1994年至今）

1994年以来，由于受两岸政治关系的影响，特别是受台湾当局的限制，再加上面临国内外吸引台资的激烈竞争和福建自身投资环境的不足等因素的影响，台商投资福建进入了一个调整阶段，来闽台资的项目和规模都呈逐年下降的趋势（见表5-34），不过在福建吸引外资来源中，台资仍是仅次于香港资金的第二大来源。

表5-34　1999～2005年(1～6月)台商对福建核准投资金额

单位：个，亿美元，%

年　份	项目数	项目增长率	核准金额	核准金额增长率	占全国比重	占全国比重增长率
1999	44	N. A.	0.589	N. A.	4.7	N. A.
2000	32	-27.27	0.995	68.93	3.82	-18.72
2001	37	15.63	1.201	20.70	4.31	12.83
2002	536	1348.65	7.499	524.40	11.15	158.70
2003	522	-2.61	4.918	-34.42	6.39	-42.69
2004	591	13.22	4.528	-7.932	6.52	2.03
2005 (1～6)	86	N. A.	1.450	N. A.	5.51	N. A.

资料来源：大陆台商经贸网：http://www.chinabiz.org.tw/chang/L1-5.asp。

（二）台商对福建的投资特点

闽台两地可谓"同根共祖"。台湾人现有的2000多万居民中，大约80%是福建人的后裔，语言、文化、习俗等非常接近，双方在资源、经济结构等方面也存在广泛的互补性，使得福建往往成为台商到大陆投资的首选之地。1989年5月，国务院批准在厦门杏林、集美、海沧和福州的马尾开发区等地设立台商投资区，为闽台扩大交往和经济合作创造条件。1990年年初，台湾宣布开放工商界到大陆考察参展，并首次在"法律"上确认两岸经贸间接往来，使台商投资得以正式繁荣"合法化"和"公开化"。后来，台商来闽投资得以不断增长，规模也逐步扩大。近几年来台商投资福建具有以下几个特点：

1. 投资量占大陆总量的比例日渐下降

随着祖国大陆与台湾先后加入WTO，2000年台商掀起了第三波投资大陆热潮。在这波投资热潮中台商把投资的重点指向了长江三角洲地区，福建在新一轮台商投资中明显落后，吸引台资的形势不容乐观。根据台湾"经济部投审会"的统计，台商对福建的投资占全部大陆投资的份额锐减，从1991年的32.13%下降到2000年的3.82%。十年间下降了28个百分点，2001年以后虽有上升，但基本仍然维持在10%以下的水平，2003年为6.39%，与以前的辉煌相距甚远。

2. 投资区域和产业有显著的变化

台商最早是看中大陆廉价的劳动力和自然资源，投资领域主要以劳动密集型产业为主。但进入90年代以来，台资在继续投向劳动密集型产业的同时，开始向高科技产业投入。投资领域日益广泛，涉及了电子、服装等行业，并且逐步向农业、第三产业、基础设施、大项目及高新技术项目倾斜，产业结构渐趋合理，并与福建培育支柱产业相吻合。台商在闽投资中，工业占总项目的80%以上，其产业分布已由初期的加工、装配等劳动密集型产业向石油化工、精密机械、电子、纺织和基础工业等技术、资金密集型产业发展，并涉及能源、交通等基础设施建设领域。

而在区域分布上。台资以福、厦等沿海中心城市为重点不断向内地城市和山区延伸。在闽东南沿海经济较发达地区，台商投资呈现城市工业和房地产业等第二、第三产业协调并进的趋势。在漳州较集中在农业综合开发和创汇农业项目。台商在内地和山区投资开发及利用当地资源项目逐渐增多。台商投资促进福建省产业结构的调整与升级，使福建加工工业初具规模，特别是制造业、服装纺织业、电子电器业获得较快的发展，成为促进福建经济发展的重要力量。

3. 台资企业本地化趋势正在形成

为了降低生产成本及更好地与当地市场相联系，企业海外投资一般都逐渐采取本地化的发展策略，台资企业也不例外。从原材料的就地采购来看，台资企业在大陆采购原材料的比重逐年增大；从技术来源看，台资企业充分利用大陆的科技人才，在福建通过合作或委托形式自行研发的技术已占10%左右；从企业管理人员本土化看，目前绝大多数台资企业的中层管理人员已本地化了，只有少量的关键职位仍由台经理担任。

4. 投资组织形式由最初的合资、合作转向独资为主

福建台商投资的组织形式，在最初几年以合资和合作经营形式较多，主要对象是与国有企业、集体企业和乡镇企业，与私营企业合作得很少。但近年来，由于独资企业在生产经营环节灵活、自主性强，已渐被台商广泛采用，并趋上升态势。据统计，近几年，台商独资协议金额均占全部台商协议金额60%以上。

5. 投资成功率和回报率高，投资收益高，台资增资扩建日趋活跃

台商来福建，不仅可以充分利用福建廉价的劳动力和自然资源，还面对祖国大陆这块巨大的市场，而且可以享受国家和地方给予的优惠政策。这样一来，既降低了产品的生产、运输成本，又为产品找到了巨大的潜在销售市场。据台北企业经理协会的统计显示，投资福建省台资企业大部分赢利。

6. 闽台农业合作成为福建省一大特色

由于气候、地理条件相近，福建与台湾在农业科学技术合作方面存在广阔的前景空间。到2004年年底，福建省累计批准农业台资项目1500多家，合同利用台资18亿美元，实际利用台资11亿美元。而其中以漳州市最为典型，仅漳州市就有900多家台资农业，实际利用

台资 13 亿美元。台商对农业投资已形成了种养业全面发展、加工出口一条龙的格局。福州、漳州两个海峡两岸农业合作实验区已成为台商投资农业的热点地区。闽台农业合作交流的深入发展，促进了福建农业产业结构调整，推进了福建农业产业化进程。

四、福建省对台经贸合作的优劣势分析

（一）福建省的优势

目前台商在大陆投资北移的现象已经十分明显，福建省在这一轮台商投资争夺战中处于劣势也是不争的事实。要使福建省在台商以后的投资中有所作为，就必须了解福建省在吸引台商投资方面的优势和劣势。

福建省的优势主要在以下几个方面：

1. 地缘优势

无论其他条件如何变化，福建省对于台湾的地缘优势是不会变化的。福建省与台湾相隔仅一台湾海峡，是与台湾距离最近的大陆地区之一。福建省不仅地理位置与台湾相近，还与台湾具有十分相近的气候条件，特别适合开展与台湾农业产业的合作。这种地缘优势曾经在台商投资大陆的初期发挥过极为重要的作用，吸引了大批的台商前来福建省投资，也使福建省在很长一段时期里保持了吸引台资的主要地区的地位。

2. 人文优势

福建省与台湾还具有紧密的血缘和亲缘关系，闽台人民有着共同的传统和习俗相通的文化和语言，闽台之间的人员贸易往来也源源不断。因此台商在福建省投资的时候有一种亲切感，这也使福建省在早期情感因素占重要地位的台商对大陆投资中处于相对有利的地位。即使是现在福建省对台商来说仍然具有情感的吸引力，只是这种吸引力比以前弱化了许多。

3. 历史优势

从历史关系看，闽台的经济交往一直十分密切。早在清代中叶，清政府特许的三条"对口通商航线"相继成为闽台贸易的热线。21

世纪以来，海峡两岸经贸关系发展虽有起伏，但是，这种唇齿相依、休戚与共的经济联系一直保持着，即使在日据台湾时期就两岸军事对峙时期，民间的贸易活动也从未中断过。

4. 政策优势

福建省最早实行"特殊政策、灵活措施"省份。也是唯一经国务院批准开辟台商投资区的省份。因此，福建省在大陆对台经贸政策上一直发挥着实验区的作用，中央相继在福建省设立台商投资区、两岸农业合作实验区、两岸商品展览与贸易洽谈会等政策实验。并于1996年8月，规定福州、厦门两港为两岸定点试航首批口岸，1997年1月两岸民间航运机构已就高雄直航厦门达成协议，为海峡两岸率先"三通"提高了政策保障。

5. 生态环境优势

2003年国家环保局依据5个方面的指标体系对全国各省市环境评估，福建省生态环境质量位居全国第一。森林覆盖率达62.9%，山海田兼备，海域面积辽阔，江河溪流密布，淡水资源丰富，仅闽江的流量就超过黄河，全省水资源总量居全国第8位。在我国资源环境压力越来越大的情况下，良好的生态环境为福建省实现经济社会可持续发展打下了较好的基础。

（二）福建省的劣势

近年来，台商在大陆投资的取向发生了转变。早期台商到大陆投资基本上属于外向型企业，其市场在外，设备、原材料在外，主要动机是在利用大陆廉价的土地、劳动力资源以降低生产成本。但是到后来，由于台商在国际市场遭受到越来越大的竞争压力，而大陆改革开放以来市场需求强劲，台商便开始把投资目光转向大陆市场，进行"市场占有型"投资。因此，其对投资地也提出了更高的要求：一是更加看重投资地的腹地和市场；二是更加看重投资地产业链群状况；三是更加看重投资地的人才状况；四是更加看重投资地的硬环境和软环境。而福建省在以上诸点均存在相当的不足。

1. 市场规模

福建省三面环山，东面临海，由此形成一个封闭的空间单元。该地区市场容量和经济总量与长江三角洲地区省市相比较小,市场辐射能力较弱。以福建省与长江三角洲的上海、江苏、浙江三省市为基础各主要指标来比较,福建省与长江三角洲地区的市场规模有较大的差距,与珠江三角洲相比,也有相似的结论。虽然福建省近几年在努力拓展内陆市场腹地,但由于与相邻经济圈之间尚未建立有效的经济水平协作机制,再加上交通联系不便,效果并不明显。

表 5-35　2003 年长三角、珠三角主要省市与福建省主要指标比较

指标＼地区	福建	上海	江苏	浙江	广东
GDP（亿元）	5232.17	6250.81	12460.83	9395.00	13625.87
就业人数（万人）	1756.7	771.5	3610.3	2961.9	4119.5
固定资产投资总额（亿元）	471.84	899.27	1918.11	1643.92	1828.39
居民人均储蓄存款（亿元）/2002 年	2430.5	3891.5	6276.2	5212.7	11813.3
货运量（万吨）	34415	58507	92845	103833	100565
邮电业务量（亿元）	307.19	292.35	441.71	493.41	1160.41

资料来源:《中国统计年鉴》2004 年。

2. 产业链群

随着台商投资大陆产业的不断升级,台商对投资地区产业链群的发展状况的重视程度越来越高。然而福建省在这方面,相对于长江三角洲、珠江三角洲地区来说存在着较大的劣势。福建省长期以来的一个弱点就是没有雄厚的工业基础,企业小而全,产业配套能力差。福建省目前的三大主导产业(电子信息、汽车、石化),也是两个三角洲的主导产业,而且比后者要弱得多。这也就是台湾企业不看好福建省的一个重要原因。

3. 人才状况

福建省高校科研机构偏少、规模小,人才状况明显低于周边发达的省市,还低于全国平均水平。据统计,2003 年上海高校在校学生总数为 378517 人,江苏为 859674,浙江为 484135 人,而同年福建省高

校在校学生总数为 257417 人，福建省的高校在校学生数与上海相比也只占到其近68%。这说明福建省在人才储备方面与长江三角洲等地区的差距，不是在短时期内能够解决的。

4. 基础设施

企业大规模生产要依靠便捷的交通网络和充足的能源供给等基础设施和服务的支持。在这点上长江三角洲较福建省具有巨大优势。虽然福建省20世纪90年代以来实施了先行工程，使交通设施和条件大有改善，但与沿海其他省市相比，依然显得山高路窄，交通不便。以铁路运输为例，福建省出省铁路只有3条，至今还没有形成完整的环省铁路网和出省铁路网，与长三角差距较大。

5. 政府行政效率

一个地区的政府行政效率和对台商的服务态度也是影响台商投资区位选择的重要因素。福建省在吸引台商投资的过程中，存在着政府行政效率不高、管理条令繁多的问题，严重挫伤了台商来闽的积极性。特别是一些职能部门如税务海关等，与江浙、上海、广东相比，福建省企业税赋偏重，一些行政性乱收费也使台商不满意。另外一些配套服务设施没有跟上。

五、福建省与台湾经贸合作的前景

尽管福建省在经济规模、人才规模以及产业基础和基础设施方面，与长三角、珠三角及环渤海经济区相比，其吸引台湾企业前来投资的优势不大。但是福建省可以尽力发挥自己的地缘优势和人文优势，在优势产业方面取得大的突破，以此推动其他产业的合作与升级。目前来看，一方面福建省可以在两岸农业合作的基础上，进一步推动农业合作。以开通"绿色通道"为契机，进一步开放福建省的农业市场，展开对台的直接农产品贸易。另外一方面，利用厦门与金门的"小三通"以及福建省与台湾的地理位置相近的优势，推动两地旅游业的展开。通过开展旅游业，可以增进两地人民之间的交流，促进两地之间更多的合作与发展。

第五节　台湾与东北老工业基地

东北三省是大陆经济体系相对独立完整、工业化和城镇化水平较高的经济大区，也是大陆老工业基地分布最集中的地区。这里的东北老工业基地所涵盖的地理区域是辽宁省、吉林省以及黑龙江省。东北老工业基地曾经为共和国的建设做出过历史性的贡献，铸造了共和国的工业。但是改革开放以来，东北老工业基地却经历了从辉煌到衰退的演变过程。政府提出"振兴东北老工业基地与西部大开发战略，是东西互动的两个轮子"，随后确立了振兴东北的国策，希望打造继珠江三角洲、长江三角洲和环渤海经济区后的大陆经济第四增长极。

一、东北老工业基地的经济发展

东北老工业基地是大陆自然资源最丰富的地区之一，其主要经济总量指标占全国的比重大致在 10% 左右，一些主要工业经济指标在 15% 左右，部分重要工业品产量占 20% 以上。[①] 它不仅在过去对大陆经济的发展起到了举足轻重的作用，即使是现在也仍是大陆主要的工业基地，在国民经济中占据着重要的地位。

2004 年是大陆实行振兴东北老工业基地战略的第一年，该地区经济发展的基本情况如表 5－36 所示。

在东北老工业基地，辽宁的经济规模最大、发展水平最高，黑龙江次之，最后是吉林。根据国家统计局 2003 年对全国 31 个地区经济发展水平的比较研究：东北的经济发展综合指标分别为：辽宁 0.5218、黑龙江 0.4637、吉林 0.4416；在全国排位分别是第 7 位、第 9 位和第 10 位；分属于较发达地区与欠发达地区的行列。[②] 但是从总体来看东北老工业基地的经济发展水平属较发达地区之列，而且该地

---

① 陈永杰："东北老工业基地基本情况调查报告"，《经济研究报告》2003 年第 77 期。
② 注：该比较研究分别采用 2001 年的 8 项主要经济指标衡量并进行综合评价。综合指数在 0.45～0.6 为较发达地区；0.35～0.45 为欠发达地区；0.35 以下为不发达地区。

区在经济发展中存在着以下的特点。

1. 经济总量大

东北三省 GDP 占全国的比重：1980 年为 13.4%；1990 年为 11.27%；1997 年是 10.22%，为历史最低；随后开始上升，在 11% 上下波动，2003 年为 11.11%；2004 年为 11.09%。具体情况参见图 5-38。

表 5-36　2004 年东北基本经济情况

指标	全国	辽宁	吉林	黑龙江	三省合计	占全国比重
GDP（亿元）	136515	6872.7	2958.21	5303	15133.91	11.09
人均 GDP（元）	10502	16297	10922	13897	14089.3[①]	134.16
工业增加值（亿元）	62815	8051.06	1463.6	2814.4	12329.06	19.63
规模工业增加值（亿元）	54805	2255.7	994.3	1619.6	4869.6	8.88
其中国有工业及控股（亿元）	23213	1259.7	743.2	1411.1	3414	14.71
规模工业利润（亿元）	11342	389.3	178.7	760.2	1328.2	11.71
国有工业利润（亿元）	5312	247.3	130.3	N.A.	N.A.	N.A.
进出口总额（亿美元）	11548	344.4	67.93	67.9	480.32	4.16
FDI（亿美元）	606	54.1	5.7	14.5	74.3	12.26

注：①人均 GDP 以三省人口作为加权平均。

资料来源：根据全国及东北 2004 年统计公报相关数据整理计算而得。

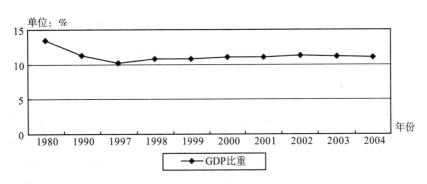

图 5-38　东三省 GDP 占全国比重

资料来源：2003 年及之前数据根据统计年鉴相关数据计算而得，2004 年数据根据全国及东北统计公报数据计算而得。

2. 工业经济地位突出、国有工业作用显著、重要工业品产量比重大

东北老工业基地作为新中国成立后大陆大规模投资兴建的主要工业基地之一，国有经济在整个工业经济中发挥了显著的作用。其国有及国有控股工业企业，2003年为3283家，占全国的9.58%；从业人员为296.17万人，占全国的13.69%；工业增加值为2830.62亿元，占全国的15.03%；利润总额则为794.47亿元，占全国的20.71%。国有及规模以上工业企业，2003年为11693家，占全国的5.96%；从业人员为476.61万人，占全国的8.29%。2004年工业增加值为12329.06亿元，占全国的19.63%；规模工业的利润总额为1328.2亿元，占全国的11.71%。

东北已经建立起以能源、原材料、机械装备、化工等为主，门类齐全的工业体系，一直以来都是大陆重要的石油化工、钢铁、机床、汽车及机械装备制造基地。东北的一些重要工业品产量占全国产量的20%以上。2003年原油占39.20%；汽车产量占全国的21.84%；金属切削机床的产量占全国的19.85%；钢产量占全国的12.48%。

3. 对外经济与贸易发展滞后

东北是执行指令性计划范围最广、数量最大、时间最长的地区之一，计划经济给东北经济留下的一个显著特征就是，经济发展相对封闭，超出国界的外部联系相对少，对外经济与贸易的发展严重落后于全国的平均水平。东北的进出口总额在全国进出口总额中的比重在5%上下徘徊（见图5-39），与东北经济总量（占全国11%左右）并不匹配（见图5-38）。而且在大陆贸易依存度不断上升的情况下，东北对外贸易总额在全国的比重反而呈现出下降的趋势。

东北实际利用外商直接投资情况稍好一些，但是波动很大。在2003年以前，除个别年份外，东北老工业基地实际利用外商直接投资在全国的比重大概在7%左右。2004年实际利用外商直接投资在全国的比重大幅增长，从2003年的6.24%上升为2004年的12.26%，涨幅接近100%（见图5-39）。这主要是由于2004年是大陆实行振兴东北老工业基地战略的第一年，东北享受到一系列的优惠政策，刺激了FDI对东北地区的投资。

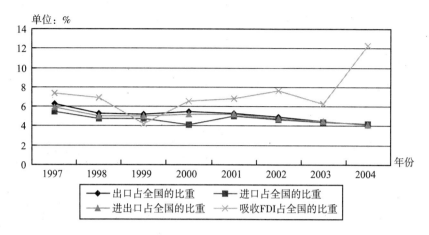

图 5 – 39 东三省对外经济贸易情况

资料来源：2004年数据来自全国及东北的统计公报，其余数据来自各年《中国统计年鉴》。

二、台湾与东北老工业基地的经贸关系

（一）台湾与东北老工业基地进出口贸易

由于地缘关系，东北老工业基地主要的贸易伙伴是韩国、日本、俄罗斯、美国、欧盟、东盟。台湾只在少部分年份勉强位列吉林省与黑龙江省主要进口市场排名的第十位。东北与台湾之间的进出口贸易金额很小，不论在东北老工业基地进出口贸易中还是在台湾进出口贸易中所占的比重都非常小。但是两地之间的贸易联系正在加强。辽宁省2005年1~9月份对台湾的出口额为44098万美元，增长70%；进口额为16901万美元，增长4.9%。而黑龙江省2005年1~6月份对台湾的出口额为1745.75万美元，增长114.1%；进口额为1110.1万美元，下降了27.5%。东北老工业基地与台湾之间贸易发展潜力非常大。

（二）台湾对东北老工业基地直接投资

1. 台湾对辽宁的直接投资

辽宁是东北三省中经济发展水平最高、吸收外国直接投资最多的

一个省份。辽宁省每年吸收的台资项目超过百个，金额超过 1 亿美元。从合同金额来看，由 2000 年的 26814 万美元上升至 2003 年的 32854 万美元；从投资的平均规模来看由 2000 年的 182.41 万美元上升为 2003 年的 293.34 万美元（见表 5 - 37）。

表 5 - 37　台湾对辽宁投资情况

年　份	企业个数	合同金额		平均投资规模	
		万美元	增长率（%）	万美元	增长率（%）
2000	147	26814	N. A.	182.41	N. A.
2001	127	28435	6.05	223.90	22.75
2002	142	30535	7.39	215.04	- 4.00
2003	112	32854	7.59	293.34	36.41

资料来源：2001～2004 年《辽宁年鉴》相关数据。

2. 台湾对吉林的直接投资

台湾对吉林的直接投资在 2000 年出现下降情形，直到 2003 年才开始回升。从合同金额来看，2001 年台湾对吉林的投资大幅萎缩，规模缩减超过一半。从平均投资规模来看，每个项目的平均投资额由 2000 年的 254 万美元上升至 2003 年的 463.85 万美元（见表 5 - 38）。

表 5 - 38　台湾对吉林投资情况

年　份	企业个数	合同金额		平均投资规模	
		万美元	增长率（%）	万美元	增长率（%）
2000	16	4064	N. A.	254	N. A.
2001	25	1892	- 53.44	75.68	- 70.20
2002	14	1794	- 5.20	128.14	69.32
2003	14	6496	262.10	463.85	261.99

资料来源：2001～2004 年《吉林年鉴》相关数据。

3. 台湾对黑龙江的直接投资

台湾对黑龙江的直接投资规模较小，但一直处于平稳增长的态势，只在 2003 年有小幅回落。从合同金额来看，由 2000 年的 1668 万美元上升至 2003 年的 3133 万美元；从投资的平均规模来看由 2000 年的 69.5 万美元上升为 2003 年的 208.87 万美元（见表 5 – 39）。

表 5 – 39 台湾对黑龙江投资情况

年 份	企业个数	合同金额		平均投资规模	
		万美元	增长率（%）	万美元	增长率（%）
2000	24	1668	N. A.	69.5	N. A.
2001	19	2928	75.54	154.11	121.74
2002	11	3731	27.42	339.20	120.02
2003	15	3133	– 16.03	208.87	– 38.42

资料来源：2001 ~ 2004 年《黑龙江年鉴》相关数据。

三、东北老工业基地在两岸经贸合作中的区位优势

1. 产业优势

（1）东北老工业基地具有完整的重工业体系和产业配套能力

东北老工业基地曾经是"共和国工业的长子"。经过几十年的建设，东北已经成为全国最大的重化工业基地。石油化工、重型机械制造、发电设备制造、轮船、汽车和飞机制造等资本与技术密集型工业是东北老工业基地经济中表现突出的部分。尤其是重大装备制造业，现在仍具有产业优势、科研优势和产业技术工人等"基础性技术群体"的优势和产业实力。东北老工业基地工业体系完整、产业配套能力强，对台湾以电子工业为支柱的制造业有很强的吸引力。

（2）产业结构非均衡、产业关联度高

东北老工业基地在长期的经济发展中形成了几个独特的工业体系：以鞍钢为主体的钢铁工业体系；以大庆油田为主体的石化工业体系、以一汽集团为主体的汽车工业体系、以吉黑农副产品加工为主体的食品工业、以吉林省为主体的医药工业体系。东北老工业基地整个产业的发展还处于以第二产业发展为主的阶段，与台湾第三产业为主体的产业体系在发展阶段上正好差了一个阶段，双方之间的互补性很强。

2. 教育科研人才优势

东北人才优势明显，科技教育事业发展迅速。随着东北人口整体文化程度的提高以及对人才教育力度的加大，该地区中高级人才数量和质量不断提升。2004年东北老工业基地招收研究生4.0983万人，毕业研究生1.7939万人；全年普通高等教育招生44.5162万人，毕业学生24.3011万人（见表5-40）。

东北老工业基地不断加大科研经费的投入力度，2004年，辽宁科研经费支出188亿，其中科学研究与试验发展（R&D）经费支出99亿元，占GDP比重为1.44%；黑龙江科研经费支出58.3亿，其中科学研究与试验发展（R&D）经费支出28.2亿元，占GDP比重为0.5%。科技成果显著，2004东北老工业基地共申请专利23352件，授权专利10748件。科技成果转化成效明显，全年共签订技术合同17094份，成交金额98.6亿元。

深化两岸经贸合作，必然导致台资企业投资大陆增加，东北老工业基地的教育科研人才优势可以为来此投资的台资企业提供强大科技研发支持，为台资企业设立研发中心提供支持，有利于台资企业的发展。

表5-40　2004年东北教育发展情况

单位：万人

地区	普通高等教育		研究生教育	
	招生人数（万人）	毕业人数（万人）	招生人数（万人）	毕业生数（万人）
辽宁	18.4	11.6	1.7	0.7051
吉林	11.1162	6.5011	1.1983	0.5888
黑龙江	15	6.2	1.2	0.5
合计	44.5162	24.3011	4.0983	1.7939
全国	447.3	351	32.6	15.1

资料来源：2004年东北及全国统计公报。

3. 交通运输优势

东北老工业基地交通运输比较发达，目前已基本形成了由铁路、公路、水运、民航和管道等运输方式构成的区域交通体系。

东北老工业基地铁路营业里程 2003 年已达 13219 公里，占全国的 18.1%，居全国各大经济区之首，而且还是全国唯一达到铁路干线网化水平的地区。该地区的公路里程 2003 年达到 158997 公里，占全国的 8.8%，并且已经形成以沈阳、长春、哈尔滨为中心，国、省干道为骨架，连接沿海港口、内陆口岸、铁路、机场，贯通三省的公路网。水路已形成以大连港为主，营口、丹东等中小港为辅，同国内各港口、世界 140 多个国家和地区联系的海上运输网。航路有沈阳、大连、哈尔滨、长春等重要航空港，沟通国内主要大城市和边远城市的航空运输网。管道也已形成纵贯东北三省，连接主要炼油厂及港口码头的地下输油网。

铁路、公路运输网加上江海航运和空运的配合，形成了东北老工业基地多功能的综合运输网体系，为东北老工业基地与外部的经济交往和联系提供了便利的条件。

4. 城市化与城市间经济联系优势

东北老工业基地城市化程度高，拥有较多的各具特色的大中城市：综合型中心城市、资源型专业城市、边境口岸城市、风景旅游城市。这些大中城市规模大、经济实力强、城市类型齐全、分布较均衡，主要包括：以沈阳为中心，涵盖沈大鞍抚本在内的辽宁省中部城市群，它是东北老工业基地中最大的经济中心；以大连为中心，覆盖丹东、营口在内的南部沿海开放城市群；以长春为中心，包括吉林、四平在内的东北中部城区城市群；以哈尔滨为中心，包含大庆、齐齐哈尔、绥化、牡丹江在内的东北老工业基地北部城市群。这些城市群不仅对东北老工业基地的不同地域的经济发展起核心和骨干作用，而且可发挥"马太效应"，易于形成大规模的工业群体，对外部经济体有着很强的吸引力。

5. 政策优势

东北享受的政策优惠主要有以下三个方面。按照政策覆盖面大小来划分，首先是振兴东北老工业基地的优惠政策。大陆政府不仅投资 610 亿元启动东北老工业基地首批 100 项目，而且将采取五大举措助推东北老工业基地的振兴；加快财务、税务、社会保障等方面的改革；制定支持重大装备工业发展的政策；启动160个调整改造项目和高科技产业化项目；加快建设大连东北亚国际航运中心；制定一系列能源、交通等基础设施规划。其次是边贸政策。东北4个主要口岸及相应省会城市在1992年被确定为沿边开放城市，享受边贸优惠政策。最后是部分地区还可以享受沿海开放地区、开放城市等优惠政策。例如大连是大陆第一批沿海开放城市，已经初步形成了外向型经济格局，就享受了该类优惠政策。

虽然目前优惠政策在区位优势中的作用正在下降，但是不能否认优惠政策在深化两岸经贸合作中对台商的巨大吸引力，因为它直接降低了投资成本或提高了投资收益。尤其是振兴东北老工业基地的优惠政策，这是东北所特有的优惠政策，其优势更是不言而喻。

6. 地理位置优势

东北老工业基地地处东北亚经济腹地，西部、北部、东部分别与蒙古、俄罗斯、朝鲜相比邻，南部与韩国、日本隔海相望。发展外向型经济，发展外贸、边贸的条件很优越。如辽宁省位于东北老工业基地的南部，连接东北和华北，港口条件好，对外联系方便，其港口优势为区内物资的对外输送提供了极为便利的条件。

四、东北老工业基地在深化两岸经贸合作中的区位劣势

1. 计划经济痕迹明显，市场化程度不高

首先在意识上，在长期计划经济和国有经济体制下，人们形成根深蒂固的计划经济意识。尽管改革开放已有近30年了，东北老工业基地的市场经济观念仍然淡薄，市场适应能力差。其次是政府指令过多，东北老工业基地无论是企业的生产经营还是社会资源配置，都带有较强的计划经济色彩，市场化程度不高。再次是过度发展的国有经济限制了其他经济的发展，整个经济发展缺乏活力。市场化的不足在很大程度上制约了东北老工业基地经济的开放度，从根本上阻碍东北老工业基地与外部的经贸联系。经济体制上的严重差异会限制东北老工业基地与台湾的经贸合作。

2. 传统工业逐渐丧失优势地位

东北老工业基地产业结构中重工业偏重，轻工业偏轻。传统重工业是东北地区经济增长的主要动力，但是它们的优势正在丧失。传统的资源型产业已经丧失竞争力。由于多年开采和粗放使用，煤炭、黑色金属以及石油等资源储量减少，资源枯竭和开采成本上升，使建立在这些资源基础上的东北地区原材料工业日益陷入困境。而东北老工业基地的制造业面临着国内外激烈的市场竞争，也处于劣势。工业经济缺乏竞争力，限制了东北老工业基地与外界的经贸联系。一方面它难以形成产业聚集，吸引外来投资；另一方面限制了具有比较优势的贸易品的范围。

3. 投资环境有待改善

当前东北老工业基地在招商引资过程中普遍存在着重"经营环境"轻"法制环境"，重"先期免费"轻"后期服务"，重"引资"轻"规矩"等的现象。不仅让投资者心寒，也让未来者望而却步。

五、东北老工业基地与台湾的合作前景

从总体上看，东北老工业基地与台湾尚处于不同的发展阶段，因此，在某些领域存在竞争关系的同时，经济上的互补将长期存在。东北老工业基地经济结构的调整和改造，必须充分利用这一互补优势，加强同台湾的经济合作，使之成为大陆东北地区经济振兴的地缘依托。

1. 自然资源互补

东北老工业基地与台湾在要素禀赋方面存在差异性。台湾主要能源的对外依赖程度很高。煤及煤产品完全依靠进口，原油的自给率不到1%。矿产品也严重依赖进口。相对于资源贫乏的台湾，东北地区矿产、燃料资源相对比较丰富，以东北为中心的石油产区是世界第五大石油产地，同时价格相对低廉。

2. 资金资源互补

台湾资本相对雄厚，其对大陆的投资一年就有几十亿美元。相反东北老工业基地的产业升级和设备更新过程中存在着较大的资金缺

口。随着振兴东北的推进，所需要的资金投入会越来越大。

3. 技术资源互补

台湾在重化工业、电子制造等方面技术成熟，而东北老工业基地的工业设备普遍老化，据估计要落后国际先进水平 20 年，需急需改造设备的技术。而且台湾多年的发展使之在管理科学和国际行销方面都积累了丰富的经验，这正是东北老工业地区所欠缺的。

4. 产业结构互补

东北老工业基地与台湾在产业结构上呈现出明显的层次差异和梯次互补特征。台湾已经处于工业化后期，第三产业比较发达，当前正在进行产业结构调整、优化和升级，很多传统制造业由于正在失去竞争优势而不断向外转移。而东北地区尚处于工业化中期阶段，产业结构虽以重化工业、基础原料和资源加工为主，但其中相当一部分属于高消耗、高污染、低附加值产业。因此东北老工业基地可以搭上台湾传统产业外移的末班车，对原有产业进行技术设备的升级改造，而台湾也可以在工业基础好、产业配套能力强的东北老工业基地为这些外移产业找到发展的新空间。

第六节　台湾与中西部地区

大陆在九五计划中提出开发中西部地区、逐步缩小地区差距并实现东西部协调发展的设想。这里中西部地区所涵盖的地理区域是：中部地区包括山西、内蒙古、吉林、黑龙江、安徽、江西、河南、湖南、湖北 9 个省（自治区）；西部地区包括广西、重庆、四川、贵州、云南、西藏、陕西、甘肃、青海、宁夏、新疆 11 个省（直辖市、自治区）。国土面积 832.4 万平方公里，占全国总面积的 86.6%；人口 7.9752 亿，占全国的 61.71%。

一、中西部地区的经济发展

由于经济基础薄弱、自然条件恶劣、梯度开放政策等一系列内在、外在因素的制约，中西部地区与率先改革开放的东部沿海地区相比，经济发展相对滞后。

1. 经济总量缓慢增长

中西部地区就其面积和人口而言，在全国都占有相当大的比重，其重要性是显而易见的。但是中西部地区经济基础薄弱，总体经济发展水平明显落后于全国的平均水平。

中西部地区经济发展缓慢。中部地区 GDP 从 1997 年的 23251.59 亿元上升到 2004 年的 43072.16 亿元；西部地区 GDP 则从 1997 年的 12770.09 亿元上升到 2004 年的 24873.03 亿元。中部地区的增速略高于西部地区，而且两地之间绝对量的差距有扩大的趋势：1997 年中西部经济总量相差 10481.5 亿元，到 2004 年这一数值上升为 18199.1 亿元（见图 5 – 40）。

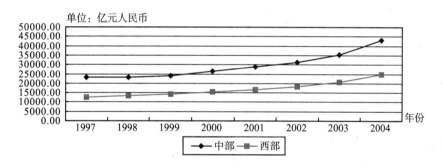

图 5 – 40 中西部地区历年 GDP

资料来源：根据各年《中国统计年鉴》计算而得，2004 年数据来自各个中西部省市及全国的统计公报。

从中西部经济在全国的比重来看，两个地区合起来所占的比重还不到一半，并且呈现出"浅碟形"的形态（见图 5 – 41）。在 1997 年之后中西部经济在全国的比重就一直下降，直到 2002 年才止跌回稳，直至到 2004 年该比重才重新达到并超过 1997 年的水平。这主要是由于中部经济在 1997～2002 年之间经济增长速度低于全国平均水平造成的。西部经济所占的比重慢慢上升，没有大的变化。

单位: 亿元人民币

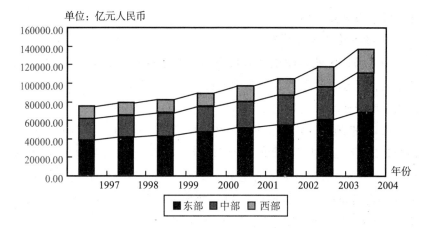

图 5 - 41   中西部 GDP 与全国 GDP 的对比

资料来源: 根据各年《中国统计年鉴》计算而得, 2004 年数据来自各个中西部省市及全国的统计公报。

2. 进出口贸易规模相对小

中西部地区近年来随着开放政策的推进, 进出口贸易发展很快。从绝对量来说, 中西部进出口总额不断扩大, 从 1997 年的 299. 5 亿美元上升为 2004 年的 856. 1 亿美元。除 1998 年受东亚金融危机影响进出口下降外 (香港和东盟是中西部地区主要贸易伙伴) , 其余年份进出口总额都是上升的。其中中部地区进出口总额在 1997～2004 年间从 174. 3 亿美元增长为 525. 7 亿美元, 西部地区则是从 125. 2 亿美元增长为 330. 4 亿美元。就两个地区相比而言, 中部地区不仅在总量上要大于西部地区, 而且平均增速 17. 1% 也要高于西部地区的 14. 9% 。

从中西部进出口贸易在全国的比重来看, 中西部进出口贸易的发展是相对滞后的。它的增长速度明显低于全国平均水平, 在全国的比重近年来呈现一路下滑的趋势, 从 1997 年的 9. 21% 一直跌到 2004 年的 7. 41% 。在进出口贸易比重方面, 中部地区从 5. 36% 降至 4. 55% , 西部地区则从 3. 85% 降至 2. 86% ; 在出口比重方面, 中部地区从 6. 20% 降至 4. 67% , 西部地区则从 4. 59% 降至 3. 24% 。但是在进口比重方面, 中西部地区较为波动, 中部围绕 4. 5% 变动, 西部地区先升后降，保持在 2.5% 的水平（见表 5 - 41，图 5 - 42）。

表 5 - 41 中西部地区进出口总额情况

单位：亿美元

年 份	1997	1998	1999	2000	2001	2002	2003	2004
中部进出口	174.3	156.0	173.4	229.3	248.3	287.0	394.3	525.7
西部进出口	125.2	123.2	124.1	145.4	148.1	181.7	251.0	330.4
中西部进出口	299.5	279.2	297.4	374.8	396.4	468.8	645.3	856.1
中部出口	113.3	97.6	98.5	133.7	137.4	157.4	208.3	276.9
西部出口	83.9	76.4	71.8	89.6	84.2	109.8	150.9	192.5
中部进口	61.0	58.4	74.8	95.6	110.8	129.6	185.9	248.8
西部进口	41.4	46.8	52.2	55.9	63.9	72.0	100.1	137.9

资料来源：根据各年《中国统计年鉴》计算而得，2004 年数据来自各个中西部省市及全国的统计公报。

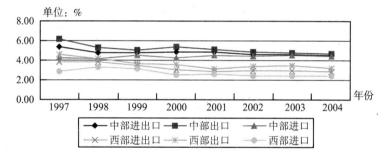

图 5 - 42 中西部进出口贸易在全国的比重

资料来源：根据各年《中国统计年鉴》计算而得，2004 年数据来自各个中西部省市及全国的统计公报。

3. 吸收的外商直接投资比重小

中西部地区地处内陆，基础设施相对于沿海省区比较落后，因此，中西部地区发展外向型经济在区位和交通等方面处于劣势。20 世纪 90 年代以来，中西部地区吸收外商直接投资有所发展，在全国所占的比重有所上升，但是从总体来说，外商投资规模与中西部地区整体经济规模并不相称，外向型经济对地区整体经济增长的作用也极为有限（见图 5 - 43）。

中部地区吸收的外资规模要明显高于西部地区。随着开放政策在全国的推进,中部地区吸收外资有两个增长比较快的时期。一个是1994~1997年之间,另一个就是2001~2004年。到1997年中部地区吸收外资在全国的比重达到10%,而到了2004年这一比重超过了15%,尽管不能和东部地区相提并论,但是增长还是明显的,而且近年来有增长加速的迹象。

西部地区稍显逊色。从20世纪90年代以来,西部地区在招商引资方面一直表现平平。其引资在全国的比重一直在3%上下浮动,即使是在2000年西部大开发战略实施以后,西部地区享受到了政策倾斜,情况也没有明显改善。

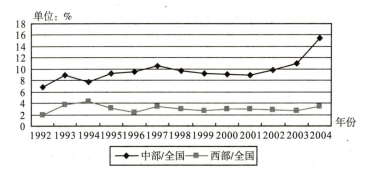

图5-43 中西部吸收 FDI 占全国份额

资料来源:1992~1996年数据摘自魏后凯:"加入 WTO 后中国外商投资区位变化及中西部地区吸引外资前景",《管理世界》2003年第7期;1997~2003年数据由相应年份《中国统计年鉴》相关数据计算而得;2004年数据由全国及中西部各省市2004统计公报相关数据计算而得。

二、台湾与中西部地区经贸关系

中西部地区在经济发展上相对落后,其对外经济贸易并不发达,与台湾的经贸往来也相对较少。

1. 台湾与中部地区的经贸联系

从地区来讲,中部省市中山西、吉林、黑龙江、安徽、河南、湖南、湖北与台湾有一定的经贸联系,其他地区与台湾的经贸联系就非常少了。

从进出口来看。台湾是湖北、河南、山西、湖南等省份的主要出口市场和进口来源地。从投资方面来看,吉林、黑龙江、安徽、湖北吸收了一定数量的台资,各地每年的投资规模都只有几千万美元(见表5-42)。

表 5－42　近年来中部地区与台湾的经贸情况

单位：万美元

地区	项目	1999年 数值	1999年 比重(%)	1999年 排名	2000年 数值	2000年 比重(%)	2000年 排名	2001年 数值	2001年 比重(%)	2001年 排名	2002年 数值	2002年 比重(%)	2002年 排名	2003年 数值	2003年 比重(%)	2003年 排名
山西	出口	2098	2.5	9	1000~3000			1000~4000			1000~4000			1000~5000		
	进口	100~300			2142	4.06	6	100~300			300~500			500~1500		5
	引资															
吉林	出口	1526	1.5	10												
	进口	2499	2.09	7	2345	1.8	8									
	引资			5	4064	6.82	5	1892	3.26	5	1749	3.07	5	4667	6.39	5
黑龙江	出口						9			7						
	进口			9			10			8			9			8
	引资			5	1668	2.05	5	2928	3.26	5	3731	3.32	5	3133	2.25	5
安徽	出口															
	进口							5167	8.02	4	9783	5.7	5	13812	4.8	7
	引资			2	7580	11.92	2	5302	13.4	2	12407	8.3	2	5478	5.37	7
江西	出口												10			5
	进口									6			5			6
	引资												4			2

续表

		1999年			2000年			2001年			2002年			2003年		
		数值	比重(%)	排名	数值	比重(%)	排名	数值	比重(%)	排名	数值	比重(%)	排名	数值	比重(%)	排名
河南	出口	2182	1.93	6	2744	1.83		3316	1.93							
	进口	1538	2.55	8	1538	1.97		1680	1.6							
	引资	2916	4.37		6884	4.17	6	5043	8.1		5749	3.2		7991	4.38	5
湖南	出口	4307	3.36	6	4527	5.27	5	4710	4.69	5						
	进口	4140	6.14	6												
	引资															
湖北	出口				13370	6.91	4	5637	3.14	6	4866	2.32	8	10044.86	3.78	7
	进口	4777	4.09	7	8171	6.35	5	6120	3.44	7	7077.39	3.81	10	8349.3	3.4	10
	引资	1481	1.43	6	3044	2.89	8	7383	3.66	4	9777	6.98	2	4613	2.96	6

注：排名指台湾在中部各省市前十位经贸伙伴关系中的重要性；"1000～3000"指出口金额在1000万美元到3000万美元之间，其余类似；湖北省引资采用实际利用外资额，其余为合同金额；缺少内蒙古自治区数据。

资料来源：相应省市2000～2004年统计年鉴。

表 5－43　台湾与西部地区的经贸情况

单位：万美元

		2000 年			2001 年			2002 年			2003 年		
		数值	比重（%）	排名	数值	比重（%）	排名	数值	比重（%）	排名	数值	比重（%）	排名
广西	出口	5616	3.76	6	5709	4.68	6	6329	5.73	5	7140	3.62	6
	进口	8059	14.79	1	3592	6.39	4	6034	4.2	5	5854	4.79	8
	引资	3661	5.12	6	6572	16.72	2	4121	5.58	4	9171	13.65	3
重庆	出口	1524	1.5	12	758	1068					1271	0.8	
	进口	2242	2.83	6	3199	4.38	4	3472	4.93	5	9590	9.5	
	引资	2804	3.2		1438	3.25	6	581	1.15	5	838	1.51	
四川	出口	6570	4.71	7	5822	3.68	6				7590	2.36	7
	进口	6507	5.65	5	9874	6.51	4	15507	8.82	3	15658	6.46	5
	引资	4168	13.78	3	2784	2.8	4	2134	2.06	7	2164	1.89	7
甘肃	出口	2308	5.56		1208	2.54	4	2180	3.97		3560	4.05	
	进口	182	1.18		403	1.33		220	1.67		291	0.6	
	引资				144	0.9		48	0.43		2456	10.03	
宁夏	出口							826	2.52		1117	2.18	10
	进口												
	引资	1212	12.2		2397	19.04		122	1.49		110	3.28	
新疆	出口							5123	3.91	8			
	进口												
	引资	545	8.86					339	2.7		395	2.7	

资料来源：相应省市 2001～2004 年统计年鉴。

2. 台湾与西部地区的经贸联系

台湾与西部地区的经贸联系要更弱于与中部地区的联系，而且分布相对集中，只有广西、重庆、四川、甘肃以及新疆与台湾有一定的经贸联系，其他省市可以说与台湾经贸联系很少。同时，台湾与西部地区的经贸联系集中于西部的一些中心省市，如四川、重庆等。四川与台湾的进出口贸易规模较大，而台资主要集中在重庆市。（见表5-43）

三、中西部地区在两岸经贸合作中的区位优势

1. 在自然资源方面具有明显的优势

中西部地区是大陆矿产资源和能源的主要集中地。目前已探明的140种矿产资源中，中西部就有120多种。45种主要矿产资源探明储量占全国的50%左右，其中，煤炭、陆上油气资源和有色金属储量分别占全国的95%、75%和90%。水能资源占全国的82.3%，其中可开发量占全国的72.3%。[①] 目前中西部地区在矿产资源的开发和能源基地、原料基地的建设已经有了一定的水平。陕甘藏地区煤炭及石油、天然气的开发，新疆南疆油田的勘探和开发已经起步。中西部地区还是全国能源主要供给地，以山西为中心的煤炭基地的煤净调出量占全国近九成。

另外中西部地区在传统的农牧资源上优势明显，农业宜用地资源开发潜力大，可开发宜农荒地面积占全国的80%以上。而且随着东部经济发展和城市化日益显著，种植面积和农业人口的减少，中西部地区这方面的优势将越来越明显。

2. 低成本劳动力优势和市场潜力

中西部地区人口占大陆总人口的61.71%，国内生产总值却只有47.98%（2003年），这就必然出现剩余劳动力和廉价劳动力。廉价劳动力是大陆在吸引外资中最明显的一个优势，随着东部地区经济发展，劳动力成本已经上升，廉价劳动力这一优势已经从东部向中西部转移。这对于寻求低成本的台资有着很大的吸引力。

---

① 余晓泓："论中西部地区的对外经济贸易"，《长白学刊》2002年第5期。

另外 7.9 亿中西部人口是一个巨大的消费群,随着大陆经济的西进,这个消费群的潜在购买力会转化为现实购买力,原有购买力会加速膨胀,从而形成拥有巨大需求的内销市场。这对于市场寻求型的台资企业是一个有利的因素。

四、中西部地区在两岸经贸合作中的区位劣势

1. 地理位置偏远

中西部地区地处大陆内陆,与台湾在地理距离上是比较远的。而且中西部地区的自然环境相对差。中西部与台湾贸易往来的运输成本较高,降低了中西部地区对台资的吸引力。

2. 基础设施相对落后

中西部基础设施相对落后。从交通运输来看,尽管有京九、陇海等铁路干线,但仅处于大框架构建时期,并没有形成发达的铁路交通网络。除了西藏、新疆、内蒙、青海外,公路交通基本成网,汽车可达 95% 以上的乡镇,但是路况较差,等级低,高速公路建设除四川省外几乎没有。在某些偏远地区人力、畜力仍为主要交通工具。此外,内河航运主要集中在长江、淮河、黑龙江,但均未得到很好的开发,港口设施较为落后。航空只在各省会、主要城市之间形成通达,其规模和数量都有待大力提高。这就大大限制了中西部地区与台湾的经贸联系。

3. 投资"软环境"有待改善

中西部地区投资环境劣势不仅表现在"硬环境"还表现在"软环境"上。从主观上来说,中西部地区对招商引资积极性很高,但是引资效果却不理想。中西部地区在人力资源方面缺乏,尽管当地劳动力价格低廉,但是缺少一批可以支撑中西部地区发展与台湾经贸往来的高素质人员。在法制建设方面,中西部地区还没有形成一套既符合中西部特点,又反映市场经济规律且与国际惯例接轨的涉外经济法规。甚至在某些开放度低、法制观念淡薄的地区,"有法不依、执法不严"现象严重。这都限制了中西部地区发展与台湾的经贸联系。另外中西部地区政府的行政效率也有待于提高。在引资审批方面还没有完全推

广"一栋大楼、一支笔审批一条龙服务、一次性收费"等服务体系，这会抵消中西部地区为数不多的区位优势。

4. 商品经济不发达，市场经济体制建立滞后

市场制度环境的优劣决定一个地区对外经贸联系的水平和效果。中西部地区由于开放相对晚，加上经济环境相对封闭，其市场经济发展滞后。而台湾市场化程度很高，在经贸往来中难免在指导思想、政策、做法上存在很多冲突。

五、中西部地区与台湾的合作前景

从总体上看，中西部地区与台湾完全处于不同的经济发展阶段，因此，经济上的互补将长期存在。中西部地区的大开发，必须充分利用这一互补优势，加强同台湾的经贸合作。

1. 自然资源互补

中西部地区与台湾在要素禀赋方面差异很大。台湾主要能源的对外依赖程度很高。煤及煤产品完全依靠进口，石油、天然气的自给率不到1%。相对于资源贫乏的台湾，中西部地区石油、天然气资源丰富，还有一个以山西为中心的大型煤炭资源。中西部长期以来的经济发展都是依托自然资源的开发，与台湾的产业之间有着很强的互补性。

2. 产业互补

中西部农业、林业、畜牧业资源十分丰富，改革开放以来，农业生产有了很大的发展，但总的来看，资源开发仍嫌不足，尤其是缺乏农副产品的深加工。台湾农业曾有过一段辉煌的发展历程，在品种改良、养殖技术、农产品加工、出口创汇等方面有着较高的水平。目前台湾经济已经转型，农业进一步发展面临着困难，需要对外寻找发展空间。中西部与台湾农业交流和合作空间十分广阔。

中西部在计划经济时代也发展了门类较为齐全的工业体系，拥有一定的工业基础。中西部地区国有企业所占的比重较高，但是都面临着缺乏资金和技术改造能力的困境，台湾企业可以利用其丰富的资金和先进的技术参与中西部地区国有企业的改造。另外，中西部地区基

础设施建设落后，发展缺乏资金，这也给台湾企业提供了很大的投资机会，可以考虑 BOT 的合作方式，让台资企业参与中西部地区的基础设施建设。

在第三产业，中西部地区与台湾也有许多合作空间，如旅游开发。中西部旅游资源丰富，但是旅游设施、服务、管理及开发都不足。台湾的旅游业曾在经济发展中发挥了重要的作用，有着丰富的经验可供借鉴。

参考文献

单玉丽、李阶："闽台经济合作的产业选择"，《亚太经济》1996年第1期。

单玉丽、陈萍："加快闽台产业合作推进福建产业集群化发展"，《福建论坛》2004年第7期。

邓利娟："'入世'后闽台经贸关系发展的战略思考"，《亚太经济》2002年第2期。

黄绍臻："进一步深化闽台经贸合作"，《发展研究》2005年第2期。

李非：《试论海峡两岸区域经济合作》，《台湾研究集刊》1996年第1期。

李艳辉："长三角台商投资新动向"，《两岸关系》2005年第3期。

全毅："闽台经贸关系的现状与趋势分析"，《亚太经济》2003年第4期。

尹晓波："两岸入世后发展区域特色与闽台经贸合作的战略思考"，《华侨大学学报》2002年第4期。

朱同丹、李尚敏："长三角中国外资高地成因"，《江苏商论》2005年第2期。

第六章　两岸经贸政策的演变

第一节　两岸经贸政策的演变

一、大陆对台湾的经贸政策

自从海峡两岸交往恢复以来，经贸交流始终是两岸交流的主轴。随着两岸交流的发展和深入，给两岸人民带来了巨大的经济利益，极大地促进了两岸经济的合作，带动了两岸经贸的繁荣和发展，从近三十年的两岸交流发展轨迹分析，可以看到在影响两岸经贸交流的诸多要素中，起主要作用的还是经济政策要素。两岸经贸交流已形成了一种外在压力，渗透到两地各自的经济体系之中，成为各自经济发展中不可缺少的重要组成部分，两岸经济建立了相当高的依赖关系①。目前尽管双方还存在较大的政治分歧，但随着两岸经贸交流与合作的深入发展，两岸之间的分歧将会逐渐消除。因此，制定一个稳定的对台经贸交流政策，对维持两岸经济繁荣、加快祖国统一进程有着重要的意义。

（一）两岸交流的政策选择过程

1. 一个中国立场的提出

1949 年以后，海峡两岸便进入"军事对峙，政治对立"状态，

---

① 《"中央"日报》（台北），1996 年 8 月 19 日。

海峡上空局势紧张，国际上一些反华势力妄想借此实施其分裂中国的意图，在国际上挑起一系列争端。为维护国家主权完整，国共双方和海峡两岸中国人民不约而同地提出了一个中国的主张。1958 年 10 月 26 日，毛泽东主席亲自起草了《再告台湾同胞书》，宣布了对台军事上打而不攻，政治上"举行谈判，实现和平解决"的方针[①]。

在一个中国的原则立场上，以和平的方式解决台湾问题，成为大陆从此之后处理台湾问题的根本原则和出发点。如 1992 年的"九二共识"，即 1992 年 11 月大陆的两岸关系协会与台湾的海峡交流基金会，就解决两会事务性商谈中如何表明坚持一个中国原则的态度问题，所达成的以口头方式表达的"海峡两岸均坚持一个中国原则"的共识。

2. 新时期处理台湾问题的新思路

第五届全国人民代表大会常务委员会于 1978 年 12 月 26 日举行第五次会议讨论通过了中华人民共和国全国人民代表大会常务委员会《告台湾同胞书》，并于 1979 年 1 月 1 日发布，建议两岸尽快实现通航、通邮、通商。1981 年 9 月 30 日，叶剑英委员长向新华社记者发表谈话，全面阐述了台湾回归祖国、实现和平统一的方针政策，提出九条对台方针（即著名的"叶九条"），再次呼吁"双方共同为通邮、通商、通航、探亲、旅游以及开展学术、文化、体育交流提供方便，达成有关协议"。台湾方面则将叶剑英委员长的主要主张概括为"三通四流"（即通邮、通商、通航与探亲、旅游以及学术、文化与体育交流）。1983 年 6 月 25 日，邓小平在会见美国西东大学教授杨力宇时，进一步阐述了按照"一国两制"解决台湾问题、实现国家统一的具体构想，提出了以"一国两制"的设想以及处理台湾问题的六条原则（即"邓六条"）。"叶九条"和"邓六条"的提出打破了两岸军事政治上的僵局，提出新时期两岸不应以政治分歧阻碍两岸正常的交往，成为新时期大陆对台交往的政策基石。"共同开发，共同发展"成为两岸经贸交流的基础。在目标

---

① 田海蓝："国共两党反对'两个中国'的历史回眸"，《中南财经大学学报》1996 年第 6 期。

实施上，有关职能部门提供了一系列政策上、组织上的保障，从此开始了两岸以单向、间接为主导的经贸交流新时期。

（二）"一国两制"构想下的大陆对台湾的经贸政策

海峡两岸在结束长期的敌对状态之后，经贸交流得以迅速发展，但由于双方在意识形态上的分歧，特别是台湾方面顽固坚持其固有的立场，对于大陆加强两岸交流的呼吁采取了"不妥协、不接触、不谈判"的"三不原则"[①]，致使交流在初期阶段发展缓慢。由于大陆在对台交流中采取了务实的态度，制定了切实可行的政策，并且极力推动实施，加上政策上保持较高的稳定性和连续性，两岸交流得以持续深入发展。

1. 初期以贸易为主的两岸经贸交流政策

经济在地区间的交流，主要有贸易交流和资本交流两种。贸易交流是经济交流中的最基本形式，当贸易交流发展到一定阶段后，就产生了资本交流，而资本交流反过来又会促进和带动贸易交流的扩大。在两岸恢复经济交流之初，大陆方面就制定了明确的对台经济目标，并指示有关部门制定了实施两岸交流的具体措施。在 1979～1981 年的三年间，大陆交通部、邮电部、国家民航总局、国家医药管理局、外贸部、中央气象局、中国人民银行等部门分别宣布了本部门为落实两岸交流目标，尽早实现三通的部门办法和措施，同时呼吁两岸有关部门就早日实现"三通"的具体事宜进行当面磋商。1980 年 6 月，原外经贸部颁布了《关于购买台湾产品的补充规定》，对大陆进口台湾商品免除关税及对台湾购买大陆商品给予价格优惠。

与此同时，大陆还制定了专门的政策法规，以吸引和鼓励台胞加强与大陆的经济联系，参与大陆经济建设。1983 年 4 月，国务院颁布了《关于台胞到经济特区投资的特别优惠办法》，为台胞在大陆投资企业提供 30% 的内销市场，对土地使用费、税费等实行优惠减免。

正是由于大陆在两岸开放交流之初，从实际出发，单方面对台湾

[①] 1979 年 4 月 4 日，蒋经国在国民党内一次会议上正式提出对大陆"不妥协、不接触、不谈判"的"三不政策"。

地区实行经济开放，同时又在政策上给予特别的优惠，使得两岸经济交流在单向流动这种模式上迅速发展起来。丰厚的收益回报，加上明确的政策保护，对海峡彼岸企业界产生了极大的吸引力，刺激了两岸贸易的迅速发展。大陆强大的政策推动，对两岸交流的发展起了重要作用。

2. 两岸经贸交流扩张时期，对台经济政策逐渐完善

1984 年在大陆经济发展中是具重要历史意义的一年，这一年中共中央向全国发布了《关于经济体制改革的决定》，改革重点由农村推向城市，在沿海地区设立了 14 个对外开放城市，另外签署了关于香港回归的中英联合声明。这两件大事对促进两岸经济交流产生了极具深远的影响，特别是中英联合声明的签署，更是将"一国两制"的设想应用于解决现实问题，为解决两岸之间的问题提供了典范。

在加强两岸经济交流的具体管理上，大陆颁布了一系列行政规章条例，对台胞在大陆的正当权益给予保护。1988 年 7 月，颁布了《国务院关于鼓励台湾同胞投资的规定》（台湾方面称其为"二十二条"），对台湾在大陆投资的权益及其保护做出了详细的规定。在这一文件的第五条中更是明确规定台湾各界在大陆的投资权益，除遵守本规定外，还可参照国家有关法律规定，享受相应的外商投资企业待遇。而且，除继续鼓励贸易往来、人员交流外，还特别注意引导两岸经济交流向更深层次发展，在贸易形式上鼓励由间接贸易向直接贸易过渡。在交流领域上由贸易向投资过渡，这一条例的颁布，明确规定了台胞在大陆投资的方式、投资方向及享受的各种权益，协商解决纠纷的办法，得到了台胞的支持和理解，成为此后一段时间内指导两岸经贸交流的基本规范，为两岸经济交流带来了一次质的飞跃。

3. 两岸交流全面发展，经贸交流政策规范化

随着两岸经济交流的扩大和深入，台湾当局在民众呼声日高和岛内经济不景气的压力下，不得不有限度地开放两岸交流，开放台胞赴大陆探亲，对两岸业已存在的通邮事实采取默许[1]，在对大陆政策上

---

① 李仁、李松林：《台湾四十年》，山西人民出版社 1992 年版，第 394 页。

有了重大调整。两岸经济交流进入一个黄金时期，两岸单向交流模式有了很大改变，双向交流有了长足进步。

从政策方面看，这一时期，大陆借台湾对两岸交流政策松动之际，在管理上强化了服务意识，提供一条龙式的配套服务，在方法上注意按市场规律吸引台资，管理台资。改善投资环境、提高办事效率是这一时期大陆吸引台资的工作重点，对台经济交流的政策措施日益规范化。1990年3月，大陆颁发了《中国大陆与台湾间民用航空运输不定期飞行的申请和批准程序的暂行规定》。1991年，原外经贸部提出发展两岸经济关系应坚持"直接双向、互利互惠、形式多样、长期稳定、重义守约"的基本原则。1993年9月25日，为便于管理两岸民间的海上贸易往来，原外经贸部与海关总署又联合发布《对台湾地区小额贸易管理办法》。1994年4月，国务院召开对台经济工作会议，提出对台商投资的领域、项目、方式采取"同等优先、适当放宽"的原则。1995年1月，江泽民主席发表了对台八项主张，并强调要大力发展两岸经贸交流与合作。1996年8月，交通部和外经贸部又分别发布《台湾海峡两岸间航运管理办法》和《关于台湾海峡两岸间货物运输代理业管理办法》，规范两岸航运市场，促进两岸海上通航的发展。1998年12月，原外经贸部发布了《在祖国大陆举办对台经济技术展览会暂行管理办法》，允许台商单独到大陆举办展览会。2000年12月，原外经贸部公布了《对台湾地区贸易管理办法》。

由于这一系列配套政策的实施，台胞投资由沿海向内地迅速发展，投资方式也日趋多样化，投资主体也由以中小企业为主向大型企业及集团介入方向发展，在一些地区设立了专门的台商投资区，两岸经贸交流全面高涨。

4. 两岸交流稳定发展，对台经贸交流政策法制化

为了规范日益增长的两岸经济交流活动，引导台胞投资与国家产业政策相配合，大陆方面加强了对经济交流行为的法制化管理，强调以法的形式规范两岸经济交流，力戒在政策上由于行政命令的低约束力和易变给台胞投资带来的不安全感，将一些优惠政策以单项法规的形式固定下来。这期间中共"十四大"和八届人大的召开，更是明确

了大陆经济的市场经济属性，强调市场经济就是法制经济，制定了一系列单项经济法规，确保市场主体间的公平竞争。为了适应两岸经贸关系的发展，1994年3月，八届全国人大常委会第六次会议审议通过了《中华人民共和国台湾同胞投资保护法》，这是第一部关于台胞到大陆投资的法律，使对大陆台商各种利益的保护走上了法制化的轨道。1999年12月，国务院发布《中华人民共和国台湾同胞投资保护法实施细则》，对保护在大陆投资的台商的权益做出了细节性的规定。

在强化对市场经济的法制化管理同时，大陆还加快了对原有政策按市场经济的要求进行调整的步伐，在吸引外资、台资上也对原有的优惠政策按国际惯例进行了调整，变为以国家产业政策为调节的产业优惠为主。国家计委和有关部委根据国家产业政策要求，制定了有关产业投资的优惠标准。

5. 加入 WTO 后对台经贸政策的调整

加入 WTO 后，大陆经济与世界经济全面接轨，大陆经贸政策必然会发生重大调整。但祖国大陆仍会尽量保证在 WTO 构架内，让台湾同胞能够继续享受各项优惠政策，并尽力使台湾同胞获得更多的投资机会与更大的利益。原外经贸部官员就曾表示，台商在祖国大陆投资享受的优惠待遇不会改变。祖国大陆将继续赋予台商不低于大陆企业的现行优惠待遇，努力创造更好的台商投资环境，保持台商在祖国大陆投资政策的连续性。

祖国大陆对世贸组织的承诺，包括降低关税和大幅度开放的领域，都一律适用于台湾同胞。按照大陆签订的世贸协议：（1）在5年内把关税水平从15.3%降至12%左右；（2）取消除农产品以外所有产品的配额和许可证等管理措施；（3）开放外贸、商业、电讯、银行、保险等服务业市场；（4）对外资逐步实行国民待遇；（5）对不符合世贸协议的政策和法律进行修订或取消。这些开放措施都为台商在大陆投资提供广阔的发展空间、优越的投资环境和丰富的机会。

2002年11月，江泽民同志在党的"十六大"报告中指出："实现两岸直接通邮、通航、通商，是两岸同胞的共同利益所在，完全应该采取实际步骤积极推进，开创两岸经济合作的新局面。"2003年3

月 20 日，国务院台湾事务办公室和民政部联合颁布《台湾同胞投资企业协会管理暂行办法》。

二、台湾对大陆的经贸政策

（一）加入 WTO 前台湾对大陆经贸政策调整

台湾当局对大陆经贸关系的政策演变可以分为拒斥往来、默许往来与扩大往来三个阶段：

第一阶段（1972～1985 年）。1972 年大陆与美国建立外交关系后，即开展了对台的统战工作以争取台湾工商业者，1978 年改革开放以来，这一步伐迅速加快，并且于 1979 年 5 月 8 日颁布《关于开展对台湾贸易的暂行规定》，给予进口台湾商品优惠关税待遇，致使该年台湾商品输往大陆的增长率大增；1984 年 9 月，大陆宣布将贸易权下放给地方和企业单位，使台湾对大陆的贸易额迅速扩大。但是，台湾当局以拒绝的态度对待两岸贸易。1979 年 4 月 4 日，蒋经国在国民党内一次会议上正式提出对大陆"不妥协、不接触、不谈判"的"三不政策"；1980 年 8 月 22 日，台湾"经济部国贸局"以公告方式通令台湾厂商：台商不得与大陆进行任何方式的贸易，也不得在左派报纸刊登广告，"违者依法议处"；1984 年 3 月 7 日，台湾"经济部"解除 1157 种货物不得自港澳等地区进口的限制，但仍以所谓的"取缔匪伪物品办法"限制台湾厂商进口大陆货品；1984 年 7 月 5 日，台湾"经济部长"李达海称，对大陆转口贸易采取三原则：不与中共通商、不与中共驻香港单位人员接触、不干预转口贸易。因此，在这段时期内，由于台湾方面的原因，使得两岸贸易只能通过香港转口贸易或以走私等畸形的贸易方式来进行。

第二阶段（1985～1987 年）。1985 年 7 月 4 日，台湾"经济部"宣布，对大陆转口输出采取"不接触、不鼓励、不干涉"的原则。从此，台湾厂商向大陆间接出口取得了台湾当局的"默认"，表明台湾当局开始放宽对两岸经贸活动的限制。从而使台湾当局在两岸关系中，由漠视中共的存在，改变为正视现实环境，进而使两岸经贸活动由拒斥往来阶段进入默许往来阶段。在此期间，台货经由转口贸易输往大陆，台湾当局固不干涉，但对转口输入台湾的大陆商品却予以禁止，即使进口商取得大陆以外地区的产地证明，台湾有关单位若有怀疑时，亦予鉴定，决定其是否来自大陆；但这一原则从 1987 年起开始放松，凡是转口输入的大陆商品，只要撕去商标，即默许进口，不久台湾又正式公开开放 27 项大陆商品输入台湾，此后对项目的开放不断增加。1987 年 3 月 6 日，台湾"行政院长"俞国华在答复"立委"质询时，首次公开表示"三不政策"是"消极的"，"只是临时性措施"；1987 年 9 月 21 日，台湾"经济部次长"徐国安表示，台湾厂商只要没有与大陆从事经贸投资的直接行为，任何"转口型"的经贸投资行为，"经济部"无法也不予禁止。

第三阶段（1987～2001 年）。自 1987 年 11 月 2 日起，台湾红十字会开始办理台湾民众赴大陆探亲登记，解除了两岸人员不得接触的禁令，从而使两岸经贸扩大往来。1988 年 5 月，台湾"经济部"根据"行政院"关于把《取缔匪伪物品办法》修改为《管理祖国大陆贸易办法》的新决定，拟出对岛内厂商与大陆间接贸易不予追究的"三项原则"和"四项准则"。"三项原则"，一是台商经第三地区的间接贸易，台湾当局无法管理，不予追究；二是台商属于贸易层面的商务接触，不予追究；三是台商自国外输入的机器设备中含有大陆制半成品，不予追究。"四项准则"，一是无"安全"顾虑；二是属农工原料；三是对台湾产业无冲击；四是对提升岛内产业有助益者。1988 年 8 月 5 日，台"经济部"公告放宽大陆产品间接进口方案，包括"大陆产品间接输入处理原则"和"准许间接进口大陆产品 50 项原料项目表"。1989 年 6 月 1 日，台湾"行政院"核定"大陆地区物品管理办法"，废止"取缔匪伪物品办法"。1990 年 10 月 6 日，台湾"经济部"正式公告实施《对大陆地区从事间接投资或技术合作管理办法》，公布了 3353 项准许赴大陆投资或技术合作的产品项目表。

台湾当局国贸局也于同时放宽间接航行认定。外国船舶不须在第三地区进港靠泊实施转运，只要在外港或外海取得暂泊或结关的证明文件，即不违反政府禁航规定，对于出口货物是否直航不予限制。从此以后，两岸经贸交流之门渐开，台湾当局也先后制定了一系列扩大两岸经贸交流的措施。1995 年台湾当局行政院提升国家竞争力行动小组提出了发展两岸关系的整体策略，包括：发展两岸贸易、促进两岸投资、沟通两岸航运、连接两岸通讯、加强两岸人员交流、鼓励两岸文教交流、扩大两岸科技交流、促进两岸协商进展等措施。

（二）加入 WTO 后台湾对大陆经贸政策调整的阶段

1. 加入 WTO 后台湾对大陆的总体经贸政策

这一阶段可以说是承接前面三个阶段的第四阶段（2001 年至今）。根据台湾加入世界贸易组织的协议，台湾必须对 WTO 成员开放市场，降低关税。而祖国大陆作为 WTO 成员，当然也应该享受到 WTO 其他成员的待遇。因此，调整与修订对祖国大陆限制性的经贸政策，放宽对两岸经贸、人员交流的限制，成为台湾当局加入 WTO 后的当务之急。在此背景下，台湾当局对大陆经贸政策也做出了一系列调整，主要体现为，在总体政策上，以"积极开放，有效管理"取代"戒急用忍"。"戒急用忍"政策实施几年的结果是使岛内自身经济蒙受其害，遭到岛内广大工商界人士的抵制和反对；加入 WTO 后，"戒急用忍"又与 WTO 的确保贸易公平和自由的精神背道而驰。在台湾各界的强烈要求下，当局于 2001 年 8 月召开"经发会"，达成在"台湾优先，全球布局，互惠双赢，风险管理"的四大原则下，放弃李登辉时代以"戒急用忍"为核心的保守、消极的大陆经贸政策，建立以"积极开放，有效管理"为核心的主动、积极的大陆经贸政策。2001 年 11 月，台湾有关政府部门在发表的"落实大陆投资'积极开放，有效管理'的政策说明"中，将"积极开放，有效管理"称之为大陆投资的"新思维"，是两岸加入 WTO 后必须构建的"总体经济新战略"，称"大陆投资将是企业力量向全球市场延伸的中继站，大陆市场也将成为企业生根台湾，布局全球的一部分"。同时，还通过了"落实大陆投资'积极开放，有效管理'执行计划"，规定了具体的开放措施。

2. 对大陆货品、资金、人员入台方面的政策性调整

（1）增加开放大陆产品入台数量

为适应加入 WTO，台湾当局决定"适度扩大开放大陆物品进

口"。台湾自 1988 年 8 月起逐步开放进口大陆商品，截至 2004 年年底，台湾开放进口的大陆商品项目 8611 项，占总项目 11001 的 78.27%，其中工业产品开放比例为 82.5%；未开放进口的项目数 2390 项，占总项目的 21.73%。同时，在两岸贸易商的直接贸易问题上，台湾"行政院"修正了台湾地区的贸易许可办法等行政命令，取消两岸进行贸易买方或卖方必须为第三地业者的限制。根据新的规定，"两岸贸易的买方或卖方，得为大陆地区业者，但物品运输仍应经由第三地区或境外航运中心"[①]。

（2）有限开放大陆资本入台

在加入 WTO 之前，台湾当局未开放大陆企业对台投资，并规定对台投资的海外企业的大陆资本所占股份比例不得超过 20%。加入 WTO 后，台湾当局决定对大陆资本去台投资采取"循序开放"的原则，分三个阶段进行：第一阶段是投资土地及不动产；第二阶段是从事服务业投资；第三阶段是开放从事证券业投资。2002 年 4 月 2 日，台"立法院"通过《台湾地区与大陆地区人民关系条例》修正案，以许可制来开放大陆资本来台投资不动产。

（3）放宽大陆人员入台限制

① 进一步开放大陆人士赴台旅游观光

2001 年 12 月 19 日，台"行政院会"通过《大陆地区人民来台从事观光活动许可办法》，台湾当局将赴台湾旅游的大陆居民分为三类：第一类是在大陆生活工作的人士；第二类是出访其他国家或地区的人士；第三类则是在其他国家或地区工作、学习、定居的中国大陆公民。2002 年 1 月 1 日，台当局开放所谓"赴国外留学或旅居国外取得当地永久居留权"的大陆民众，即"第三类"大陆居民赴台观光旅游；2002 年 5 月 1 日又进一步允许"第二类"大陆人士赴台旅游，但在这些开放中，又加了限团、限时、限制活动等条件；2002 年 5 月台"行政院"又宣布，自 5 月 10 日起旅居港澳地区 4 年以上、领有工作

---

① 王建民："2004～2005 年两岸经贸关系回顾与展望"，中国网 www.china.org.cn，2005 年 1 月 19 日。

证明的大陆地区人民及配偶、直系亲属，及赴国外旅游或商务考察转来台湾观光的大陆地区人民，在不违反大陆地区法令的前提下，均可申请赴台观光；2003 年由于"非典"的原因，台"行政院"于 4 月 27 日公布扩大边境管制措施，全面紧缩大陆、香港人士赴台；2004 年台湾当局开放福建居民赴金门旅游；2004 年 4 月 30 日，台"陆委会"通过《大陆地区人民来台从事观光活动许可办法》修正案，取消第三类大陆地区人民（指在海外取得永久居留权）赴台观光须"团进团出"的规定，大陆人民赴台旅游由不得变更行程改为变更行程须通报；2005 年 2 月 23 日，台湾"内政部"与"交通部"发布修正《大陆地区人民来台从事观光活动许可办法》规定，规范大陆人士赴台湾旅游的管理；2005 年 4 月 1 日，台湾"内政部"修正《大陆地区人民及香港澳门居民入出境许可证件规费收费标准》；2005 年 4 月 15 日，台湾"内政部"修正《大陆地区人民进入台湾地区许可办法》；2005 年 8 月 30 日，台湾"内政部"修正发布《大陆地区人民按捺指纹及建档管理办法》，9 月 1 日，台湾"内政部警政署入出境管理局"正式启用"入出境指纹计算机管理系统"，对大陆地区人民赴台团聚、居留、定居须按捺指纹。

② 放宽大陆民众赴台从事商务活动的限制

2003 年 1 月 27 日，台当局"陆委会"27 日召开委员会议，讨论通过《跨国企业邀请大陆人民来台从事商务相关活动许可办法》草案；2003 年 7 月 28 日，台"陆委会"通过"大陆地区专业人士来台从事专业活动邀请单位及应具备之申请文件表"，放宽对大陆产业科技人士赴台从事科技研发或技术指导的限制措施；2003 年 12 月 25 日，台湾"内政部"将 2003 年 5 月 16 日发布的《跨国企业邀请大陆地区人民来台从事商务相关活动许可办法》修正为《跨国企业自由港区事业台湾地区营业达一定规模之企业邀请大陆地区人民来台从事商务相关活动许可办法》，进一步放宽大陆地区人民赴台从事商务活动的限制；2004 年 3 月 1 日起，台湾当局开放大陆民众在跨国企业任职满 1 年，本人、配偶及未成年子女可申请赴台，初次停留时间以 3 年为限；2004 年 11 月 17 日，台通过《大陆地区人民来台从事商业活动许可办法草案》，台湾"行政院"宣布开放大陆民众赴台从事商务活动的范围，并采取循序渐进的方式开放，第一阶段是配合企业实际需要，第二阶段是配合开放大陆企业赴岛内投资，第三阶段是比照WTO会员常态性开放。2005年2月1日，为简并相关规范、循序渐进开放及健全安全管理等原则，将《大陆地区专业人士来台从事专业活动许可办法》及《跨国企业自由港区事业台湾地区营业达一定规模之企业邀请大陆地区人民来台从事商务相关活动许可办法》中，对有关企业邀请大陆地区商务人士来台从事短期性质之商务活动进行了相应的规定，同时，台湾"内政部"发布实施《大陆地区人民来台从事商务活动许可办法》。

3. 对台商投资大陆的政策性调整

（1）放宽台商投资大陆的限制

2001年11月7日，台当局公布"落实大陆投资'积极开放、有效管理'执行计划"，对台商赴大陆投资政策做了较大调整，正式在口号上放弃实施五年之久的"戒急用忍"政策。调整包括：一是将间接投资调整为直接投资。过去台商赴大陆投资须在第三地成立子公司再到大陆投资，修改为可直接到大陆投资。二是简化审查分类标准，放宽投资项目。将台商赴大陆投资产业分类由过去的禁止类（1954项）、专案审查类（1722项）及准许类（5264项）三类，改为禁止类及一般类两类。三是放宽资金限额。取消台商投资大陆个案5000万美元的上限；上市、上柜公司资本额或净值超过新台币100亿元者，对大陆投资累计金额，由现行资本额20%的上限规定调高为40%；个人及中、小企业赴大陆投资累计金额上限由现行新台币6000万元放宽为8000万元；将现行投资个案300万美元以上需送审的规定调整为2000万美元以下适用简易审查机制，2000万美元以上须专案审查。

（2）金融方面的调整

一是开放台湾的金融机构赴大陆设立办事处。至2004年年底，台湾"财政部"已批准10家银行在大陆设立办事处，其中8家向大陆提出了申请，7家得到大陆的批准，批准15家保险公司在大陆设立

41 家办事处、2 家子公司，其中大陆批准台湾 9 家保险公司在大陆设立了 12 家代表处、1 家台湾保险经纪人公司与 1 家保险合资公司。这为台商投资咨询服务及协助解决融资等问题提供了便利。二是开放两岸金融机构的直接通汇。2001 年 11 月台湾"财政部"修改《台湾地区与大陆地区金融机构业务往来许可办法》，放宽台湾地区银行海外分行、海外分支机构与国际金融业务分行（OBU）可直接与大陆地区金融机构通汇，并可与大陆当地企业与个人金融业务往来。依台湾"中央银行"统计，到 2004 年 10 月底，台湾已有 70 家银行经营 OBU 业务；OBU 资产总额达到 669 亿美元，较上年同期增长 15%；OBU 吸收的非金融机构存款达 183.37 亿美元，较开放前增长 60%，累计通过 OBU 汇到大陆的资金达 526 亿美元，显示有越来越多的台商将 OBU 作为资金调度中心。另外，为配合两岸直接贸易，台湾"财政部"于 2002 年 2 月 13 日修正公布《台湾地区银行办理大陆地区进出口外汇业务作业准则》，于即日起受理台湾银行申请与大陆地区银行办理局部性业务的直接通汇，即只要台湾的外汇指定银行向"财政部"申请并核准，就可与大陆地区银行直接办理汇款及进出口外汇业务。

由上可知，加入 WTO 后，台湾对大陆的经贸政策做出了重大调整，有一定的积极意义。但是，由于台湾不愿意对祖国大陆全面实践其在 WTO 协议中承诺的开放市场，促进双方投资交流的便利化等，两岸经贸难以实现突破性的进展。

三、台湾当局的限制性政策

虽然在改革开放的二十多年里，两岸关系逐渐趋于缓和，两岸疏离感逐渐淡化，经贸交往也日益密切，两岸经济也在互补中获得长足发展。但是，由于台湾当局出于所谓的"安全"考虑，以政治因素为由，在经贸政策法律方面设置了层层的交流藩篱。1996 年 9 月，台湾当局抛出"戒急用忍"的方针，要求放缓台湾与大陆交往的进程，以限制两岸的经贸往来，并强力压制台商赴祖国大陆进行投资。"戒急用忍"政策这一人为设置的贸易障碍，严重阻隔了两岸人民的经济贸易交流，也使台湾经济陷入了困境。

1. 在贸易制度方面设置障碍

首先，台湾对从大陆进口产品设置限制措施。根据《台湾地区与大陆地区贸易许可办法》及其相关规定，台当局对从大陆进口产品执行严格的行政许可审批。《台湾地区与大陆地区贸易许可办法》还规定两岸进行贸易买方或卖方必须为第三地业者，这一办法也使两岸贸易交流无法直接正常地进行，大大限制了两岸的经贸往来。另外，根据《两岸人民关系条例》第34条制定的《大陆地区物品劳务服务在台湾地区从事广告活动管理办法》还规定，可合法输入台湾的大陆物品在台刊登广告，采取许可制。许可办法以负面列表的方式规定七大项大陆物品不得在台刊登广告，包括：建筑投资、房地产中介、婚姻中介、金融、保险、证券、期货税务代理或会计师执业服务，医疗业务、药品、化妆品与医疗器材，招商投资，未经许可输入、进入、运入或其他往来之大陆物品劳务或其他事项。而这几乎涉及所有的经济领域。

其次，台湾对出口大陆产品也实行严格限制。台湾鼓励对大陆一般商品的出口，却严格限制高新技术出口大陆。例如，台湾"工业局"把电脑组装等高科技产业赴大陆投资列为"禁止类"，近年一些台湾高科技企业赴大陆投资，许多项目未向政府申报而受到调查，台湾"经济部投审会"指出，未经许可在大陆生产586以上桌面型或笔记型电脑的业者，违反《两岸关系人民条例》，查获将罚100万～500万元新台币，并可连续处罚。

2. 在投资方面设置障碍

在投资方面，台湾当局把两岸投资关系严格限制在"民间、间接、单向"的格局内，只允许台湾厂商有条件地间接到祖国大陆投资，不许祖国大陆人士到台湾从事贸易、投资等经贸活动。

首先，对台商赴祖国大陆进行投资规模上控制上限。1997年4月台湾当局制定新的大陆投资审查办法，对上市、上柜、公开发行公司赴大陆投资上限做出规定，"净值100亿元台币以下的公司赴大陆投资上限为40亿元，净值100亿～200亿元的公司上限为70亿元，

200亿～300亿元的公司上限为90亿元";采取净值大小累退递减的方式计算,如果企业累计大陆投资额已达上限,新投资方案将不被批准。新规范还规定,"经济部"尚需以"财务原则、行政裁量、产业国际竞争力"三大指标对企业的大陆投资方案进行综合审查。其实质是执行"根留台湾"、限制投资大陆基础设施、限制项目大型化及关联性技术流往大陆、限制台湾竞争力高的产业和技术密集型产品前往大陆等政策。

其次,对台商赴祖国大陆进行投资在投资项目上以正面列表设定范围。加入WTO前,根据《在大陆地区从事商业行为应经许可或禁止之事项公告项目表》仅开放十类项目:在大陆从事工商活动所需的管理及咨询顾问,商品促销及各类推广服务,商情调查,举办商展,商品或服务的交易行为,废弃物处理,旅行服务,设立办事处,其他经主管机关公告得在大陆地区从事的商业行为。

最后,对于违规赴大陆进行投资的台商进行处罚。根据原《两岸人民关系条例》第35条及第86条规定,"台湾地区人民、法人、团体或其他机构,非经主管机关许可,不得在大陆地区从事投资或技术合作","违反规定从事投资、技术合作或商业行为者,处新台币100万元以上,500万元以下,并限期停止投资、技术合作;逾期不停止,得连续处罚"。

另外,台湾当局出于政治考虑,长期坚持不对大陆投资台湾予以开放,完全禁止祖国大陆资本进入台湾市场,因此大陆对台湾的投资一片空白。

4. 在人员流动方面设置障碍

台湾当局通过制定和修改《台湾地区人民进入大陆地区许可办法》、《大陆地区人民进入台湾地区许可办法》,对大陆人员赴台设置严格的限制。具体地,台湾当局对大陆人员赴台湾探亲、旅游观光、从事商务活动、学习和学术交流等各种形式的人员往来都有一系列限制性规定,如《大陆地区人民来台从事观光活动许可办法》、《跨国企业邀请大陆人民来台从事商务相关活动许可办法》、《跨国企业自由港区事业台湾地区营业达一定规模之企业邀请大陆地区人民来台从事商务相关活动许可办法》、《大陆地区人民来台从事商业活动许可办法草案》、《大陆地区专业人士来台从事专业活动许可办法》等。此外，由于台湾当局政策方面的限制，两岸迟迟不能实现全面"三通"，严重阻碍了两岸人民的正常交流与往来。

第二节 两岸三通与两岸经贸关系

一、两岸三通的提出

近代以来，台湾与祖国大陆的关系特殊，一直处于不正常的发展状态。1895 年，台湾被日本占领后，开始了半个世纪的外族统治，台湾与祖国大陆的经贸往来受到严重影响。1945 年 10 月日本投降后，台湾回到祖国的怀抱，台湾与大陆之间恢复了正常的通商、通邮、通航与人员交流。然而，1949 年，国民党政权在国共内战中败北，退居台湾，从此开始了两岸长达 30 年的军事对峙，两岸的通商、通邮、通航与人员交流全部中断。

1978 年 11 月，中国共产党召开十一届三中全会，揭开了中国改革开放的序幕，大陆对台政策也开始出现重大调整。1979 年 1 月 1 日，全国人大常委会发表《告台湾同胞书》，提出"希望双方尽快实现通航通邮，以利双方同胞直接接触，探亲访友，旅游参观，进行学术文化体育工艺观摩"，"我们相互之间完全应当发展贸易，互通有无，进行经济交流"。这是祖国大陆最初提出两岸之间进行经济交流（通商）与通邮通航的主张。接着，大陆外经贸部、邮电部、交通部与民航总局等部门有关负责人纷纷发表谈话，对海峡两岸的通邮、通航与通商提出一系列具体建议，并做好一切准备。

1979 年 4 月 4 日，蒋经国在国民党内一次会议上正式提出对大陆"不妥协、不接触、不谈判"的"三不政策"。

1981 年 9 月 30 日，叶剑英委员长在向新华社发表谈话中，阐述了党和政府对两岸和平统一与两岸往来的一系列重要的政策主张，再次呼吁"双方共同为通邮、通商、通航、探亲、旅游以及开展学术、文化、体育交流提供方便，达成有关协议"。这也是祖国大陆第一次明确三通的内容，即由 1979 年的"通航通邮"与"经济交流"概括为"通邮、通商、通航"。台湾方面则将叶剑英委员长的主要主张概括为"三通四流"（即通邮、通商、通航与探亲、旅游以及学术、文化与体育交流）。①

二、两岸三通的发展历程

（一）两岸通邮

两岸通邮是两岸三通最早突破的环节。

1. 邮政业务

大陆邮电部门于 1979 年 5 月全面受理寄往台湾的平信业务，6 月开始收寄寄往台湾的挂号信函，当时，由于台湾当局拒绝直接通邮通电，邮路、电路只能经第三地转接。将近十年之后，1989 年 6 月，台湾国民党"大陆工作会报"宣布开放对大陆通话与通邮，台湾邮政部门开始直接收寄到大陆的航空函件。1993 年 4 月 29 日，海峡两岸关系协会与台湾海基会于"汪辜会谈"中签署了《两岸挂号函件查询、补偿事宜协议》，1993 年 6 月两岸正式互办挂号函件业务。

2. 电信业务

大陆于 1979 年 2 月率先向台湾开办了电报业务，3 月开办了对台湾的长途电话业务。1989 年 6 月，台湾电信部门通过第三地区或外国对大陆开通了直拨电话和电报业务。1996 年 7 月，中国电信与台湾中华电信公司就建立两岸直接通电业务技术问题进行商谈并达成共识。此后，双方建立了直达卫星通信和海底光缆的通信业务，逐步扩大两岸通电业务范围。通过 1999 年和 2000 年先后建成的中美、亚欧、亚太海底光缆，建立了两岸直达通信路由。两岸电信部门开办电话、数据通信、移动电话漫游、电视电话等业务，两岸电信业务量迅速增加。到 2004 年年末，两岸通邮、通信已经发生新的变化，更为方便快捷的电话通讯逐渐取代两岸函件往来。两岸通讯量成为台湾最大的

---

① 南方网，http://www.southcn.com/news/hktwma/zhuanti/santong/default.htm。

海外电讯业务。

到现在，两岸通邮与通讯出现此消彼长的发展趋势。但是，两岸邮件总包仍需经香港、澳门转运，而且业务种类少，邮政包裹、汇兑、速递等项业务均不能开办。

（二）两岸通商

1. 贸易方面

两岸通商从20世纪80年代转口贸易的起步，到90年代前期转运贸易的兴起，再到90年代后期过境贸易的发展和"准直接"贸易形态的出现，逐步向直接形式转变。

从1979年开始，大陆方面即对台湾产品开放市场，并给予免税、减税等优惠待遇。1980年大陆方面首先单方面向台湾产品开放市场，主动派出大型采购团赴香港采购台湾产品，并开放台湾工商企业来大陆投资，设立代表机构，开展业务。1993年9月外经贸部、海关总署颁布《关于对台湾地区小额贸易的管理办法》。2000年12月，外经贸部颁布了《对台湾地区贸易管理办法》。

1978年两岸贸易金额为0.46亿美元，到了2004年，两岸间接贸易总额已高达783.2亿美元，增长了近1703倍。截至2004年，两岸间接贸易总额累计达4045.75亿美元，其中大陆对台出口651.78亿美元，台湾向大陆出口3393.97亿美元，台湾对大陆实现贸易顺差累计达2742.19亿美元。[①] 根据中华人民共和国商务部台港澳司的统计资料显示，2005年1~10月，两岸贸易额为731.2亿美元，同比增长15.2%，其中大陆对台湾出口133.5亿美元，同比增长26.8%，大陆自台湾进口597.7亿美元，同比增长12.9%，贸易逆差464.2亿美元。大陆已经成为台湾第一出口市场、最大顺差来源地，如果没有两岸经贸所带来的巨额贸易顺差，台湾总体贸易将陷于逆差的局面。

2. 投资方面

1988年7月，国务院颁布了《关于鼓励台湾同胞投资的规定》（即"22条"），不仅鼓励台湾同胞投资祖国大陆，对台商投资的合法

---

① 国务院台湾事务办公室，http://www.gwytb.gov.cn/lajmsj.htm。

权益提供保障，还予以较大的优惠和便利。1990 年，国务院又发出《关于加强对台经贸工作的通知》，要求有关部门和地方积极扩大对台贸易，国务院还批准在福建省的马尾、杏林、集美、海沧设立台商投资区。1992 年，台湾当局允许台湾同胞经第三地对大陆间接投资和进行技术合作。1994 年 3 月，全国人大常委会通过了《台湾同胞投资保护法》。1999 年 12 月，国务院制定了《台湾同胞投资保护法实施细则》，各地方人大和政府也结合本地实际，制定了相应的地方性法规和行政规章。2000 年 12 月，外经贸部公布了《对台湾地区贸易管理办法》。2003 年 3 月 20 日，国务院台湾事务办公室和民政部联合颁布《台湾同胞投资企业协会管理暂行办法》。这些政策和法规都为台商来祖国大陆投资和经贸合作提供了法律保障。

依商务部统计，截至 2004 年年底，台商在大陆投资 64626 个项目，合同台资金额近 799.35 亿美元，实际利用台资 396.23 亿美元。[1] 2005 年 1～10 月，大陆共批准台商投资项目 3138 个，同比下降 3.2%；合同台资金额 77.8 亿美元，同比增长 9.6%；实际使用台资金额 17.2 亿美元，同比下降 29.7%。截至 2005 年 10 月底，大陆累计批准台资项目 6.7 万个，实际利用台资 413.3 亿美元。[2] 根据台湾有关方面统计，自 1993 年始，大陆成为台商对外投资的首选地区。

3. 金融往来方面

（1）金融机构设立和金融业务合作的情况

在银行业方面，1995 年和 1997 年，两家台资企业协和银行和华一银行分别在宁波和上海设立并营业。2001 年 11 月 1 日，台湾当局开放了岛内银行来祖国大陆设立代表处，截至 2004 年年底，台湾"财政部"已批准 10 家银行在大陆设立办事处。先后有 8 家银行向大陆提出申请，其中 1 家（中国国际商业银行）撤销了申请，2002 年大陆批准该 7 家台资银行大陆代表处的申请，其中，北京 2 家（合作金库银行与中信银行），上海 3 家（世华银行、土地银行与第一银

---

① 国务院台湾事务办公室，http://www.gwytb.gov.cn/lajmsj.htm。
② 中华人民共和国商务部台港澳司，http://tga.mofcom.gov.cn/d/d.html，2005－11－14。

行），江苏昆山 1 家（彰化银行），深圳 1 家（华侨银行）。

在证券业方面，1997 年起，大陆共批准 12 家台湾证券公司经第三地在北京、上海、深圳等地设立了 17 个代表处。2003 年 9 月起，大陆新批准及变更设立两家台资证券公司从岛内直接来大陆设立代表处（元大京华证券北京代表处、宝来证券上海代表处）。

在保险业方面，自从台湾当局于 2000 年年初允许岛内保险公司来祖国大陆设立代表处后，台湾批准 15 家保险公司在大陆设立 41 家办事处、2 家子公司，其中大陆批准台湾 9 家保险公司在北京、成都、上海、苏州、广州等地设立了 12 家代表处、1 家台湾保险经纪人公司与 1 家保险合资公司。其中，2004 年 12 月台湾国泰人寿保险公司与上海东方航空公司合资成立的上海国泰人寿保险公司是台商在大陆第一家合资保险公司，也是台湾金融机构在大陆布局跨出的实质一步。

（2）银行间通汇情况

在 2001 年以前，由于台当局禁止两岸银行直接往来，因此必须通过第三地、第三方两岸才可办理通汇及信用证等银行业务。

2001 年 8 月，台当局开始分阶段开放台湾本地银行的国际业务分行（OBU）办理两岸金融业务往来，祖国大陆银行立即积极与台湾银行交换密押，互开账户，办理两岸间的直接通汇业务。2002 年，大陆的商业银行与台湾地区银行的海外业务分行（OBU）正式开办通汇及信用证相关业务。2003 年 4 月，台湾"财政部金融局"同意大陆的商业银行与台湾地区的外汇指定银行（DBU）直接往来，开通了通汇及信用证相关业务，但初期只限于进出口押汇及汇出汇入款业务。

两岸金融机构还在不断寻求新的合作模式。比如 2004 年年初，台湾"中国信托公司"看好大陆华东地区台商的金融业务需求，与中国银行江苏省分行正式签署两岸第一个"金融业务合作备忘录"；接着，台湾中信银行与大陆民生银行签署"合作备忘录"。台湾有实力的银行则看好内地与香港 CEPA（Closer Economic Partnership Arrangement，"内地与香港更紧密经贸关系安排"的英文简称）的签署，通过兼并香港银行进入大陆发展。其中台湾富邦银行正式兼并香港港基银行，改名为富邦银行（香港），于 2005 年 4 月 6 日在香港中环金融商区揭牌，以此作为进军大陆与东南亚台商业务的大平台。

（3）台资企业上市

在内地上市的台资企业非常少。1993 年，台商投资的厦门灿坤，于深圳 B 股市场成功挂牌上市，成为内地首家台商独资 B 股上市公司。大陆 2001 年年底允许外资企业（包括台资企业）在大陆发行 A 股并上市，2003 年 12 月 15 日，经中国证券监督管理委员会核准，台资企业浙江国祥制冷工业股份有限公司正式在上海证券交易所发行新股，成为在内地 A 股市场发行新股的第一家台资企业。深圳成霖洁具已于 2005 年 5 月 31 日正式在深圳证交所挂牌上市，成为首家在深交所挂牌的台资企业，也是第二家在大陆 A 股上市的台资企业。

但是，两岸通商仍存在一些问题，诸如：大陆市场向台湾企业和商品全面开放，而大陆产品输台受到诸多歧视性的限制，许多大陆较具优势及台湾同胞迫切需要的商品不能进入台湾；大陆的企业不能向台湾投资，必要的商务机构也不能在台设立；大陆企业难以在台湾举办或参加经贸展览会、洽谈会；大陆经贸人士赴台考察、访问也受到诸多限制等。①

（三）两岸通航

两岸通航是两岸人员往来和货物运输的主要方式，在 20 世纪 80 年代中期就形成"不通航而通运"的局面；90 年代中后期，又逐步摸索出"试点直航"等模式；至 21 世纪初期，进而出现福建沿海地区与金门、马祖直接通航的局面。两岸直航是两岸三通的重要环节，也是两岸经贸交流中日益突出且亟待解决的现实问题。

1. 海上通航

二十多年来，在两岸同胞的共同努力下，两岸海上通航经历了一个不平凡的发展历程，从 1986 年之前的互不通航到之后的间接通航，由 1995 年起分步开放通航到 2001 年的沿海局部直航，不断取得

---

① 国务院台湾事务办公室："以民为本　为民谋利　积极务实推进两岸'三通'"，新华网，http://news. xinhuanet. com/zhengfu/2003 - 12/17/content _ 1235571. htm，2003 - 12 - 17。

进展。

1979 年 8 月，大陆方面倡议就两岸海上运输问题同台湾航运界进行协商，并宣布各对外开放港口均可对台湾船舶开放。1996 年 8 月交通部与外经贸部先后公布《台湾海峡两岸间航运管理办法》与《台湾海峡两岸间货物运输代理管理办法》，规范了两岸海上直航的基本事项。1997 年 1 月，大陆的"海峡两岸航运交流协会"与台湾"海峡两岸航运协会"在香港商谈，就福州、厦门与台湾高雄港的"境外航运中心"之间试点直航达成共识。1997 年 4 月 19 日，厦门轮船总公司的"盛达轮"集装箱船驶抵高雄港，24 日，台湾立荣海运公司所属的"立顺轮"从高雄港直驶厦门港，两岸试点直航正式启动，终于使已中断 48 年的两岸船舶的直接航行重新恢复。1998 年 3 月，两岸定期集装箱班轮航线开通，运输两岸货物的船舶经第三地换单不换船航行两岸港口。福建沿海与金门、马祖之间的直航是两岸海上航运交流的重要一环。2001 年，台湾当局为回避两岸直接三通的压力，提出并推动金门、马祖与福建沿海的通航与通商即所谓的"小三通"。2004 年 12 月 7 日首批大陆旅游团 55 人从厦门乘"同安号"客轮直航金门，这是大陆居民第一次以"游客"的身份乘船直航金门。

到 2004 年年初，大陆方面共批准台湾航运公司在大陆沿海主要港口设立 7 家营业性机构和 37 家航运代表处。

2. 空中通航

1981 年 10 月，大陆民航主管部门表示随时准备与台湾有关方面进行两岸空中通航的谈判。1990 年 3 月，颁布《中国大陆与台湾间民用航空运输不定期飞行的申请和批准程序的暂行规定》。1989 年至 1996 年，两岸民航业界互为客货销售代理和开办"一票到底"、"行李直挂"等业务，签署了多项协议，开展了涉及票务、商务、机务、航务、服务等方面的合作。1995 年 12 月、1996 年 8 月，澳门航空、港龙航空分别开辟了澳台、港台航线，实现了大陆经澳门、香港至台湾"一机到底"的间接通航。1997 年迄今，大陆有关方面批准 4 家台湾航空公司在北京设立代表处。

2003 年春节期间，为便利台商返乡过年，大陆方面采取灵活务实的办法，批准台湾 6 家航空公司共 16 架次包机，从台北、高雄经停港澳至上海往返接送台商。这是五十多年来台湾航空公司的飞机首次通过正常途径停降大陆机场。

台商春节包机虽于 2003 年成行，但 2004 年春节包机却因台湾当局的阻挠而中断。

2005 年台商春节包机实现了两岸民航飞机 56 年来首次双向对飞。双方的 6 家航空公司 48 个航班均顺利完成飞航任务，接送台胞 10767 人次；其中，大陆 6 家航空公司运送 5133 人次；台湾 6 家航空公司运送 5634 人次。比仅有台湾航空公司 16 架次航班、客运量仅为 2600 余人次的 2003 年春节包机往前迈了一大步。

2006 年两岸春节包机方案执行时间从 2006 年 1 月 20 号起至 2 月 13 号，飞航地点祖国大陆方面在原有北京、上海、广州三点基础上，增加厦门一点，台湾方面仍维持台北、高雄两点。

胡锦涛总书记在新形势下发展两岸关系的重要讲话中提出，两岸客运包机应该可以向常态化发展。据台湾媒体报道，在台北公布的一项民意调查结果显示，超过七成的台湾民众赞成两岸客货运包机常态化。

但是，在通航方面，两岸船舶、飞机不能直接往来；两岸人员旅行仍需经香港、澳门等地中转；试点直航不能运输两岸贸易货物，两岸贸易货物仍需经日本、香港等第三地中转，造成了"船通货不通，货通船不通"的奇怪现象。

总之，两岸三通仍处于间接、单向、局部的状态，限制了两岸同胞的交流交往和两岸经贸合作的发展。

三、两岸三通未能实现的主要障碍

两岸直接、双向、全面三通未能实现的主要障碍在于台湾当局的阻挠。

在国民党执政时期，1979 年，大陆方面提出两岸三通主张后，台湾方面持消极的反对态度，提出"三不政策"。但随着两岸人员往来的增加，以及两岸经贸关系的发展，台湾当局不得不在三通问题上适度调整。1988 年 5 月，台湾当局提出大陆政策的三个基本原则，即确保"国家安全",区分官方与民间,官方维持不接触、不谈判、不妥协,民间则渐次开放和单向间接原则。这一政策成为日后台湾应对两岸三通问题的基本政策与策略。1992年7月台湾当局公布《台湾地区与大陆地区人民关系条例》,对两岸海上、空中通航问题设立严格禁止条款。之后,台湾当局连续在两岸通航问题上持续设置障碍,阻碍三通的实现。

自2000年5月陈水扁正式执掌台湾大权后,一方面做出积极姿态,表示将大力推动两岸三通;另一方面则多方设障,竭力阻挠三通的正常发展,甚至抛出"一边一国"论,不惜制造两岸紧张关系。台湾当局以"安全"为幌子,大肆渲染三通给台湾"安全"带来的巨大威胁,以此阻挠两岸三通。

在台湾当局顽固拒绝"一个中国"原则的形势下,2001年的"小三通"和"宗教直航"只是台湾当局缓解三通压力而采取的措施而已,春节包机方案只是在特殊时期为适应特定需求而采取的办法,不具有普遍适用性,距离两岸真正的三通还相距甚远。

在两岸经贸的发展方面,1996年9月台湾当局开始采取"戒急用忍"政策,限制台商投资祖国大陆。2001年1月,台湾当局正式以"积极开放、有效管理"取代"戒急用忍"政策,但还是对大陆对台湾的经贸活动存在诸多限制。2005年8月7日,陈水扁再次声称所谓"积极开放、有效管理",重点在"有效管理",台商赴大陆投资,一定要做好风险管理;如果做不好管理,就宁可不开放。台湾当局的做法对两岸三通设下了诸多障碍,阻碍了两岸正常经贸关系的发展。

台湾当局认为,两岸实现直接三通将威胁台湾的安全,直接冲击台湾的社会、经济等各个层面,为防止大陆"以通促统"、"以商围政",在两岸三通上开出许多前提条件,即要求大陆承诺"对台放弃使用武力"、"两岸为对等的政治实体"、"允许台湾拓展国际活动空间",以"安全、尊严、对等"为借口,用政策和政治分歧阻止和拖延两岸三通。台湾当局坚持用"政府对政府"的方式商谈解决两岸三通问题,以"特殊的国际航线"将两岸三通国际化。由此可见，台湾当局不合时宜、违背民意的政策是两岸三通上的最大障碍。

四、两岸三通对两岸经贸关系的影响

（一）两岸经贸合作关系已经十分紧密

从前面两岸三通发展的历程来看，自从大陆提出促进两岸经济交流合作以来，大陆积极促三通，两岸经贸合作总体上已具相当规模。

一是两岸间接贸易快速增长。两岸贸易和投资的统计数据都显示出台湾对祖国大陆市场的依赖，2004 年，台湾是祖国大陆第三大进口市场和第七大出口市场，而大陆（包括香港）则取代美国，成为台湾最大出口市场和最大贸易顺差来源。二是台商投资规模越来越大，已从百万美元以下发展到数千万、数亿以至十多亿美元的规模，而且，大企业逐渐成为台商投资的主导企业；台商投资的领域不断扩大、深入，台商投资产业格局逐渐从劳动密集型产品向电子高科技产业、基础产业与服务业集中。三是两岸人员往来频繁，仅 2004 年，台湾居民来大陆 3685250 人次，同比增长 34.9%；大陆居民赴台 144526 人次，同比增长 14.2%。

（二）台湾经济对大陆市场存在较大程度的依赖

台湾经济是典型的外向型经济，对外贸易在其经济发展中起着不可替代的作用。由于二十多年来两岸贸易的发展，台湾对外贸易地区结构发生了巨大的变化。二战后相当长的一段时间里，台湾对外贸易一直依赖美国。近二十多年来，两岸经贸关系的发展，很大程度上改变了这种状况，亚洲地区特别是祖国大陆成为台湾最主要的贸易地区。仅 1998 到 2004 年的七年间，台湾对亚洲地区出口占出口总额的比重由 1998 年的 45.35% 提高到 2004 年的 62.32%，其中对大陆出口的比重由 1998 年的 17.94% 提高到 2004 年的 25.8%，大陆成为台湾最大的出口市场。而对包括美国在内的整个北美自由贸易区的出口比重，则由 1998 年的 28.69% 下降到 2004 年的 16.95%，对欧洲地区出口的比重也由 1998 年的 17.76% 下降到 2004 年的 14.14%。台湾的经贸重心已经明显地由美国、欧洲转移到亚洲，特别是转移到祖国大陆。[①]

两岸经济是互补互利的，台湾在资金、技术、管理和营销方面有优势；大陆在科技人才、劳动力、土地、市场方面具有明显的比较优势。2004 年，台湾对大陆出口依存度为 37.23%，进口依存度为 8.07%。这种依存关系，直接带动了台湾经济的转型与产业升级，增加了台湾的外汇储备，成为台湾经济发展的重要动力。根据测算，台湾对大陆的出口每增加 1 美元，可以直接、间接带动台湾相关产业增加产值 2 美元。两岸贸易的不断发展，成为支撑台湾经济增长的重要因素。据台湾学者分析，两岸经贸往来每年对台湾经济增长的贡献为 2 个百分点。这表明台湾经济明显依赖大陆。[②]

2005 年 11 月，台湾政治大学经济系教授林祖嘉表示，台湾经济"现在主要是要靠对大陆的出口，来带动台湾经济的发展，早期，大陆的外来投资主要是港台商人。随着大陆开放步伐的加快，欧美资金纷纷入驻，目前台湾依赖大陆的程度多，大陆依赖台湾的少，台湾在两岸经贸互动中筹码日渐丧失。因此，两岸三通越早越好。不三通，今后台湾的经济前景将愈加边缘化"。[③]

(三) 两岸三通可以节约大量的运营成本

台湾有关方面公布的数据显示，两岸直航对台湾运输业将产生巨大效益。海运方面，每年可节省相关运输成本约 8.2 亿元新台币，并减少约一半的运输时间，每航次可节省 16 至 27 个小时；空运方面，每年可节省旅客旅行成本约 132 亿元新台币，节省旅行时间约 860 万小时；货运运输成本每年节省约 8.1 亿元新台币。"三通"之后台商

---

① 严正："两岸经贸合作与交流的大平台"，新浪网，http://news.sina.com.cn/c/2005 - 05 - 23/09225961263s.shtml，2005 - 5 - 23。
② 石华："两岸经济合则两利"，人民网，http://tw.people.com.cn/GB/14811/14869/3165208.html，2005 - 1 - 31。
③ 张明："台学者专访：台湾在两岸经贸互动中筹码越来越少"，中国新闻网，http://www.chinanews.com.cn/news/2005/2005 - 11 - 18/8/653246.shtml，2005 - 11 - 18。

的运营成本大大降低，对推动两岸经贸发展有非常积极的作用。①

（四）两岸三通是建立两岸正常交流秩序和机制的基本条件

两岸经贸关系正常化的第一步就是要求两岸三通。目前世界贸易组织的 142 个成员中，只有台湾海峡两岸没有通航。由于两岸关系的特殊性，世贸组织无法成为建制两岸经贸关系的新平台，尽快建立两岸框架内的经济交流机制，不仅是形势的迫切需要，也将是两岸经贸关系步入新阶段的重要标志。但是，如果两岸不实现直接三通，在"间接、单向"的格局下，建立两岸经济交流机制就无从谈起。

（五）三通有利于两岸产业分工的进一步深化

无论从全球产业分工发展的新态势，还是从两岸经济转型与升级的需要看，深化两岸产业分工关系显得更为紧迫。岛内劳动密集型企业以及资金密集性企业，如果没有从岛内转移出来，自身也面临着萎缩的问题，大陆市场对台湾的产业升级有着重要的意义。而进一步深化两岸产业分工体系，有赖于按照市场法则实现两岸生产要素的合理流动和高效配置，其前提也是两岸须实现直接三通。

（六）三通是推动两岸经济一体化的重要动力

台湾经济要融入区域整合浪潮，防范由市场空间萎缩导致的"边缘化"危机，实现"三通"、加强两岸经贸交流与合作是在当今世界经济全球化、区域一体化潮流中的必经之路。三通不仅是两岸推动经济一体化的基本条件，而且在目前政治僵局下，通过解决三通问题而在海峡两岸之间构建新的协商与谈判机制或模式，对于未来两岸进行区域经贸安排有重要的意义。②

参考文献

常要京："2001 年两岸经贸关系大事记"，中国网，www.china.org.cn，2002 - 01 - 15。

① 岛内业界人士："不'三通'台湾将丧失区域优势"，新华网，http://news.xinhuanet.com/taiwan/2004 - 06/02/content_1504591.htm，2004 - 6 - 2。
② 中国台湾网："以'三通'激活两岸经贸关系新格局"，http://203.192.15.114/web/webportal/W4427446/A4607488.html。

陈岱松："析台湾对两岸经贸关系设置的政策法律障碍"，《政治与法律》2001年第1期。

陈恩："迈向21世纪海峡两岸经贸关系的回顾与前瞻"，《暨南学报》2001年第5期。

陈其林、韩晓婷："海峡两岸经贸关系发展与台湾经济结构调整"，《厦门大学学报》2004年第3期。

范爱军、于静静："两岸经贸发展存在的问题及改进措施"，《世界经济研究》2000年第6期。

胡石青："2002年两岸经贸关系大事记"，中国网，www.china.org.cn，2003-01-09。

胡石青："2003年两岸经贸关系大事记"，中国网，www.china.org.cn，2004-02-03。

胡石青："2004年两岸经贸关系大事记"，中国网，www.china.org.cn，2005-01-19。

李非："两岸直接'三通'的关键是两岸直航"，《两岸关系》2002年。

李宏硕主编：《两岸经贸关系》，南开大学出版社1993年版，附录：海峡两岸经贸关系大事记（1979年1月至1991年12月），第135～229页。

孟波："积极务实 推进两岸'三通'"，《两岸三通》2004年第1期。

彭莉："WTO架构下祖国大陆涉台经贸立法的完善"，《台湾研究集刊》2001年第4期。

石华："两岸经济合则两利"，人民网，http://tw.people.com.cn/GB/14811/14869/3165208.html，2005-1-31。

萧万长：《一加一大于二，迈向共同市场之路》，台湾：天下远见出版股份有限公司2005年，附录：两岸经贸关系大事记（1991年1月至2005年5月），第190～198页。

王建民："2001年两岸经贸关系回顾"，中国网 www.china.org.cn，2002-01-15。

王建民："2002 年两岸经贸关系回顾"，中国网 www. china. org. cn，2003 - 01 - 09。

王建民："2003 年两岸经贸关系回顾"，中国网，www. china. org. cn，2004 - 02 - 03。

王建民："海峡两岸经贸关系发展的不对称性分析及思考"，中国网，www. china. org. cn，2004 - 09 - 14。

王建民："2004～2005 年两岸经贸关系回顾与展望"，中国网，www. china. org. cn，2005 - 01 - 19。

严正："两岸经贸合作与交流的大平台"，新浪网，http://news. sina. com. cn/c/2005 - 05 - 23/09225961263s. shtml，2005 - 5 - 23。

杨松、杨胜云："加入 WTO 后两岸经贸发展考察"，《台声》2003 年第 4 期。

越东："两岸三通进展如何？"，《两岸关系》2002 年第 11 期。

张春英："加入 WTO 后两岸经贸政策的调整"，《中南财经政法大学学报》2002 年第 6 期。

张明："台学者专访：台湾在两岸经贸互动中筹码越来越少"，中国新闻网，http://www. chinanews. com. cn/news/2005/2005 - 11 - 18/8/653246. shtml，2005 - 11 - 18。

杨泽军："台湾当局在两岸三通上的主要对策及前景分析"，《世界经济与政治论坛》2003 年第 5 期。

朱显龙："两岸关系的过去、现在与将来"，《北京联合大学学报》2003 年第 9 期。

《在大陆地区从事商业行为应经许可或禁止之事项公告项目表》，台湾"行政院大陆委员会"，www. mac. gov. tw。

《大陆地区人民来台从事商务活动许可办法》，台湾"行政院大陆委员会"，www. mac. gov. tw。

《台湾地区与大陆地区贸易许可办法》，台湾"行政院大陆委员会"，www. mac. gov. tw。

《在大陆地区从事商业行为许可办法》，台湾"行政院大陆委员会"，www. mac. gov. tw。

《台湾地区与大陆地区人民关系条例》，台湾"行政院大陆委员会"，www. mac. gov. tw。

《台湾地区与大陆地区人民关系条例施行细则》，台湾"行政院大陆委员会"，www. mac. gov. tw。

国务院台湾事务办公室："以民为本 为民谋利 积极务实推进两岸'三通'"，新华网，http://news. xinhuanet. com/zhengfu/2003－12/17/content_1235571. htm，2003－12－17。

中国台湾信息中心，http://www. taiwan. cn/twic/stzl/threelinks/。

南方网，http://www. southcn. com/news/hktwma/zhuanti/santong/default. htm。

中华人民共和国商务部台港澳司，http://tga. mofcom. gov. cn/d/d. html，2005－11－14。

"岛内业界人士：不'三通'台湾将丧失区域优势"，新华网，http://news. xinhuanet. com/taiwan/2004－06/02/content_1504591. htm，2004－6－2。

第七章 两岸经贸合作机制的建立

第一节 两岸经贸合作机制的形式

2005 年 4 月以来，台湾国民党、亲民党、新党代表团相继访问大陆。胡锦涛总书记在与国民党主席连战、亲民党主席宋楚瑜的会谈中，对两岸经贸合作机制问题都给予了相当的重视。在 4 月 29 日发表的《中国共产党总书记胡锦涛与中国国民党主席连战会谈新闻公报》中明确提到了"促进两岸展开全面的经济合作，建立密切的经贸合作关系，……促进恢复两岸协商后优先讨论两岸共同市场问题"。

这是两岸领导人对两岸经贸合作机制的建立、两岸经贸关系的发展以及经济的融合提出的一个富有远见的想法，也为和平解决祖国统一问题开辟了新的道路。

一、区域经济一体化的形式回顾

由于各成员国及地区的具体情况与条件不同，以及各自不同的目标要求，区域经济一体化存在着不同的组织形式，一般可以按照商品和生产要素自由流动程度的差别以及各成员国或地区经济政策协调程度的不同进行分类，把区域经济一体化分为：

1. 特惠贸易协定（Preferential Trade Arrangement）

特惠贸易协定是各成员国或地区之间通过协定或其他形式，对全部商品或部分商品规定较为优惠的关税，但各成员仍保持其独立的对非成员的关税和其他贸易壁垒，这是区域经济一体化中最低级的和最松散的组织形式。第二次世界大战之前的"英联邦特惠制"和战后的"东南亚国家联盟"就属于这种形式。应注意的是，特惠贸易协定的成员之间只是提供关税减让的优惠，还有一定程度的关税存在。

2. 自由贸易区（Free Trade Area）

自由贸易区是指签订自由贸易协定的成员间相互取消关税和数量限定，实行区域内商品自由流通，但各成员仍保留独立的对其他非成员国的关税和其他贸易壁垒，以及保持其内外经济政策的独立性。有的自由贸易区只对部分商品实行自由贸易，如"欧洲自由贸易联盟"内的自由贸易商品只限于工业品，有的自由贸易区则对全部商品实行自由贸易，如"北美自由贸易区"。

3. 关税同盟（Customs Union）

关税同盟是指成员国或地区根据缔结的协定，将各自的关税合并为一个统一的关税，各成员之间取消关税和进口数量限制，对从同盟以外国家进口的货物实行统一的关税税率和数量限制。完全的关税同盟对出口补贴和其他贸易扭曲进行协调，在与其他国家的贸易谈判中以同一声音出现。例如早期的"欧洲经济共同体关税同盟"。

4. 共同市场（Common Market）

共同市场是指成员之间除了取消关税和数量限制、对外实行统一的关税政策外，还允许资本、劳动力等生产要素在成员国或地区之间自由流动。任何阻碍劳动力从一成员境内流向另一成员境内的限制都被取消，而且那种限制某国公民或公司在另一国建厂或购买公司的规定也都被取消。如欧共体于1992年底按照《欧洲一体化文件》建立的统一大市场，其主要内容是实现商品、人员、劳务、资本等在成员国国之间的自由流动。

5. 经济联盟（Economic Union）

经济联盟是指联盟成员除了实行商品与资本、劳动力等生产要素的自由流动和对外统一的关税政策外，还要求成员国或地区制定并执行一些共同的经济政策和社会政策，逐步消除各成员在政策方面的差异，形成一个庞大的超国家的经济实体。经济联盟将政策的协调机制延伸到成员国国民经济的几乎所有领域，在财政政策、货币政策、对外贸易政策、经济发展和社会福利政策等方面协调一致，并谋求建立基于成员国部分国家主权让渡的超国家协调管理机制。1998 年 7 月 1 日，根据 1992 年《马斯特里赫特条约》的规定，欧洲中央银行成立，成为世界上第一个独立制定货币政策的超国家机构，1999 年 1 月 1 日欧元正式启动，欧盟走上了经济联盟的道路。

6. 完全经济一体化

完全经济一体化是指成员国在经济联盟的基础上，实行完全统一的经济政策和社会政策，并建立起共同体一级的中央机构和执行机构，以便对所有事务进行控制，使各成员国在经济上形成单一的经济实体。这是经济一体化的最高级组织形式。由于国际经济和政治问题互相影响、密不可分，经济一体化的过程不可避免地会掺杂对政治一体化的要求，所以完全的经济一体化要求政治、法律、安全防务等领域内的一体化，要求更多的主权让渡和主权共享。2004 年 10 月 29 日，欧盟 25 个成员国的首脑在意大利首都罗马正式签署了《欧洲宪法条约》，为欧盟向完全经济一体化发展迈出了坚实的一步。

20 世纪 80 年代以来，随着经济全球化和区域经济一体化的迅速发展，全球区域贸易协议（Regional Trade Agreements，RTAs）增长迅速。WTO 成员中约 97% 已经签订至少一个 RTAs，约 38% 的成员签署三个以上 RTAs。

20 世纪 90 年代以来，东亚地区开始走向经济整合。1997 年，东亚经济合作正式启动，同年 12 月 15 日，东盟与中、日、韩签署了《面向 21 世纪的合作宣言》，确立了东盟 + 3（即现在的"10 + 3"）的合作机制。此外，东盟也不断发展同中、日、韩三国各国之间的经济合作（"10 + 1"）。2001 年 11 月，中国与东盟签署了《中国与东盟全面经济合作框架协议》；2003 年 12 月，东盟与日本在东京签署了《东京宣言》和《行动计划》。中日韩三国也于 2003 年 10 月签署了《中日韩推进三方合作联合宣言》，确定了三国合作的框架、原则和前进方向。东亚地区经济合作不断向深度和广度发展，东亚区域经济一体化进程加快。大陆也积极参加区域经济合作，已经签署了中国—东盟自由贸易区协定，中澳自由贸易区首轮谈判已经结束，中韩自由贸易区也正在考虑之中。台湾如果不抓住东亚经济格局重组的机会完成自己的产业布局，抢占有利位置，不只是将失去未来发展的机会，而且还将流失现有的优势。台湾目前仅和巴拿马签立了自由贸易协定，但 2004 年台湾与巴拿马贸易总额仅 2.69 亿美元，其中台湾出口到巴拿马 2.46 亿美元，而巴拿马出口到台湾 0.23 亿美元，台湾与巴拿马的贸易金额在中南美洲也仅排名第六。

两岸加入 WTO，促进了中华经济圈的形成。在中华经济圈中，香港是一个特殊重要的因素，台湾也是一个特殊重要的因素。台湾经济有它的特色和优势，可扮演中华经济圈的科技及人才管理中心的角色，可以利用其资金、科技、人才和管理的优势，推动祖国大陆经济发展和结构升级，同时使台湾经济克服其他资源不足和岛内市场狭小而形成的发展障碍。在两岸经济整合过程中，政治分歧不应成为障碍；经济问题应该借助加入 WTO 的良好机遇，优先于政治问题得到妥善处理。

二、世贸组织框架下的两岸经贸合作机制

台湾以及大陆的部分学者都从 WTO 框架下探讨过两岸经贸合作机制，但是两者的出发点和立足点不同。大陆学者是从 WTO 的原则以及台湾和大陆在 WTO 中"中国主体同单独关税区之间的经贸关系"[①]的角度出发，立足点是"一个中国，四个席位"；而台湾学者在讨论 WTO 框架下两岸经贸合作机制的建设时更多的是从 WTO 成员国的角度出发，立足点是"国与国之间的对等形式"。

台湾当局的主张是在 WTO 构架下与祖国大陆建立对等、互惠的经贸关系。2001 年 10 月陈水扁在接受日本《每日新闻》记者专访时就表示"今后将在 WTO 框架下进行对话与接触"。台湾"陆委会"负责人

---

① 周忠菲："WTO 框架下'一国四席'的一体化关系研究"，《世界经济研究》2003年第 12 期。

也曾多次主张要将两岸关系"引导"到 WTO 架构下，把两岸问题从"内部""提升"到"国际层次"，以避免被"一中原则"、"窄化"。①2001 年 12 月 11 日，祖国大陆正式成为世界贸易组织的第 143 个会员国，2002 年 1 月 1 日，台湾也以"台澎金马独立关税区"加入 WTO。此后，台湾更加积极地主张在 WTO 规范下，依据双方对等、互惠原则下，寻求共识，完成货物出口减免关税、服务业开放等谈判。

台湾当局的这一主张一方面是出于对经济因素的考虑，另一方面也掺杂了许多非经济因素，甚至可以说其政治动机远大于经济动机。

首先，台湾当局有意借助 WTO 谋求台湾地位的"国际化"。WTO 素有"经济联合国"之称，在国际经济领域拥有巨大影响力，而台湾欲求在 WTO 平台下让国际社会承认"台湾是主权国家"，以达到其"积极参与国际事务，扩大台湾在国际上的生存与活动空间"的目的。

其次，台湾当局为了达到在国际社会上的宣传效果，可能会故意挑起两岸经贸争端，并将争端闹大，引起国际社会关注，并最终诉诸于或者逼迫大陆诉诸于 WTO 的"争端解决机制"。这样，两岸经贸争端就成为用国际仲裁解决的"国际问题"，使台湾当局达到将两岸问题国际化的目的。

另外，台湾"总统"陈水扁和"行政院大陆委员会"官员曾多次表示，希望能在世贸组织的架构下，运用该组织的争端协商机制，就两岸"三通"问题与大陆进行平等谈判，从而回避了大陆坚持台湾行政当局必须以承认"一个中国"为原则作为两岸谈判前提的压力，也有助其缓和岛内民众要求当局开放"三通"的压力。

综上所述，大陆学者原本对于在 WTO 框架下建立两岸经贸合作机制还是抱有很大希望的，但是由于台湾方面的政治意图使得大陆学者对于研究 WTO 框架下的两岸经贸合作机制的热情冷却下来，转而研究在 CEPA 模式下的两岸经贸合作机制。

---

① 张春英："加入 WTO 后两岸经贸政策的调整"，《中南财经政法大学学报》2002 年第 6 期。

三、CEPA 模式下的两岸经贸合作机制

2003 年 6 月 29 日，中央政府与香港特区政府签署《内地与香港关于建立更紧密经贸关系的安排》；同年 10 月 17 日，中央政府与澳门特区政府也签订《内地与澳门关于建立更紧密经贸关系的安排》。CEPA 的签署，是在一国两制的框架下，在 WTO 规则下进行的一次制度创新。它标志着三地经贸从民间自发、市场推动的松散架构，走向了一个政府主导，并通过制度性安排去规范和推动经济整合的新阶段。随着 CEPA 的实施，祖国大陆对港澳地区逐步取消货物贸易的关税与非关税壁垒，实现服务贸易自由化，促进贸易投资便利化，提高了内地与香港、澳门的经贸合作水平。而且 CEPA 作为中国经济一体化战略的重要一环，对于促进区域经济整合、建设中国大市场有着重要意义。2004 年国台办明确表示，大陆方面愿意就两岸建立更紧密经贸关系听取岛内各界的意见。

1. 大陆方面对 CEPA 模式的观点和主张

2003 年大陆与香港澳门鉴定 CEPA 之后，2003 年 11 月，商务部副部长安民曾在回答记者提问时再次表示，祖国大陆愿与台湾建立类似 CEPA 的安排。2003 年 11 月，商务部国际司处长李强 11 日在广东外经贸厅举行的 CEPA 说明会上表示，北京有长期的考虑，"希望和台湾有类似 CEPA 的安排"。此后，商务部台港澳司司长王辽平，商务部台港澳司副司长王晓川等都一再呼吁，两岸应建立类似 CEPA 的更紧密经贸关系安排形式的经济合作机制。

大陆学者也都认为 CEPA 模式有利于台湾经济发展，台湾拒绝 CEPA 将损失惨重。中国对外经济贸易大学中国 WTO 研究院院长张汉林认为，从总体来看，CEPA 还是有利于台湾工商界通过香港进入大陆。2005 年 9 月 24 日，清华大学台湾研究所所长刘震涛教授与副所长殷存毅教授共同表示，大陆目前正在研究以"海峡两岸经济关系安排"的形式规范两岸之间的经贸关系，使两岸经济发展、产业结构能够适当分工，使台湾可以避免因"10＋1"自由贸易区和"10＋3"经贸关系确立后的边缘化趋势。

台湾是以塑化、化纤、影音电子、液晶光电等产品为主的出口产地，若与大陆签署 CEPA，不会影响香港；而台商在内地市场上面对享受 CEPA 受益的港澳商时就会明显处于竞争弱势，加上台湾对服务业赴大陆投资限制过严，面对服务业堪称亚洲一流的香港，台湾竞争力必然被削弱。台湾将渐失与外商合作逐鹿中原的中介角色，亚太营运总部的梦想亦变做泡影。因此，与大陆签署 CEPA，对台湾未来发展的影响极大。

虽然 CEPA 在形式上表现为"港澳模式的具体化"，但是从 CEPA 的性质及内容上看，CEPA 涉及两地货物贸易、服务贸易的自由化以及投资的便利化，是典型的自由贸易协定。实际上 CEPA 是 WTO/GATT 下的类似自由贸易协定的一种形式，CEPA 是属于经贸关系，并不涉及任何政治内容，而且实际协议在香港、澳门签订时双方出现的也都是经贸官员。同时签订的地点或是在澳门或是在香港，并不体现中央与地方的关系。而对台湾提出类似 CEPA 的安排，实际上是在政治对话基础断裂之后，由大陆方面构筑的又一经济对话平台。这一个框架既符合 WTO 原则，也符合两岸经贸发展的现状。

2. 台湾方面对 CEPA 模式的观点和主张

大陆官方提出的 CEPA 模式在台湾岛内引发了激烈的反应，台湾当局及大部分的民间团体和学者都不太愿意接受这种模式。当前执政的民进党当局对 CEPA 持否定态度，就在连战在北大演讲的同时，陈水扁"总统"表示，大陆若要与台湾签订所谓的 CEPA，无异将台湾矮化为大陆的行政区，台湾无法接受；并强调，在 WTO 架构下，应签订的是 FTA 而非 CEPA。"副总统"吕秀莲也表示 CEPA 是将台湾等同港澳、刻意矮化，台湾不能接受。台湾"陆委会"发言人陈明通称，尚不了解大陆提出这项建议的实质内容，无法做出回应；但他强调，CEPA 是"一国两制"下的产物，不适用于两岸关系。台湾"经济部长"林义夫亦表示不愿循港澳模式与大陆协商 CEPA，而只愿与大陆洽签自由贸易协议（FTA）；"经济部次长"尹启铭认为，属于港澳模式的 CEPA，因为明显有一国两制、矮化台湾的政治意涵，台湾不可能接受①。

　　同时，也有部分政党及民间团体和学者对 CEPA 模式持赞成态度。持欢迎态度的国民党强调，推动两岸经贸合作，成立两岸共同市场是国亲联盟的重要经贸议题。台湾工商协进会理事长黄茂雄认为，CEPA 是大陆释出的善意，"并非坏事"。台湾政治大学教授李纪珠认为，两岸签订 CEPA 对台湾经济有帮助，可以协助台湾突破现有的困境；但她担心在实际操作上，两岸的政治现实使台湾不太可能接受这种协议。国民党智库委员高孔廉指出，不是只有岛内各地区签订的贸易安排才叫 CEPA，新西兰与澳大利亚也有类似的协议，自由贸易协定通常指商品贸易，CEPA 牵涉范围更广，服务、环保等领域都在协定之内，不应该错误理解 CEPA。此外，CEPA 的英文表述是中性的，CEPA 是区域经济一体化的一种表现形式。这一点台湾学者廖舜右、刘玉皙已经指出："CEPA 其实是 GATT/WTO 架构下区域经济整合的一种（GATT/WTO 法律条文对此类协议的正式统称为区域贸易安排，Regional Trading Arrangements，RTAs）。"②

四、"两岸共同市场"框架下的两岸经贸合作机制

（一）萧万长"两岸共同市场"概念的提出

　　曾任台湾"行政院院长"、国民党副主席、"中华经济研究院"院长的萧万长最先提出"两岸共同市场"的理念。2000 年民进党上台执政后，由于在政治上，台湾新当局不承认"一个中国"原则，两岸关系日趋紧张；而在经济上，台湾新当局继续实行"戒急用忍"的限制性政策，两岸经贸关系无法正常化。在此背景下，经过长时间的思考与酝酿，萧万长提出了"两岸共同市场"的构想，在海内外大力宣传，并于 2001 年 3 月 26 日成立了资金规模达 1 亿元新台币的"财团法人两岸共同市场基金会"，5 月 8 日萧万长又率基金会代表团访问

---

① 朱国义："CEPA 摆明一国两制，台湾拒绝。传中国将与台湾建立 CEPA，经济部次长指须在 WTO 架构下签订"，《台湾日报》2005 - 04 - 29。

② "CEPA：'九二共识'的经济版"，联合早报论坛网，http://www.zaobao.com/，2004 - 05 - 31。

大陆，呼吁祖国大陆和台湾建立共同市场，促进两岸关系和两岸贸易的发展。

根据萧万长本人的说明，其最初提出的"两岸共同市场"的构想包括内涵、基础及具体做法三部分①，主要观点如下②：

1. 内涵

（1）效法欧洲联盟的精神。以欧洲各国由经济整合走向政治统合的模式与精神作为重要参考，从降低贸易障碍开始，扩及到商品、人员、资金、服务等生产要素移动的自由化，进而发展到经济政策协调乃至政治的联盟。

（2）要适应两岸的特殊状况做合理的调整。其一，强调开放式的经济整合。要在亚洲以及太平洋区域经济整合的架构下推动建立"两岸共同市场"，即在两岸形成共同市场的过程中，两岸也要对其他国家同步开放市场，参与两岸以外的区域分工与国际合作。其二，强调市场共享的经济合作。在两岸经济整合过程中若过分强调经济资源无限制的移动，会冲击台湾经济。"因此，建立'两岸共同市场'应该特别强调市场共享经济合作，让台湾与大陆可以截长补短，开发繁荣双方与整个亚太地区的市场。"

（3）两岸从经济合作、经济主权的共享扩大到政治主权的共享。两岸通过建立两岸共同市场这样经济事务的协商合作关系，建立良好缜密的互动机制，降低"一个中国"的政治争议，使一个中国问题在经济上的一个大中华形成后能够逐步得到解决。

2. 基础

发展"两岸共同市场"是一条长远之路，而这个理想要逐步实现，两岸必须有一个可以共同接受的基础，这个基础就是两岸回到1992年"双方各自以口头声明方式表述一个中国"的共识，在此基础上，淡化政治分歧，强化经济合作。

---

① 萧万长："两岸共同市场，创造经济双赢"，台湾《中国时报》第4版，2001年3月26日。

② 邓利娟："评萧万长的'两岸共同市场'构想"，《台湾研究集刊》2001年第3期。

3. 具体做法

两岸共同市场是长远目标，可以从两岸关系正常化、两岸经济制度调和、全方位的经济统合工作，分三阶段循序渐进推动：第一阶段应先推动两岸关系正常化，两岸当局应尽快建立定期、官方性质的协商机制；第二阶段则推动两岸经济制度调和，进一步推动经济法规制度的调和及各种标准化的事宜，减少双方经济体制的差异性，并商签《两岸共同市场协议》；第三阶段则是全方位的经济统合工作，包括关税同盟、货币同盟等，以实现"两岸共同市场"的目标。

由于陈水扁政府不承认"一个中国"原则，因此，萧万长"两岸共同市场"这一理念提出后，得到台湾当局的消极应对。台湾"总统府国策顾问"黄天麟就针锋相对指出，两岸共同市场进展速度应放慢，否则经济重心将转移至大陆；而"戒急用忍"是基于经济安全，以根留台湾为主、大陆投资为从的政策，"戒急用忍必须坚持下去"。

（二）大陆方面对"两岸共同市场"机制的探讨

萧万长 2001 年 5 月来大陆访问之际就向大陆提出了"两岸共同市场"的理念，但当时并没有立即得到官方的正面响应，且在学界也只有林毅夫持谨慎的肯定态度。在两岸经贸合作陷入僵局之际，2005 年 4 月 26 日至 5 月 3 日，中国国民党主席连战访问大陆，并在发表的《中国共产党总书记胡锦涛与中国国民党主席连战会谈新闻公报》中明确提到了"优先讨论两岸共同市场问题"。其后在 2005 年 5 月 5 日至 5 月 13 日，亲民党主席宋楚瑜访问大陆，又在《中国共产党总书记胡锦涛与亲民党主席宋楚瑜会谈公报》中提出"就建立两岸贸易便利和自由化（两岸自由贸易区）等长期、稳定的相关机制问题进行磋商"。海峡两岸的学者又开始对两岸经贸合作机制的形式展开了广泛而深入的探讨。

一部分大陆学者认为，根据传统区域经济一体化理论，共同市场是指成员国之间除了取消关税和数量限制、对外实行统一的关税政策外，还允许资本、劳动力等生产要素在成员国或地区之间自由流动，仍意涵"两国"。但由于在两份新闻公报中都明确强调了"在'九二共识'基础上，恢复两岸平等谈判"。这就说明无论是与中国国民党谈的"两岸共同市场",还是与亲民党谈的"两岸贸易便利和自由化(两岸自由贸易区)",都是在"一个中国"原则下对传统区域经济一体化理论的创新,具有相当的模糊性、灵活性与渐进性。

首先,"两岸共同市场"的名称较为模糊,容易为大陆与台湾双方所接受。由于"两岸共同市场"概念最先是由台湾提出的,而且在名称上易理解出"对等谈判"之意,故其容易为台湾当局所认可;而且"两岸共同市场"是在"一个中国"原则下提出的,根据祖国大陆"在'一个中国'基础上,什么都可以谈"的原则,这一概念也应能为祖国大陆政府所接受。

其次,"两岸共同市场"这一概念有较强的灵活性,可以就两岸经贸领域的问题在认识一致的基础上进行商谈,而对于分歧较大的问题,可以暂时不谈。正如中国国民党主席连战在上海举行和平之旅记者会时所说:"经济合作的架构可以说是各种形式、各种名称不一而足。而每一种形式、每一种名称都有特定和非特定的内涵"①,"我们在这个时候提出来所谓'共同市场',其内涵可以因地、因时、因人、因事,基于双方面的统一就可以调整"。在其后接受台湾远见杂志采访时,连战主席又提到"要签 FTA(自由贸易协定),是国与国的关系,大陆有顾虑;CEPA(更紧密经贸关系安排),一国两制,台湾内部意见也很分歧,现在弄一个共同市场,它可以'装'所有应该要的东西在里面,也可以不'装'彼此不要的东西"②。

最后,"两岸共同市场"具有渐进性的特点,它可以包括经济合作的各个阶段。由于目前祖国大陆与台湾经贸关系仍未正常化,若要立即实现"共同市场"这一较高层次的经济一体化,不太实际。因此,迈向"两岸共同市场"的过程应该包括以下几个阶段:第一阶段,两岸关系正常化,建立定期的官方合作机制;第二阶段,两岸商谈成立"自

① 孙立极、沈文敏:"在记者会上阐述与胡锦涛会面积极意义",人民网:海峡两岸,http://tw.people.com.cn/2005 - 05 - 02。

② 国民党主席连战谈大陆行:《迈向"共同市场"》,台湾:远见,2005 年 6 月号,转引自中华人民共和国驻美利坚合众国大使馆,http://www.china-embassy.org/chn/xw/t199840.htm,2005 - 06 - 14。

由贸易区"，实现货物贸易、服务贸易的自由化以及投资的便利化；第三阶段，两岸对外统一关税，进行经济政策的协调与统一，实现"关税同盟"；第四阶段，实现资金、技术以及人员等生产要素流动的自由化，建成"两岸共同市场"；第五阶段，在经济融合的基础上进行政治整合，实现经济社会的全面统一，完成祖国统一大业。

由于"两岸共同市场"具有以上特点，容易使两岸达成统一的认识，被两岸所接受，并且其在操作上具有较强的灵活性，而且"两岸共同市场"并不拘泥于经贸领域合作，比"自由贸易区"的合作方式更具远见。因此，有学者认为"两岸共同市场"是两岸经济整合的重要形式，应该得到两岸官方的重视与推动①。

（三）"两岸共同市场"概念的发展和研究

1. 萧万长"两岸共同市场"概念的发展

萧万长最初提"两岸共同市场"时，是以欧盟模式为依据的；2005 年 6 月 24 日，萧万长参加在上海举办的两岸经贸合作研讨会上，他表示"两岸共同市场"将以 CEPA 为参考，希望政策可以逐步放宽，让台商和港澳商一样享有更多的机会②。

在 2005 年 8 月 27~28 日深圳召开的中国企业家论坛第二届深圳高峰会上，萧万长做了关于"两岸共同市场的理念与实践"的专题演讲，他指出"两岸共同市场"应该分三步：第一步是达成"一个中国"的共识；第二步是确保两岸双赢；第三步是分步到位。第三步又分为三个阶段，即两岸共同市场具体做法中的三阶段。

2005 年 9 月 7 日，萧万长一行结束在福建武夷山的活动，飞抵厦门参加 9 月 8 日在厦门召开的第九届中国国际投资贸易洽谈会。他指出："两岸共同市场的建立不是一蹴而就的，是一项长期的工作。……福建和厦门与台湾关系特殊，语言、文化、风俗都相同，两岸共同市场应该以最接近台湾的福建和厦门作为试验点，而且，厦门和台湾在运输、

---

① 庄宗明："两岸共同市场：理论架构及其现实意义"，《国际经济合作》2006 年第 1 期。
② 黄达亮、葛径："萧万长表示要推进两岸共同市场"，凤凰网，http://www.phoenix-tv.com/，2005 - 06 - 24。

物流等很多方面都可以加强合作与交流。另外,要推动这项工作,需要有长期的机制和专门的民间机构,所以,我们很支持建立闽台经贸交流促进会。"①

2005 年 11 月 18 日,萧万长在厦门大学做了题为"一加一大于二,迈向两岸共同市场"的专题讲座,重申了两岸共同市场中的"一个中国、两岸双赢和三步到位"的核心观念。在当天下午的"两岸共同市场"学术座谈会上,萧万长就两岸共同市场在福建或厦门试点的可行性做了分析,同时指出两岸共同市场可以先从农业合作和物流业做起。

2. 大陆学者对"两岸共同市场"的发展和研究

自台湾前"行政院院长"萧万长提出的"两岸共同市场"在"胡连会"后发布的新闻公报中得到认可之后,越来越多的大陆学者开始研究和探讨建立"两岸共同市场"。2005 年 5 月 19 日,"海峡西岸经济区建设与闽台区域合作研讨会"在福州举行,来自海峡两岸的专家、学者共 150 多人围绕共同关心的建立两岸自由贸易区和两岸共同市场以及闽台区域合作展开了广泛的学术交流。

2005 年 7 月 12 日,由福建省社会科学界联合会主办的"两岸共同市场高端论坛"在福州举行,来自两岸的 70 多位专家、学者就"两岸共同市场"进行了深入探讨和交流。与会学者从二十多年来的两岸经贸关系发展以及海峡两岸经济一体化角度论证了建立"两岸共同市场"的必要性和可行性,在产业上结合农业、信息产业等产业,在区域选择上突出福建的优势,提出建立"闽台共同市场",通过"闽台共同市场"逐步过渡到"两岸共同市场"。

第二节　两岸经贸合作机制与两岸经贸关系

一、两岸经贸合作机制建立的经济驱动机制分析

在过去 20 年,两岸经贸合作是以民间合作为主,虽然合作的总

---

① 萧万长:"两岸共同市场应以最接近台湾的福建和厦门为试验点",人民网厦门视窗 http://xm.people.com.cn/, 2005 - 09 - 08。

量规模很大，但以中小合作项目为主。伴随着两岸之间竞争的加剧和产业升级及转型的要求，民间小规模的经济合作关系已经不能适应发展的要求，经济合作向多层次的大型企业集团和制度化合作的转变已成必然。两岸经贸合作机制的建立将有助于增加两岸经贸交流的安全性和稳定性，必将极大地有利于两岸之间的更高层次的合作交流。

（一）国际经济区域一体化的态势及两岸的战略选择——外部驱动力

1. 从世界经济发展格局看

众所周知，与全球化的稳步推进、世界贸易的持续扩张并行的另一种发展趋势是区域贸易保护主义的日渐盛行。从欧盟到北美自由贸易区到东盟"10＋3"，区域经济整合日益成为国际经济运行的新形式，从而也赋予了国际分工新的发展内容。它除了追求比较经济利益外，更侧重于按照协议对区内经济资源进行合理配置，而对区外其他国家和地区的竞争进行一定的限制。两岸在加入区域一体化的进程中起步比较晚。特别是1997年东南亚金融危机的爆发使得亚洲各国和地区认识到，单纯依靠国际经济组织或大区域经济合作组织来抗御外部环境的影响和冲击是远远不够的，应当挖掘次区域经济合作的潜力，达到共同发展的目的。因此，建立两岸经贸合作机制是顺应了国际经济发展的趋势，建立起一种新型的经济协作会互利关系，是中华民族振兴、经济繁荣富强的必然趋势和选择。

2. 从亚太经济发展格局看

在区域经济一体化浪潮的推动下，亚太地区各国纷纷积极致力于建立各种经济合作组织，试图在世界经济发展格局中确立有利的地位。为此，中国大陆为谋求自身迅速发展的途径，也通过选择与地理相邻的国家建立了区域经济合作。但到目前为止，中国与其他国家尚未建立机制完善、方式明确、利益合理的区域合作模式。目前，大陆已经签订中国—东盟自由贸易区，中澳自由贸易区首轮谈判已经结束，中韩自由贸易区也正在考虑之中。近期内，由于同日韩以及东南亚国家合作存在着制度障碍、并有不同程度的贸易摩擦和结构冲突；同中亚及南亚合作又因为合作伙伴发展水平低、合作规模及层次受到

CHAPTER 7

限制等缘故，中国在现行的全球经济区域化过程获得更大利益的前景有限。而台湾基本上没有加入任何经济合作组织，虽与巴拿马于2003年签署了自由贸易协定，但经济意义不大，完全是一种政治考虑，因此也希望在亚洲参与经济一体化，这从陈水扁宣布台湾也要加入日韩联盟上可见一斑。但是，不容置疑的是，建立两岸经贸合作机制是两岸获得区域一体化利益最为便捷的选择。

3. 从中国发展的格局看

21世纪以来，中国大陆与港澳签订的《更紧密经贸关系的安排》（CEPA），使台湾越来越感受到被边缘化的压力。通过CEPA的签订，大陆逐步取消对港、澳货物贸易的关税和非关税壁垒，实现服务贸易自由化，促进贸易投资便利化，提高了与香港、澳门之间的经贸合作水平。而对于台湾来说，原先与港澳商人属同一竞争平台的台商得到的优惠将低于港澳商人，对在大陆从事经贸活动的台商在同港澳商人的竞争中构成进一步的压力。同时，随着两岸经济体先后加入WTO，两岸经贸关系的再发展和台湾对大陆的经贸活动将在分享大陆市场的进一步开放的好处中面临一些挑战：一是WTO的无歧视原则等有关规定必然要求拉平台湾与其他成员方在中国大陆所享有的待遇差别，从而使台湾经济面临更大的竞争压力；二是在WTO框架下大陆的市场开放和关税减让对所有成员方适用，这可能会使台湾当前一些缺乏价格和质量优势的产品在进入大陆市场的出口竞争中被淘汰；三是在WTO框架下大陆市场环境的稳定性与透明性的增强，加之大陆着眼于扩大外资来源及其规模与技术含量的外资政策调整，可能会使台湾当前一些中小型的、劳动力与资源导向型的对华投资受到欧、美、日等地的大企业的强大竞争；四是随着改革开放的进一步深化发展，大陆必然会逐步调整或取消其特殊经济区的某些不符合WTO规定和市场经济发展要求的特殊优惠政策，这也可能会对两岸经贸往来带来一定程度的影响。可见，两岸建立制度性的经贸合作机制以寻求两岸经济交往与合作的进一步发展是十分必要的。

(二) 两岸经济整合的内部基础条件——内部驱动力

中国大陆开放政策的实施密切了同世界经济的联系，台湾长期以来是一个典型的外向型经济体系，两岸都有着对外经济合作的客观需求。加快海峡两岸地区经济整合步伐，不仅具有强大外部动力，而且两岸生产要素禀赋条件、经济发展阶段的差异性、产业结构的互补性以及整体经济上的相互依存性为两岸建立经贸合作机制提供了充分的内部基础条件。

1. 从生产要素互补看

从生产要素条件看，两岸实现生产要素优势互补的要求十分强烈。首先，大陆矿产、水利、土地以及森林资源总量都十分丰富，重要矿种储量大，品位高，具有较高的开采价值。而台湾土地面积有限，自然资源贫乏，工业发展所需的能源及原材料等大都需要从海外进口。其次，大陆具有丰富的土地资源和相对廉价的劳动力，工资水平不到台湾的1/10，劳动密集型产业发展力很大。而台湾劳动力成本和土地价格逐年升高，逐步丧失了发展劳动密集型产业的优势。再次，台湾劳动力素质水平较高，每万人高等教育学生数是大陆的9.61倍，科技创新能力强，科研经费占GDP比重是大陆的1.88倍，科技进步在经济发展中的贡献率很大。但台湾科技人才总量仅为大陆的1/25，特别是在基础研究领域与发达国家相比差距仍然很大。大陆科技力量基础雄厚，相对而言科技产业化水平较低。因此，在两岸经贸合作机制建立后，两岸将发挥各自的相对优势，逐步实现生产资源互补，可使两岸经济获得持续发展。

2. 从经济发展阶段互补看

台湾从20世纪60年代就走上了外向型经济发展道路，实现了经济起飞，成为新兴工业化地区，产业结构正趋高级化，其主导产业的选择正由劳动密集型为主转向资本、技术密集型为主，因而迫切需要将一些已经或正在失去比较优势的劳动密集型产业转移到正在发展初级外向经济的地区，而大陆东南沿海地区从1979年起实行对外开放政策、实施外向型经济发展战略，投资环境逐渐改善，加上地缘因素的催化，自然成为接纳台湾产业最方便的地方。

3. 从产业结构互补看

目前，大陆处在工业化中期阶段，第二产业占主导地位；台湾已呈现向知识经济发展趋势，新兴第三产业开始成为主导产业，金融、保险业占 GDP 的比重超过 20%。从制造业内部结构来看，台湾的制造业在科研开发和技术支撑下，逐渐转向资本、技术和知识密集型产业，其中电子信息、石化、塑胶、机械等产业发展较快，区域资本雄厚。但台湾产业结构较为单一，尤其是基础产业发展薄弱。大陆已初步建立了较为完备的工业体系，从劳动密集型产业到高科技产业都具有很大的生产能力。大陆不仅是纺织、机械、钢铁等传统产业的生产大国，改革开放以后新兴的信息产业和生物医药等高科技制造产业，也有了长足的发展。

4. 从经济的相互依存性看

由于二十多年来两岸贸易的发展，台湾对外贸易地区结构发生了巨大的变化。一方面，亚洲地区特别是中国大陆代替了美国成为支持台湾经济发展的主要市场空间。仅 1998～2004 年间，台湾对亚洲地区出口占出口总额的比重由 1998 年的 45.35% 提高到 2004 年的 62.32%，其中对大陆出口的比重由 1998 年的 17.94% 提高到 2004 年 25.8%。此外，从 1993 年起台湾对大陆贸易顺差额每年均超过其总体贸易顺差额，也就是说若无对大陆贸易顺差，台湾总体外贸将呈净逆差。另一方面，二十多年来台商对大陆投资迅速发展，台商的投资经营活动已从过去的个体分散行动，发展到数家产业关联的台商群体联合行动，往往是上、中、下游相关配套或连锁的项目共同投资，形成产业链。据台湾"经济部"统计，台湾当局核准台商对大陆投资金额从 1991 年的 18.3 亿美元，增加到 2003 年的 85.5 亿美元，大陆投资占台湾全部对外投资的比重从 1991 年的 9.5% 上升到 2003 年的 53.7%，这还没有把规避台湾当局限制而通过在海外第三地注册公司然后转投资到大陆的台商计算在内。台商的不断投资为大陆创造了一些就业机会，对大陆固定资本的形成及台资企业对其所在地的财政收入都有一定的贡献，而且台资企业带来的技术和经营管理经验，对大陆产品的升级换代，企业管理的现代化以及出口市场的拓展也起到一定的作用。可见，目前，两岸经贸关系已密不可分，在两岸经济逐渐融合的趋势下，建立更紧密合作机制已成为迫切需要。建立两岸经贸合作机制，不但可以扩大两岸的贸易，也可以加速两岸间产业的整合，在充分发挥各自比较优势的情况下，促进两岸经济的发展。

二、两岸经贸合作机制建立的政治驱动机制分析

（一）可行性分析

自从陈水扁上台后，两岸政治关系就处于紧张对峙的状态，台海和平环境面临了严峻的威胁。这一方面引发岛内政争不断，政局动荡；另一方面又使已经困难重重的台湾经济雪上加霜。突破两岸政治僵局是解决现阶段台湾种种政治经济问题的关键所在，但台湾新当局又不愿从根本上改变原有的政治立场。因此台湾朝野各界不少人希望在两岸互动中从经贸关系入手来化解政治僵局。与此同时，自从2005年以来，两岸形势出现了一些新变化。2月份两岸春节直航包机的顺利实施，对今后两岸解决类似的经济性、事务性议题提供了很好的启示与借鉴；4月末5月初，国民党和亲民党代表团相继出访中国大陆，两岸的紧张形势出现了某些松动；特别是国共两党达成创建两岸经贸合作机制的共识，更是得到大多数海峡两岸人士的欢迎。可见，尽管两岸经贸合作机制的建设仍然具有很长的道路，并且将直接取决于执政当局的态度和行动，但是从目前的态势分析，处于主流民意压迫下、深陷困境的民进党执政当局可能不得不对两岸经贸交流的管制有所放松，从陈水扁政府迫于经济形势的压力只好松绑"戒急用忍"政策，使得"戒急用忍"政策实际上已经是"名存实亡"上就预示了这一点。再加上中国大陆开始推行越发务实、弹性的政策和措施，相信未来两岸在经贸关系上将进入一个新的快速发展期，两岸经济的一体化将是大势所趋。

（二）紧迫性分析

两岸经济是在不同的政治经济制度下发展起来的相对独立的经济实体。由于政治、意识形态的差异与对立，它们之间的经济交流与合

作，无论采取何种形式都不可能是纯经济的，总会带有某种政治上的意图。由于"台独"势力的阻挠，两岸经贸至今仍然处于"单向"流通的状态，台湾的投资和商品可以进入大陆市场，而大陆的投资却不能进入台湾市场，大部分大陆商品也被挡在台湾市场之外。人员往来更是台湾来得多，大陆去得少。近年来，台湾对大陆的单向经贸政策开始有所松动，但步伐不大。为了阻挡两岸从经贸合作走向统一的洪流，台湾当局试图以所谓的"宪法"和"法律"的形式，改变大陆和台湾同属于一个中国的现实，不断在政治、文化、教育等领域进行"去中国化"的"渐进式台独"活动。不但如此，台湾更是加紧与美、日的经济联系，蓄意挑起两岸对立。而原本由大陆赴台湾的人士已经逐渐退出了历史舞台，具有大陆情结的人士日趋减少。在这种形势下，如果两岸政治上的对立和对抗继续加深，两岸关系很可能会陷入危机，从而对两岸经贸关系造成重大的挫伤。因此，大陆政府将绝不允许台湾问题无限期地拖下去，即在今后一段时间内，将采取措施促进大陆与台湾的统一进程，改变台湾长期与祖国大陆分离的局面。而建立两岸经贸合作机制是解决这一问题的最佳途径。

总之，两岸原本就是中华大家庭不可分割的组成部分，由于历史上的原因，虽然目前还不能在各方面完全达成一致，但经济上的一体化在现如今则对各方都是有利无害的。当今世界之所以从对立走向对话，摒弃政治见解的差异而走向经济上的联盟，最重要的原因在于区域经济一体化能产生各成员国封闭锁国所不能得到的效果。纵观世界，不同政见和民族的国家尚且可以进行有益的合作，何况两岸原本就同祖同宗。因此，积极构建"两岸经贸合作机制"是两岸长期共同发展的有益选择。

三、两岸经贸合作机制的实施阶段和步骤

对于建立"两岸经贸合作机制"的目标，简单地来说就是通过建立"两岸经贸合作机制"，使两岸的经济政策不断接近，促进两岸经济的协调发展及持续、稳定和平衡增长，加速两岸生活水平的提高及

相互关系的加强。"两岸经贸合作机制"是一个长期的过程，是海峡两岸经济合作不断加强，两岸最终实现关税同盟到货币同盟，进而政治同盟的一个过程；其建设不可能一蹴而就，这个目标的实现是一个分阶段、分步骤的循序渐进的过程；两岸经贸合作机制目标的实现过程也是海峡两岸经济联系不断加强，经济合作不断深入的过程。海峡两岸经济合作是一个"跨越历史"的区域经济协作系统，其发展步骤是循序渐进的，必然要经历从松散型的、非正常化的经济交流发展到紧密型的、正常化的经济合作的过程。因此，两岸经贸合作机制的建立也必然是循序渐进的。

1. 优惠贸易安排

两岸"三通"是建立两岸经贸合作机制的前提和基础。目前由于两岸尚未实现直接"三通"，这给两岸经贸关系的进一步发展造成极大的障碍。因此，海峡两岸应该建立互信，在"试点直航"和"金马直航"的基础上，大幅度调整现阶段的"戒急用忍"政策，逐步由"小三通"过渡到"中三通"，再到"大三通"；并在两岸实现全面"三通"后，对两岸经济交流与合作做出某种类似 CEPA 的贸易优惠和投资便利化的安排，实现共同繁荣和发展。这是两岸建立两岸经贸合作机制目标过程中的必要步骤，也是两岸经济合作的必经阶段。这一阶段将以实现两岸之间全面经济合作为转折点，强化涉及双方整体、长期发展策略的经济交流，扩大牵动两岸产业政策与结构的投资，优化区域内的产业结构，形成与产业相互关联、配套的分工体系，从而使区域经济联合趋向规模化、系统化和长期化，为向"自由贸易区"过渡创造条件。

2. 自由贸易区

在"优惠贸易安排"的基础上，两岸经济合作逐步走向"自由贸易区"阶段。通过建立某种经济联系机制，协调经济政策，进一步推进经济法规制度的调和及各种标准化的事宜，减少双方经济体制的差异性，逐步消除商品的关税和配额等非关税贸易壁垒的限制，以提高两岸经济合作水平，实现两岸全面、直接、双向的经济交流。按照 WTO 所认同的授权原则，由中央政府特派或授权地方政府及有关部门，负责与台湾有关方面商谈、落实或执行一国之内多个单独关税区之间的有关贸易自由化方案和经贸合作协议，从纵深方向全方位地拓展区域经济合作的范围和领域，建立两岸准自由贸易区。这一阶段的目标是逐步消除两岸关税和非关税贸易壁垒，实现两岸贸易自由化，两岸仍然可以独立地保持对区域外成员的贸易壁垒。

3. 关税同盟

这是在两岸形成自由贸易区的基础上，再进一步对区域外的国家或地区采取统一的关税率和对外经贸政策。具体包括两个方面：一方面是两岸彼此为对方提供优惠关税，即关税减免，甚至可以是零关税；另一方面是两岸对区域外的成员实行统一的一般关税。关税同盟既会给两岸带来区域内的贸易创造效应，也会造成负面的贸易转移效应，但总体上来看，关税同盟的贸易创造效应是大于贸易转移效应的。这是因为在经济全球化和区域经济一体化的进程中，由于两岸经济呈现高度的互补性，两岸关税同盟造成的负面的贸易转移效果是有限的，区域内的贸易创造效应将会大于贸易转移效应。

4. 共同市场

两岸在实现商品自由流动的基础上，逐步实现比关税同盟更高一层次的资金、劳务、人员和技术等生产要素的自由流动，同时也对共同市场区域外成员采取统一的关税税率。两岸之间的经济实现全方位整合，包括货币单一化、劳工政策协调一致以及税制合作等，从两岸关税同盟到货币同盟，最终达成"两岸共同市场"的目标。两岸共同市场目标的实现必将刺激两岸经济快速增长，从而创造出更多的就业机会，通过提高两岸四地华人企业的经济效益和降低生产成本，来提高华人企业在国际市场上的竞争能力。共同市场是两岸经济整合的较高级阶段，通过两岸共同市场来实现两岸经济的完全整合，并由"经济整合走向政经结合"，直到"政治统合"。

参考文献

邓利娟："评萧万长的'两岸共同市场'构想",《台湾研究集刊》2001 年第 3 期。

安民：《内地与香港、澳门更紧密经贸关系安排知识读本》，中国商务出版社 2004 年版。

江涌："两岸共同市场何时建成？台湾若再拖延将被边缘化"，新华网，http://news.xinhuanet.com/taiwan/，2005 - 06 - 22。

李非："试论海峡两岸区域经济合作"，《台湾研究集刊》1996 年第 1 期。

李非："论 21 世纪初两岸经济合作发展趋向"，《台湾研究集刊》2000 年第 1 期。

李非：《加入 WTO 与两岸经贸发展》，厦门大学出版社 2003 年第 1 版。

林媛媛："构建海峡两岸自由贸易区的可行性分析"，《国际经贸探索》2003 年第 6 期。

米奇、萧万长："从三阶段推动两岸'共同市场'目标"，新华网，http://news.xinhuanet.com/taiwan/，2005 - 05 - 11。

唐永红："WTO 框架下海峡两岸经济交往及合作方式探讨"，《国际经贸探索》2005 年第 1 期。

萧万长："两岸共同市场，创造经济双赢"，台湾：《中国时报》，2001 年 3 月 26 日第 4 版。

萧万长：《一加一大于二，迈向共同市场之路》，台湾：天下远见出版股份有限公司 2005 年版。

严正："海峡两岸经贸合作的回顾与前瞻"，《亚太经济》2003 年第 5 期。

喻志军："发展'两岸四地'.经济一体化促进中国经济的持续增长"，《成人高教学刊》2002 年第 6 期。

张春英："加入 WTO 后两岸经贸政策的调整"，《中南财经政法大学学报》2002 年第 6 期。

周忠菲："WTO 框架下'一国四席'的一体化关系研究"，《世界经济研究》2003 年第 12 期。

CHAPTER 7

朱国义:"CEPA 摆明一国两制,台湾拒绝。传中国将与台湾建立CEPA,经济部次长指须在 WTO 架构下签订",《台湾日报》,2005 - 04 - 29。

"CEPA:'九二共识'的经济版",联合早报论坛网,http://www.zaobao.com/,2004 - 05 - 31。

中华人民共和国海关总署编:《中国海关统计年鉴》,现代出版社2004 年版。

"行政院大陆委员会"编著:《两岸经贸统计月报》,台北:"行政院陆委会",2004 年。